처음 만나는 스페인 이야기 37

SPAIN

천의 얼굴을 가진 이베리아반도의 뜨거운 심장

처음 만나는 스페인 이야기 **37**

이강혁 지음

지식프레임

Prologue
프 롤 로 그

스페인은 유럽의 서쪽 끝, 주먹 모양의 이베리아반도에 자리 잡고 있다. 이곳을 페니키아, 그리스, 카르타고, 로마 등 수많은 민족이 거쳐 갔다. 지중해 해상 무역의 주도권 확보에 반드시 필요한 곳이었기 때문이다.

또한 아프리카 북부의 이슬람 세력은 스페인을 침공하여 거의 800년 동안 반도에 머물면서 자신의 문화를 남겼다. 이는 이베리아반도가 아프리카 대륙과 매우 가깝다는 반증이다.

스페인은 유럽과 라틴아메리카의 연결 고리이기도 했다. 1492년 이사벨 여왕의 후원을 받은 콜럼버스가 신대륙을 향해 떠난 곳이며, 이후 300년의 식민 통치 기간 동안 신대륙과의 교역이 활발하게 이루어진 곳이었다.

이처럼 스페인은 독특한 지정학적 위치 때문에 수천의 얼굴을 갖게 되었다. 《스페인사》 저자인 레이몬드 카(Raymond Carr)의 "다양성이야말로 스페인 역사의 핵심이다."라는 말을 굳이 인용하지 않더라도, 스페인에서는 서로 이질적인 문화가 조화를 이루어 혼종 문화가 탄생했다.

사람들은 흔히 스페인 하면 '정열의 나라', '태양의 나라'로 규정짓는다. 정열이 나쁜 것은 아니지만, 한 나라를 이렇게 한두 마디로 규정하는 것은 모든 스페인 사람이 카르멘이요, 투우사라는 말과 다르지 않다. 우리는 잘 알지 못한다. 플라멩코의 정열 뒤에 숨어 있는 삶과 죽음을 대하는 그들의 자세, 비이성적인 종교재판소 이전에 존재했던 스페인 체제의 관용, 자존심이 강하면서도 이방인에게 쉽게 마음을 여는 그들의 국민성을.

필자는 《스페인역사 다이제스트 100》과 《라틴아메리카역사 다이제스트 100》을 통해서 스페인어권 국가에 대한 이해의 바탕을 마련했다고 생각했다. 그러나 독자들의 생각은 달랐다. 생소한 지명이나인명, 혼인으로 얽히고설킨 역사 등으로 인해서 스페인에 관심을 갖는 데 여전히 어려움을 겪고 있었다. 이에 대한 해결책을 고민하던 중에 '키워드를 통한 스페인 이야기'에 대한 출판 제안을 받았다. 가볍지 않으면서도 흥미를 불러일으킬 수 있는 '키워드'라면 해볼 만하다는 생각이 들었다.

하지만 단지 몇 십 개의 키워드만으로 그들의 관심을 불러일으킬수 있을까? 이는 작업을 마무리하는 순간까지 머릿속에서 떠나지 않은 의문이었다. 그러나 독자에게 조금이라도 도움을 줄 수 있다는 생각을 갖는 순간, 이러한 의문과 부담감은 사라지고 스페인어 전공자로서의 확신과 책임감이 생겼다.

작업의 첫 단추인 키워드 선정은 생각보다 쉽지 않았다. 스페인은 다채로운 개성을 가진 나라이기 때문이다. 일차로 키워드를 추렸지만 이것이 '진짜' 키워드인지 확신이 서지 않았다. 여행을 떠나기 전, 방안에 놓인 물건들 중 '이게 과연 필요할까?' 하면서 배낭에 넣었다 뺐다를 반복하는 것처럼 '진짜'를 뽑는 과정 역시 그랬다. 그러나 이 과정이 오히려 '진짜' 키워드들을 정하는 데 도움이 되었고, 또 객관적인 시각으로 전체를 바라볼 수 있게 해주었다. "그래, 바로 이거야!"라는 생각이 든 순간 이후 작업은 순조로웠다.

선정된 키워드들은 지리와 도시, 정치와 역사, 건축과 예술, 사회와 문화 등 크게 네 파트로 나누었다. 스페인을 이해하기 위한 최소한의 영역이라 생각했기 때문이다. 스페인에는 사람들을 매료시킬 만한 것이 차고 넘친다. 버리기에 아까운 키워드가 많다는 뜻이다. 이런 아쉬움을 접고 '이 정도는', '이것만은' 꼭 알아야 할 키워드들로 각 파트를 구성했다.

아는 것이 짧고 얕으면 고정관념에 사로잡히게 마련이다. 각 키워드를 통해서 스페인에 대한 이해의 폭을 넓혀서 '다양성의 나라' 스페인을 고정관념 없이 바라보았으면 하는 바람이다.

이 책이 나오기까지 많은 분들의 도움이 있었다. 이기적인 남편과

아빠를 묵묵히 응원해 주는 아내와 두 딸의 응원이 컸다. '스페인에 대해서는 무지하지만 관심은 지대해서' 키워드 선정과 그 내용의 문제점에 대한 조언을 아끼지 않으신 박선영, 김선희, 김현숙, 심선용, 김현주 선생님, 그리고 좋은 기획으로 이 책을 만들어주신 지식프레임의 윤을식 대표님께 진심으로 감사드린다.

대전에서
이강혁

Contents

———

Part 1
이베리아반도의 뜨거운 심장 지리와 도시

Part 2
태양의 제국을 만나다 정치와 역사

Part 3
가슴 뛰는 예술의 향연 **건축과 예술**

Part 4
올라! 에스파냐! 사회와 문화

Intro

한눈에 살펴보는 스페인

'스페인' 하면 떠오르는 것은?

이 질문에 사람들은 대개 '태양, 정열, 투우, 플라멩코'를 떠올릴 것이다. 물론 자신의 관심사에 따라 그 대답은 달라질 수 있다. 축구를 좋아하는 사람이라면 레알 마드리드와 FC 바르셀로나를, 문학에 관심이 있는 사람이라면 세르반테스의 돈키호테를 얘기할 것이다. 더 나아가 파에야, 종교재판, 피카소, 산 페르민 축제, 토마토 축제, 시에스타, 가우디, 산티아고 순례길 등을 대답하는 사람도 있을 것이다.

스페인은 '다양성의 나라'다. 다양한 채소들이 한데 버무려진 맛있는 샐러드다. 여러 민족들이 이베리아반도에 들어와 자신의 문화를 심고 가꾸고 꽃피웠다. 스페인은 '작은 대륙'으로 불릴 만큼 다양한 기후, 풍토, 인종, 언어 등을 갖고 있다. 이처럼 스페인은 '태양과 정열'의 고정된 이미지를 가진 나라가 아닌 '천(千)의 얼굴'을 가진 나라다.

또한 빈번하게 침입했던 이민족의 문화를 포용하고 존중과 조화를
통해서 새로운 문화를 창조해 낸 나라이기도 하다. 그렇기 때문에 사
람들은 이 지구상에 스페인처럼 인간의 상상력을 자극하는 곳은 없
다고까지 말한다.

스페인의 지리적 위치

스페인은 이베리아반도에 있다. '반도'는 영어로 'peninsula'다. 라
틴어 'paene(거의)'와 'insula(섬)'가 합쳐진 말로 '거의 섬 같은 곳'이
라는 뜻이다. 실제로 이베리아반도는 거의 섬 같은 곳이다. 북동쪽은
피레네 산맥으로 막혀 있고, 그 이외의
지역은 모두 바다로 둘러싸여 있다.

그러나 스페인은 역사적으로 외부 세
계와 단절된 섬이 아니었다. 다른 세상
을 향해 항상 열려 있는 공간이었다. 사
면으로 둘러싸인 바다는 타민족과의 소
통에 장애가 되지 않았다. 오히려 페니
키아, 그리스, 카르타고, 무어(이슬람교
도) 등 다양한 이민족의 문화가 지중해를 통해 이베리아반도로 들어
왔다. 특히 북아프리카를 거쳐 들어온 이슬람 문화는 약 800년 동안

스페인의 가톨릭 문화와 조화를 이루며 유럽의 다른 나라에서 볼 수 없는 독특한 분위기를 만들었다.

스페인은 유라시아 대륙의 서쪽 끝에, 우리나라는 그 대륙의 동쪽 끝에 자리 잡고 있다. 이 거리만큼이나 그동안 스페인은 우리에게 낯선 나라였다. 그러나 두 나라는 지리적으로나 역사적으로나 비슷한 점이 많다. 국토의 대부분이 바다로 둘러싸여 있는 반도 국가, 빈번한 외적의 침략, 스페인내전과 6.25 한국전쟁 같은 동족상잔의 비극, 기나긴 독재 정치와 그 이후의 험난한 민주화 과정 등이 바로 그것이다.

그러나 다른 점도 많다. 가장 대표적인 것은 '민족'의 문제다. 우리나라가 단군 이래 '한민족'이라는 단일 민족의 정체성을 유지한 반면, 스페인은 건국 신화 자체가 존재하지 않는다. 오래전부터 빈번히 왕래했던 주위의 이민족들이 모두 그들의 조상이었다.

스페인의 역사

스페인 역사의 시작은 '알타미라 동굴 벽화'다. 이베리아반도에서 사냥과 채집 생활을 하던 구석기인들은 사냥의 풍요를 빌기 위한 목적으로 동굴 천장에 들소, 사슴 등을 생생하게 표현했다. 이렇게 놀라운 리얼리즘으로 스페인의 정체성은 시작되었다.

이후 지중해를 통해 페니키아, 그리스, 카르타고인들이 반도에 들어와서 남부 안달루시아의 카디스, 동부 지중해변의 카르타헤나 등 많은 도시를 세웠다. 그리고 카르타고와의 전쟁에서 승리한 로마 제국은 기원전 19년에 이베리아반도를 완전히 점령했다. 로마인들은 풍부한 자원을 가진 이베리아반도를 물자 보급의 전진 기지로 삼았다. 그들은 자원을 가져가는 대신 언어(라틴어)와 종교(가톨릭), 그리고 각종 편의시설(건축물과 도로망)을 제공했다.

　로마 제국이 멸망하고 서고트족이 약 300년 동안 반도의 주인이 되었지만, 정치적 혼란으로 내분을 겪다가 711년에 북아프리카에 있던 무어인(이슬람교도)에게 그 자리를 내줬다. 이후 이슬람교도는 1492년까지 약 800년간 이베리아반도를 지배했다. 수백 년 동안 동양의 신비로운 문명이 서양에 자리 잡고 꽃을 피운 것이다.

　새 주인이 된 이슬람교도는 반도에 코르도바와 같은 유럽 최대의 도시를 만들었다. 코르도바는 외형적인 규모뿐만 아니라 학문적인 면에서도 중세 유럽 문화의 중심지가 되었다. 이렇게 '잘 나가는' 이슬람 세력에 의해 북쪽으로 밀려 올라간 가톨릭 세력은 무너진 자존심을 세우기 위해서 절치부심하였다.

　가톨릭 세력은 힘을 모아 이슬람 세력을 격퇴하면서 점차 남하했다. 가톨릭 세력은 나바라, 레온-카스티야, 아라곤 왕국으로 재탄생되면서 영토를 회복해 나갔다. 이것이 바로 '레콩키스타(Reconquista)', 즉 재정복 전쟁, 또는 국토회복전쟁이다.

　시간이 지나면서 이슬람교도들은 정치적으로 분열되어 세력이 약화되었다. 반도에는 그라나다를 중심으로 한 나스르 왕조만이 남았다. 1492년, 가톨릭 세력은 마지막 남은 이슬람 세력을 반도 밖으로 몰아냈고, 이로써 레콩키스타가 완료되었다.

현 스페인 국기에는 여러 왕국의 문장(紋章)이 들어 있다. 4등분된 방패 문양 속에 좌상부터 시계 방향으로 카스티야 왕국의 성채(城砦), 레온 왕국의 사자, 나바라 왕국의 황금색 쇠줄, 아라곤 왕국의 네 개의 적색 세로줄이 들어 있다.

그리고 문장 아래쪽의 석류꽃은 그라나다를, 중앙의 세 개의 나리꽃은 현재의 왕실인 부르봉 가문을 뜻한다. 이는 '스페인'이란 나라가 여러 가톨릭 왕국의 토대 위에 세워졌음을 보여준다.

국기의 황금색은 국토를, 적색은 국토를 지킨 피를 상징한다. 양쪽에 있는 기둥은 '헤라클레스의 기둥'으로 지브롤터와 세우타를 뜻한다. 여기에 감겨 있는 두루마리에는 "보다 먼 세계로"라는 뜻의 "PLUS ULTRA"라는 글귀가 쓰여 있다. 이것은 신대륙 발견 이전에 "이것 넘어 아무것도 없다"의 뜻을 지닌 "NON PLUS ULTRA"였다. 지브롤터를 넘으면 더 이상의 땅을 기대할 수 없다는 의미다. 그러나 신대륙 발견 후에 카를로스 1세가 지금의 것으로 바꿨다.

1492년 이후 스페인은 강력한 통일 국가가 되었다. 카스티야의 이사벨 여왕과 아라곤의 페르난도 왕(이들을 '가톨릭 왕들'이라고 부른다)은 중앙집권화로 왕권을 강화했다. 이사벨 여왕과 페르난도 왕은 스페인 제국을 정치적으로 통일하고 동시에 종교적, 민족적, 문화적 통합까지 이루려 했다. 이를 위해 유대인과 이슬람교도들을 추방하고 신대륙의 식민지 개척을 위해 콜럼버스를 후원했다. 그 결과 엄청난 양의 부와 영토를 획득하여, 명실공히 세계에서 가장 막강한 제국이 되었다.

그러나 과다한 재정 지출과 계속되는 전쟁으로 스페인 제국은 점점 쇠퇴의 길을 걸었고, 19세기 초에 식민지에서 일어난 독립 운동으로 인해 대부분의 식민지를 상실했다. 1898년에는 미국과의 전쟁에서 패하면서 마지막 남은 식민지였던 쿠바와 필리핀마저 잃었다.

20세기 들어 스페인은 극심한 정치 혼란을 겪었다. 1936년 총선거에서 좌익 정당과 노동자 연맹의 연합으로 구성된 인민 전선이 우익 세력에 승리한 후 많은 개혁 정책을 실시했다. 이에 군부와 가톨릭 교계는 반발했고, 시간이 흐를수록 좌익과 우익 간의 정치적, 사회적 긴장과 갈등은 더욱 고조되었다. 이 갈등은 3년간의 스페인내전으로 폭발했다. 동족상잔의 비극이었다.

내전은 보수 세력의 승리로 끝났다. 내전이 끝난 1939년부터 프랑코가 죽은 1975년까지 스페인은 36년 동안 프랑코의 독재 체제하에 있었다. 1975년, 프랑코 사망 후 통치권을 넘겨받은 후안 카를로스 1세는 민주주의 정착에 앞장섰다. 그 후 스페인은 1986년, 유럽공동체

(EU)에 가입하면서 어엿한 유럽의 일원이 되었다.

현재 스페인의 정치 체제는 입헌군주제다. 이 체제하에서는 군주가 헌법에서 정한 제한된 권력을 가지고 있지만 형식적이고 의례적인 권한을 가질 뿐이고 내각이 실질적으로 정치적 권한과 책임을 갖는다. 스페인의 현 국왕은 펠리페 6세로 2014년 6월, 아버지인 후안 카를로스 1세로부터 왕위를 물려받았다.

스페인 기본 정보

스페인의 면적은 505,370제곱킬로미터로 한반도 면적인 220,000제곱킬로미터에 비해서 두 배가 조금 넘는다. 인구는 2016년 기준으로 약 4,600만 명, 1인당 국민 소득은 2014년 기준으로 33,000불이다.

현재 스페인의 공식 언어인 스페인어('카스티아어'라고도 한다)는 로마 제국의 언어인 라틴어에 근간을 두고 있다. 종교는 가톨릭으로 2017년 기준, 전체 인구의 약 70%가 가톨릭 신자다.

전국의 3분의 1이 산지이며 평균 고도는 해발 600미터 이상으로 유럽에서 스위스 다음으로 고지대가 많은 국가다. 특히 반도 중앙부의 마드리드를

스페인의 고원지대인 메세타.

중심으로 한 중부 내륙에는 해발 600~700미터의 평탄한 고원지대인 메세타(meseta)가 자리 잡고 있다.

날씨는 각 지역마다 다양하다. 마드리드나 남부 안달루시아 지방의 한여름 기온은 섭씨 40도를 오르내린다. 그러나 습도가 높은 우리나라와 달리 건조하기 때문에 그늘에 들어가면 시원하다. 겨울에는 마드리드가 섭씨 5도 내외, 안달루시아 지방은 섭씨 10도 정도다. 바르셀로나나 발렌시아 같은 지중해 지역은 지중해성 기후로 여름에는 평균 섭씨 25도 내외이며, 겨울에는 평균 15도 내외로 마드리드 같은 내륙 지방보다 비교적 온화하다. 북서부의 갈리시아 지역은 해양성 기후로 여름에는 평균 섭씨 20도 내외, 겨울에는 섭씨 7도 내외다. 북부 지방은 비가 많이 내리지만 중부 이남은 강수량이 많은 편은 아니다.

겨울에는 일부 산악지대를 제외하고는 영하 10도까지 내려가는 곳이 없다. 봄과 가을은 우리나라처럼 여행하기에 최고의 계절이다. 여름철(6~8월)에는 일조시간이 길어서 밤 열시가 되어도 어두워지지 않는다.

스페인의 교육 제도는 취학전 교육(1~5세), 초등교육(6~11세), 중등의무교육(12~15세), 대학준비교육(바치예라토, 16~17세), 대학교육(18~23세)으로 구분된다.

———

S P A I N

37개의 키워드로 쉽고 재미있게 만나는
스페인의 역사와 문화
정열의 태양 뒤에 숨겨진 진짜 스페인을 만나다!

Part 1

이베리아반도의
뜨거운 심장

지리와 도시

01

지역주의

스페인에 스페인 사람은 없다?

―

    스페인에는 17개의 자치 지역(Comunidad Autónoma)이 있다. 우리나라의 도(道)에 해당하는 행정 구역이다. 그러나 이들 자치 지역은 우리나라의 도와 달리 '하나의 국가'라 해도 과언이 아니다. 정치, 경제, 사회, 문화 등 각 부문에서 막강한 자치권을 갖고 있기 때문이다. 이는 스페인을 '자치 지역의 나라'로 부르는 이유이기도 하다.

    각 자치 지역이 사용해 온 언어 역시 스페인의 독특한 지역주의를 나타내는 특성 중 하나다. 스페인은 보통 카스티아어권, 바스크어권, 카탈루냐어권, 갈리시아어권 등 모두 네 개의 언어권으로 나뉜다. 1978년에 제정된 헌법은 각 지역에서 사용되는 언어를 공식적으로 인정했다. 각 자치 지역이 지닌 고유의 정체성을 존중한 것이다. 이는 스페인의 문화적 전통을 풍요롭게 하는 밑거름이기도 했지만, 동시에 심각한 정치적 갈등의 원인이기도 했다.

스페인은 '자치 국가(Un Estado de las Autonomías)' 형태로서 17개의 자치 정부로 구성되어 있다.

왕국들의 집합체

"스페인에 가면 스페인 사람은 없고 카스티야 사람, 바스크 사람, 카탈루냐 사람, 갈리시아 사람, 안달루시아 사람만 있다."는 말이 있을 정도로 스페인은 각 지역의 정체성이 매우 강한 나라다.

중세 시대 이베리아반도에는 반도 중심부의 카스티야-레온 왕국과 동북부의 바르셀로나 백작령, 아라곤, 발렌시아, 마요르카, 시칠리아, 나폴리 등이 합쳐진 아라곤 연합왕국, 그리고 북부 지역 바스크인들의 나바라 왕국이 각각 자신의 정체성을 유지하면서 독립 왕국으로 자리 잡고 있었다.

'레콩키스타(Reconquista, 8세기 초 이베리아반도의 기독교 왕국들이 이슬람교도들에게 빼앗긴 땅을 되찾기 위해 벌인 전쟁)' 이후 '카스티야'라는 강력한 통일 왕국이 탄생했지만 각 왕국들이 있던 지역에는 수백 년 동안 이어져온 고유의 문화적 전통과 언어가 남아 있었다. 특히 언어는 통일 왕국의 언어인 카스티야어와는 별개로 사용되었다.

1992년에 스페인 바르셀로나에서 올림픽이 열렸는데, 이에 대해서 마드리드 사람들은 "스페인에서는 한 번도 올림픽이 열린 적이 없다."고 말한다. 그 말을 들은 바르셀로나 사람들은 "우리는 스페인어도 할 줄 안다."고 응수한다. 군건한 지역주의를 보여주는 우스갯소리다.

다양한 지역 정체성

스페인에서 가장 높은 수준의 자치를 누리는 지역은 카스티야, 카탈루냐, 바스크, 갈리시아 등이다.

카스티야 지방은 스페인의 중심부에 위치한다. '카스티야답다'는 말은 곧 '스페인답다'는 뜻이다. 그래서 스페인어를 카스티야어(castellano)라고도 한다. 카스티야인들은 이슬람교도의 침공을 막기 위해 북부 에브로 강 일대에 많은 성(城)을 건설했다. 그래서 '카스티야(Castilla)'라는 말은 '성들의 땅(tierra de castillos)'을 의미한다. 스페인은 이러한 성들을 중심으로 오랜 기간 이어져 내려온 왕국들의 집합체

이슬람교도의 침공을 막기 위해 건설한 카스티야 지방의 아빌라 성곽.

라 할 수 있다. "스페인어에는 '우리'라는 단어는 없고, '나'만 있다." 라는 표현이 있는데, 이는 성을 중심으로 한 스페인 사람들의 폐쇄적인 성향과 개인주의를 지적하는 말이다.

카탈루냐 지방은 반도의 북동부에 위치한 프랑스와 국경을 마주하고 있다. 중심 도시는 스페인 제 2의 도시 바르셀로나다. 바르셀로나 시민들은 '바르셀로나는 스페인이 아니다'라고 공공연히 주장한다. 시내의 주요 거리와 광장, 아파트의 발코니에는 붉은 색 두 줄의 스페인 국기보다는 붉은 색 네 줄의 카탈루냐 깃발이 더 많이 걸려 있다.

카탈루냐 사람들은 약속에 대한 개념이 철저하고 검소하며 사업 수완이 좋기로 정평이 나 있다. 이들은 활발한 상업 활동을 통해서 경제적인 부를 쌓았다. 이는 스페인 전체를 먹여 살리고 있다는 카탈루냐 사람들의 자부심의 원천이 되었다. 학교에서는 카탈루냐어로도 수업을 진행하며, 외국 영화는 카스티아어(스페인어)뿐만 아니라 카탈루냐어로도 번역해서 상영한다. 그만큼 카탈루냐는 그 어느 지역보다도 자신의 문화적 뿌리를 고수하려는 의지가 강한 지역이다.

바스크 지방은 반도의 북부 피레네 산맥과 맞닿아 있다. 그들은 오랜 기간 동안 자신들의 순수한 전통과 역사를 이어왔다. 바스크인은 '바스크는 스페인, 프랑스 어디에도 속해 있지 않다'라고 말한다. 바스크어는 그 어원이 정확히 알려져 있지 않아서 언어학자를 절망에 빠트리게 하는 언어로도 알려져 있다. 마치 '인종과 언어의 섬'처럼 여겨지는 곳이다. '하나로 통일된 스페인'을 지향했던 프랑코 독재 정치 시절에는 많은 바스크인이 투옥, 처형, 추방되었고, 바스크의 정체성을 나타내는 상징물 역시 모두 제거되었다.

이러한 바스크 탄압 정책에 대항하여 바스크 분리주의자들은 1959년 에타(ETA)를 결성하고, 자치 지역의 지위보다는 완전한 독립 국가 수립을 목표로 활동했다. 에타는 1960~70년대에 자신들의 활동을 전 세계에 알리기 위해 수많은 테러를 자행했으며, 이로 인해서 많은 사람이 희생되었다. 그러나 대부분의 바스크인들은 이러한 폭력을 앞세운 독립 운동에 반대했다. '절대 내전이 되풀이 되어서는 안 된다'라는 생각이 확고했기 때문이다. 바스크인들은 비폭력, 민주주의, 국민적 화해를 절대적으로 지지했다. 2017년 4월 7일, 에타는 모든 무기를 포기하고 비무장을 선언했다. 결성 58년 만에 비무장 단체가 된 것이다.

갈리시아 지방은 스페인의 북서쪽에 있다. 기원전 6세기 이래 켈트족, 게르만족, 로마인, 수에보족 등 다양한 민족이 이곳으로 들어왔다. 이들은 이곳에 신화적이며 상상력이 풍부한 전통을 남겼다. 특히 이곳은 성인 산티아고의 등장으로 로마에 버금가는 가톨릭의 중심지가 되었다. 그 중심지는 당연히 산티아고의 유해를 모신 '산티아고 데 콤포스텔라 대성당'이다.

독일, 영국, 프랑스 등 유럽 전역의 수많은 순례자들이 이곳으로 순례 여행을 떠났다. 갈리시아 지방은 산티아고 순례길의 종착점이자 변화의 출발점이었다. 순례자가 지나는 곳에 교회, 병원, 숙소가 세워졌고, 많은 사람들이 오가면서 세밀화, 금세공 등 다양한 예술이 발달했다. 순례자들이 전한 프랑스 문학, 로마의 전례 의식, 음악적이고 시적인 갈리시아어 등은 갈리시아의 전통적인 서정시를 부활시키는 토대가 되었다.

이렇게 스페인은 다양한 무늬를 가진 나라지만 일부 자치 지역은 중앙정부로부터 독립하고자 하는 열망이 매우 크다. 가장 대표적인 곳이 바로 바르셀로나를 중심으로 한 카탈루냐 지역이다.

02

카탈루냐
분리 독립의 열망

—

FC 바르셀로나 홈구장 캄 노우(Camp Nou). 리오넬 메시, 이니에스타 등 세계 최고의 선수들을 보유한 FC 바르셀로나가 초반부터 약체 말라가를 몰아붙여서 경기에 흥미를 잃어가고 있을 즈음, 갑자기 "¡In, inde, independencia(독립!)!"가 캄 노우에 울려 퍼진다. 전광판을 보니 전반전 17분 14초를 막 지나고 있다. 카탈루냐인들의 간절한 외침이 시작된 것이다.

17분 14초는 1714년을 의미한다. 1714년은 카탈루냐가 스페인 왕위 계승 전쟁에서 카스티야 왕국에게 패배한 해이다.

스페인 왕위 계승 전쟁은 부르봉 왕조의 펠리페 5세와 합스부르크 왕조의 카를로스 대공 간의 맞대결이었다. 부르봉 왕조의 펠리페 5세가 이 전쟁에서 승리했다. 그는 상대편인 합스부르크의 카를로스 대공을 지지했던 카탈루냐의 자치권을 박탈하고 자신은 카스티야 왕뿐만 아니라 바르셀로나의 백작에도 올랐다. 이는 스페인이 자치권을 가진 각 지역의 집합체가 아닌 하나의 중앙집권적 국가가 되었다는 것을 의미했다. 그는 카탈루냐의 정치 체제를 완전히 폐지하고 카탈루냐어 사용을 금지했다.

이후 19세기 들어서 카탈루냐에서는 분리 독립을 요구하는 민족주의 운동이 시작되었다. 19세기의 카탈루냐는 스페인의 산업화와 근대화의 선두주자였다. 카탈루냐의 산업 부르주아 계급은 직물업자를 중심으로 형성되었다. 이들은 스페인의 미래가 산업화에 있기 때문에 산업 발전을 위해서는 각 지역의 시장이 개방되어야 한다고 주장했다. 그러나 산업화를 이루지 못한 카스티야를 비롯한 다른 지역은 이를 받아들이지 않았다. 자영농 중심이기 때문이었다.

카탈루냐인들의 이런 야심은 다른 지역의 부정적인 태도로 인해서 번번이 좌절되었다. 이는 19세기 후반까지 언어, 민속 문화, 건축 등 문화의 부흥을 중심으로 이루어진 카탈루냐 민족운동이 정치 운동의 형식으로 변화하는 계기가 되었다.

카탈루냐는 스페인내전 후 자치권을 상실했다. 내전에서 승리한 프랑코 장군은 반(反)공산주의와 반(反)분리주의 정책을 펼치며 카스티야 중심의 강력한 중앙집권 정책을 추진했다. 그는 '하나로 통일된 스페인'을 내세우며 다른 자치 지역들을 탄압했다. 특히 카탈루냐 지역에 대해서는 자치정부 폐지, 카탈루냐어와 카탈루냐 국기 사용 금지 등 카탈루냐인의 정체성을 상징하는 것들을 말살했다.

그 억압의 강도가 너무나 강해서 카탈루냐인들은 카탈루냐의 정체성뿐만 아니라 카탈루냐 민족마저 절멸하지 않을까 하는 두려움을 갖게 되었지만 이에 굴하지 않고 자신들의 사회적, 정치적 결속을 강화시켜나갔다. 가혹한 탄압이 프랑코의 의도와는 반대로 카탈루냐인들의 자치권에 대한 열망을 더 키웠다.

1975년, 프랑코가 죽고 스페인에 민주주의가 시행되면서 각 지역의 자치권 논의가 활발해졌다. 1978년에 개정된 헌법에는 강력한 중앙집권체제가 아닌 '혼합된' 또는 '개방적인' 지역주의 체제가 담겼다. 이는 중앙정부가 가지고 있던 많은 정치적 권한과 기능이 자치정부에 이양되었음을 의미한다.

그럼에도 불구하고 카탈루냐나 바스크 지역에서 분리 독립의 요구는 계속 제기되었다. 특히 카탈루냐 지역에서는 자신들의 요구를 행동으로 표출했다. 2017년 10월 1일, 카탈루냐 자치정부는 중앙정부의 반대에도 불구하고 분리 독립 여부를 묻는 주민투표를 시행했다. 카탈루냐 자치정부는 투표율 42%에 투표자의 90% 이상이 분리 독립에 찬성했다고 발표했다.

카탈루냐의 분리 독립에 대한 열망은 그들의 경제적 자신감에 바탕을 둔다. 카탈루냐 주는 스페인 전체 경제의 20%를 차지하는 부유한 지역이다. 세계적인 관광 도시인 바르셀로나는 매년 1천 700만 명 이상의 외국인 관광객 유입에 힘입어 지속적인 경제 발전을 이루고 있다. 그래서 카탈루냐인들은 자신들이 스페인 경제 전반을 이끌고 있다고 생각한다.

중앙정부는 헌법에 근거해서 카탈루냐의 분리 독립에 대한 투표

바르셀로나 거리에서는 카탈루냐의 분리 독립을 찬성하는 에스텔라다(Estelada)기가 걸려 있는 모습을 쉽게 볼 수 있다.

결과가 무효라고 선언했다. 이에 카탈루냐 자치정부는 일단 독립을 유예하고 중앙정부와의 협상을 제안했지만, 중앙정부는 이 제안을 거부하고 카탈루냐의 자치권 몰수, 자치정부 권력 교체 등의 조치를 취했다. 이로써 중앙정부와 카탈루냐 자치정부 간의 갈등이 날로 첨예화되었다.

중앙정부는 헌법 155조, 즉 자치정부가 헌법상 의무를 이행하지 않거나 국익을 심각하게 침해할 경우 중앙정부가 이를 강제하는 모든 조치를 취할 수 있다는 조항을 들어 카탈루냐 자치정부의 분리 독립 운동에 제동을 가했다. 반면 카탈루냐 자치의회는 2017년 10월 27일에 분리 독립을 결정하는 독립국가 선포안을 통과시켰다. 이에 스페인 상원은 카탈루냐의 자치권 박탈을 가결하는 '직접 통치안'을 승인했다. 중앙정부가 카탈루냐 자치정부의 해산을 선언한 것이다.

스페인 검찰은 독립 선언을 주도한 지도부에 반역죄를 선언했고, 카를레스 푸지데몬(Carles Puigdemont) 수반을 제외한 오리올 훈케라스(Oriol Junqueras) 부수반 등 자치정부 각료 8명을 구속했다. 푸지데몬은 "현 상태에선 스페인 법원으로부터 공정한 재판을 받을 수 없다."는 이유로 벨기에로 도피했다.

2017년 12월 21일에 치러진 카탈루냐 조기 지방선거에서 독립을 주장하는 정당들은 가까스로 의회의 과반의석을 차지했다. 이들은 벨기에에서 망명생활을 하는 푸지데몬을 수반으로 재추대하기로 했다. 푸지데몬은 스페인으로 귀국하지 않고도 '원격'으로 카탈루냐 자치

정부 수반직을 수행할 수 있다고 주장했다. 인터넷과 모바일 기술 등을 이용하면 스페인에 없어도 얼마든지 통치가 가능하다는 것이다.

카탈루냐 분리 독립을 지지하는 시위.

그러나 2018년 1월, 헌법재판소는 푸지데몬이 카탈루냐 수반이 되려면 법원의 허가를 받아 카탈루냐 의회에 '물리적으로' 참석해야 한다고 판결했다. 중앙정부 역시 카탈루냐 의회가 외국에 있는 푸지데몬을 자치정부 수반으로 선출하면 자치권 박탈 조치를 이어가겠다며 강경한 태도를 보였다. 이에 카탈루냐 자치의회는 푸지데몬의 재추대를 무기한 연기했다.

이런 와중에 2018년 2월, 카탈루냐의 분리 독립 운동이 사실상 실패했음을 인정하는 푸지데몬의 사적인 문자가 언론에 노출되었다. 진퇴양난에 빠진 카탈루냐의 분리 독립 운동은 아직도 현재 진행형이며 앞으로 어떤 방향으로 진행될지 귀추가 주목된다.

03

마드리드
정치 경제의 중심 도시

—

마드리드는 스페인 정치, 경제의 중심지다. 이베리아반도의 거의 한가운데, 해발 고도 667미터에 위치해 있다. 인구는 2016년 기준으로 약 316만 5천 명이다. 위도는 북한의 평양과 거의 일치한다. 비가 적고 건조한 전형적인 대륙성 기후로 기온은 연평균 약 20도(겨울은 10도, 여름은 33도) 정도다.

마드리드의 중심지 푸에르타 델 솔(Puerta del Sol) 광장에는 '앞발을 나무에 대고 열매를 따먹는 곰' 동상이 있다. 이는 그 옛날 마드리드 근교의 숲에서 마드로뇨(madroño) 나무를 잡고 열매를 따먹는 곰을 형상화한 것으로, 현재 마드리드의 공식 문장(紋章)이다.

톨레도에서 마드리드로

스페인의 수도는 원래 톨레도였다. 마드리드에서 남쪽으로 약 70킬로미터 떨어진 곳에 위치한 톨레도는 유서 깊은 도시로 오랫동안

마드리드를 상징하는 곰 동상이 있는 솔 광장. 마드리드 구시가는 이곳을 중심으로 형성되었다.

스페인의 사회, 종교, 문화, 예술의 중심지였다. 그러나 펠리페 2세(재위 1556~1598)는 1561년 수도를 톨레도에서 마드리드로 옮겼다. 당시에는 지금과 달리 왕이 있는 곳이 곧 수도였다. 스페인 역사상 가장 넓은 영토를 통치했던 펠리페 2세는 세계 각지에 흩어져 있는 식민지에 신하들을 보내고 자신은 신하들이 보내오는 서류를 검토하면서 통치했다. 직접 돌아다니면서 통치하기에는 식민지가 너무 넓었기 때문이다. 이렇듯 급격히 커진 나라의 살림살이를 운영하기에 성곽과

강으로 둘러싸인 중세 도시 톨레도는 너무 작았다.

마드리드는 수도가 되기 전에는 보잘것없는 작은 마을이었다. 그러나 카스티야 지방의 한가운데 위치해 있을 뿐만 아니라 인근 산맥에서 부족함 없이 물을 공급받을 수 있었기에 인구가 늘어나도 걱정이 없었다. 게다가 오랜 역사를 가진 도시라면 으레 있는 귀족들이 없었다. 이는 세력을 가진 귀족들의 간섭을 받지 않고 통치권을 행사할 수 있음을 의미했다. 펠리페 3세 시대에 한동안(1601~1606) 마드리드 북쪽에 위치한 바야돌리드(Valladolid)가 수도가 되었지만 다시 마드리드로 옮겨져 마드리드는 스페인의 최종 수도가 되었다.

마드리드는 이후 수 세기 동안 왕의 지원을 받으며 제국의 수도로서 면모를 갖춰갔다. 공공시설을 위시해서 크고 작은 건물들이 많이 생기면서 도시의 규모는 점점 커졌다. 특히 스페인 왕들은 넓은 왕실 소유지를 시민들에게 개방하였고, 미술관을 만들어 왕실 소유의 수많은 회화 작품을 대중에게 공개했다. 프라도 미술관이 가장 대표적인 사례다.

마드리드를 돌아다녀 보면 바르셀로나, 세비야, 그라나다와 같은 다른 대도시에 비해 고풍스러움이 덜하다고 느껴질 것이다. 이는 그만큼 마드리드가 젊은 도시이기 때문이다.

왕실의 정원, 도심 속 녹지대

마드리드는 녹지가 많이 보존되어 있는 도시다. 특히 카사 데 캄포 (Casa de Campo)와 레티로 공원이 대표적인 녹지대다.

카사 데 캄포는 동서 약 5킬로미터, 남북 약 7킬로미터에 달하는 규모로 뉴욕의 센트럴파크보다 5배, 런던의 하이드파크보다 6.5배 넓다. 이곳은 원래 왕실 소유의 사냥터였는데 1931년, 제 2공화국이 들어서면서 시민에게 개방되었다. 여전히 사람의 손이 닿지 않는 곳이 남아 있으며, 놀이공원, 투우장, 유원지 등이 있어서 마드리드 시민들의 레저 공간으로 사랑받고 있다.

레티로 공원은 '마드리드의 허파'로 불릴 만큼 넓은 녹지를 자랑한다. '레티로(Retiro)'는 '은퇴', '퇴직', '은둔'을 의미한다. 처음에는 왕들이 명상이나 휴식을 위해서 머물렀던 헤로니모 수도원에 딸린 정원이었는데 1561년, 펠리페 2세의 명령으로 확장되었고, 펠리페 4세 시대에 정원, 숲, 궁전 등이 있는 현재의 모습을 갖추었다.

이곳에서는 광물 전시와 박람회를 위해 지어진 벨라스케스 궁전과 크리스탈 궁전, 호수와 마주한 반원형 주랑 등 아름다운 건축물들도 볼 수 있다. 1868년까지만 해도 이곳은 일반인의 출입이 엄격히 금지된 귀족만을 위한 정원이었으나 이후 일반인에게 개방되어 시민의 휴식처가 되었다.

이처럼 현재 마드리드 중심부에 있는 대부분의 녹지대는 왕실의 사냥터나 정원이었다. 마드리드가 대도시로 발전해 감에도 불구하고

도심 곳곳에 녹지대가 남아 있는 데는 스페인 왕실이 큰 역할을 했다고 할 수 있다.

마드리드의 중심, 솔 광장과 마요르 광장

'푸에르타 델 솔(Puerta del Sol)'은 '태양의 문'이라는 뜻으로, 흔히 '솔 광장'이라 부른다. 이베리아반도의 한가운데에 마드리드가 있다면, 마드리드 한가운데에는 솔 광장이 있다. 그래서 이곳에는 스페인의 모든 지역의 중심지이자 시발점을 나타내는 '0km' 표시가 있다. 이곳을 기점으로 동서남북 9개의 거리를 통하여 스페인 전국 각지로 도로가 뻗어나간다. 이 0km를 나타내는 표지판에 발을 올려놓으면 마드리드에 다시 온다는 속설이 있어 많은 관광객들이 이곳에 발을 얹고 사진을 찍는다. 솔 광장에서 그란 비아 거리와 왕궁을 잇는 삼각형 지대는 마드리드의 전통을 고스란히 간직하고 있는 곳이다. 건물 외형의 변경에 엄격한 규제를 하기 때문이다.

마요르 광장(Plaza Mayor)은 솔 광장과 함께 마드리드의 중심지다. 관광객들의 단골 방문 장소이기도 하다. 이 광장은 원래 시장이었는데 펠리페 3세가 이곳을 왕의 대관식, 왕실의 결혼식, 전쟁에 참여하는 기사들의 집합장소, 종교재판, 투우 경기 등 국가의 주요 행사를

수많은 관광객들로 붐비는 마요르 광장. 광장 한가운데 펠리페 3세의 기마상이 우뚝 서 있다.

여는 광장으로 조성했다. 광장 한가운데 말을 타고 있는 동상의 주인
공이 바로 펠리페 3세다.

　직사각형을 이루며 광장 전체를 둘러싸고 있는 주변의 4층 건물들
은 19세기에 다시 지어진 것이다. 뾰족탑과 프레스코화로 장식된 건
물은 옛날에 빵을 굽던 '카사 데 라 파나데리아(Casa de la panadería)'이
다. 광장을 둘러싸고 있는 건물 1층에는 카페와 기념품점이 있다. 광
장으로 통하는 문은 모두 9개여서 어느 방향에서든 광장 진입이 쉽다.

마드리드 역사와 함께한 카페들

세계 어느 도시에나 유서 깊은 카페가 있듯 마드리드에도 역사의 산 증인인 카페들이 있다. 프랑스 파리에 '카페 드 플로르(Café de Flore)' 와 '레 되 마고(Les Deux Magots)'가 있다면, 스페인 마드리드에는 '카 페 코메르시알(Café Comercial)'과 '카페 히혼(Café Gijón)'이 있다.

카페 코메르시알은 1887년에 문을 열었는데, 이 카페는 스페인의 유명 작가들과 지식인들이 모여 문학과 철학을 논하던 곳으로 유명 하다. 특히 이곳에서는 스페인을 대표하는 시인 안토니오 마차도(An-tonio Machado)가 주관한 문학 모임이 매주 열렸다.

카페 히혼은 1888년에 문을 열었다. 카페 코메르시알보다 1년 뒤 다. 이 카페 역시 20세기 초 많은 작가들이 문학을 논하던 모임이 정 기적으로 열린 곳이다. 콜론 광장 앞의 국립도서관 건너편에 있는 이 카페는 입구는 작지만 작은 통로를 따라 지하로 내려가면 많은 문인 들이 앉아서 시를 읊었던 곳이 있다. 이 카페가 있는 레콜레타 가로수 길은 무더운 여름에 시민들이 산책하는 장소다. 스페인내전 중에 살 해된 시인 가르시아 로르카(García Lorca), 1989년에 노벨문학상을 수 상했던 카밀로 호세 셀라(Camilo José Cela) 등도 이 카페의 단골손님 이었다.

위의 두 카페보다 오래된 역사를 가진 곳은 아니지만 '카페 데 오리 엔테(Café de Oriente)' 역시 많은 문화 예술인들이 들르는 곳이다. 왕 궁 옆에 있는 오리엔테 광장과 마주한 곳에 있다. '오리엔테'는 광장이 왕궁의 동쪽에 있어서 붙여진 이름이다. 이곳은 예전에 수도원이 있던 곳인데 한때 스페인의 왕이었던 호세 보나파르트 나폴레옹의 명령에 의해서 오리엔테 광장으로 조성되었다. 1983년에

카페 데 오리엔테.

문을 연 이 카페의 지하에는 둥근 벽돌 천장의 작은 식당이 있어서 많은 관광객들이 찾는 명소가 되었다.

마드리드 외곽의 보석, 친촌

친촌(Chinchón)은 마드리드에서 동남쪽으로 45킬로미터 떨어진 곳에 있는 소도시다. 도시의 중심인 마요르 광장은 마드리드나 살라망카에 비해 규모는 작지만 시간이 멈춘 듯 옛 모습을 그대로 간직하고 있다. 이곳의 특산물은 마늘이다. 그래서인지 골목마다 마늘 파는 상점들이 눈에 많이 띈다.

또 다른 명물로는 아니스(anis)주(酒)가 있다. 미나리과 식물인 아니스는 남유럽 원산으로 맛은 시럽형 감기약의 맛이고 향은 계피향이어서 그 특징을 딱 잘라 설명할 수 없을 정도로 독특하다. 향에 민감한 사람은 다소 불편한 맛일 수도 있다. 아니스주의 빛깔은 병에 담긴 듯

친촌 마요르 광장의 노천 카페.

담기지 않은 듯 투명하다. 70도의 독한 술이지만 물로 희석하면 향과 맛이 떨어지고 뿌옇게 되기 때문에 스트레이트로 마시는 게 좋다.

　친촌에는 수도원을 개조한 호텔이 있다. 친촌 파라도르(Parador de Chinchón)다. 이 파라도르는 17세기의 성 아우구스티누스회의 수도원을 개조해 만든 유서 깊은 호텔이다. 계단과 복도에 그려진 벽화 등 호텔 곳곳에는 수도원의 흔적이 그대로 남아 있다.

　이곳에는 또한 16세기부터 한 자리를 지켜온 식당이 있다. '메손 쿠에바스 델 비노(Mesón Cuevas del Vino)'다. '와인 동굴 선술집'이라는 뜻이다. 이 식당의 지하에는 어른 키보다 더 큰 와인 통이 길게 늘어서 있다. 이곳에는 시음 코너도 준비되어 있어서 직접 양조해 저장한 와인을 맛볼 수 있다.

 유럽의 문———

마드리드에는 옛 건물과 함께 사람들의 눈길을 끄는 건물이 하나 있다. 바로 '유럽의 문(Puerta de Europa)'이다. 113미터의 26층 건물 두 동이 도로를 사이에 두고 각각 15도 각도로 비스듬히 기울어져 사다리꼴 형태의 공간을 만들어내고 있다. '키오(KIO) 타워'라고도 불리는 이 건물은 건축가 필립 존슨(Philip Johnson)과 뉴욕의  AT&T 타워 설계자인 존 버지(John Burgee)의 설계로 1996년에 완공되었다. 2009년에는 두 건물 사이로 92미터의 오벨리스코 데 카하(Obelisco de Caja)가 세워졌는데, 스페인에서 가장 오래된 저축은행인 카하 마드리드(Caja Madrid) 300주년 창립 기념으로 세워진 탑이다. 2010년 미국 〈TIME〉지 선정 세계 10대 불가사의 건물 중 5위에 랭크된 건물이다 (참고로 1위는 이탈리아 피사의 사탑이다).

04

바르셀로나
여행자를 사로잡는 문화 예술의 도시

—

"선생님, 스페인에서 가장 마음에 드는 도시는 어디예요?"

"글쎄, 도시마다 각각 나름의 특징이 있어서 콕 집어서 말하기는 좀 그러네…."

"아이, 선생님, 그래도 하나만 말씀해 주세요."

"음…, 바르셀로나?"

"왜요?"

"뭐가 좋은데요?"

"가장 좋은 거 하나만 말씀해 주세요."

"아, 나도 가고 싶다. 스페인에, 바르셀로나에…."

집요한 질문이 계속된다. 그리고 이루고 싶은 소망들을 끝없이 풀어놓는다.

일단 '바르셀로나'로 대답은 했지만, 머릿속에는 다른 도시들이 연이어 등장했다. 마드리드, 톨레도, 그라나다, 발렌시아, 세비야, 코르도바, 사라고사, 부르고스, 레온, 살라망카, 빌바오, 바야돌리드, 산세바스티안, 산티아고 데 콤포스텔라, 메리다….

모든 도시들은 나름의 역사와 문화, 이야깃거리를 갖고 있다. 내 생각엔 어느 한 군데도 매력이 없는 곳이 없다. '그중에서 가장'에 해당하는 도시가 과연 있을까? 스페인에서?

그러나 아이들의 집요함에 굴복하여 일단 대답한 '바르셀로나'는 스페인을 여행하는 사람이라면 누구든지 매력을 느낄 만한 도시임에 틀림없다. 스페인에서 마드리드 다음으로 크지만, 그렇다고 번잡한 대도시 같지 않기 때문이다.

카탈루냐의 중심 도시인 바르셀로나.

국립 카탈루냐 미술관.

바르셀로나에는 무엇보다도 볼거리가 많다. 미술관으로는 피카소 미술관, 국립 카탈루냐 미술관, 호안 미로 재단(미술관), 극장으로는 리세우 대극장, 카탈루냐 음악당, 가우디 건축물로는 성가족 성당, 카사 밀라, 카사 바트요, 구엘 공원 등이 있다. 그리고 옛 모습이 그대로 보존되어 있는 고딕 지구가 있다. 이곳에는 자치정부 건물, 산 자우메 광장, 왕의 광장, 대성당이 레스토랑, 유명 브랜드 상점 등과 함께 있다.

바르셀로나의 동쪽 해안을 따라 이어지는 바닷가인 바르셀로네타(Barceloneta)에는 여름철이면 선탠과 해수욕을 즐기려는 사람들로 넘쳐난다. 해변을 따라 늘어선 카페와 레스토랑, 산책로 역시 바르셀로나의 매력을 더해 준다.

바르셀로나의 역사

바르셀로나의 역사는 신석기시대 말인 기원전 4,000년경으로 거슬러 올라가지만 실제 사람들이 본격적으로 살기 시작한 때는 기원전 15년, 로마가 반도를 지배할 때다. 이후 5세기에는 서고트족의 통치하에 있었다. 이슬람교도의 반도 침공 이후로는 83년 동안 이슬람교도의 지배를 받았다. 801년에는 프랑크 왕국의 샤를마뉴 대제의 셋째 아들 루이(Louis)가 이곳을 정복했다. 그는 후에 루이 1세가 되어 바르셀로나를 백작령으로 만들어 백작이 통치하게 했다.

이곳은 이슬람 세력의 침공을 막는 완충지 역할도 했다. 985년에 바르셀로나 백작령은 이슬람의 알만소르 군대의 침공을 받아 많은 사람이 죽거나 노예가 되었다. 6개월 동안 이슬람교도의 지배를 받은 바르셀로나 백작령은 프랑스 왕들에게 도움을 요청했지만 거절당했다. 988년에는 보렐(Borrell) 2세 백작이 프랑스 왕에 대한 복종을 거부하고 독립을 선언했지만, 프랑스는 이를 인정하지 않았다.

1137년, 바르셀로나 백작령은 아라곤 왕국과의 혼인정책을 통해서 아라곤 연합왕국이 되었다. 연합 후에도 양국의 통치기구는 그대로 유지되었다. 바르셀로나가 더 부유했음에도 불구하고 왕국에 아라곤이란 이름이 들어간 이유는 아라곤 왕가가 더 높은 작위를 가졌기 때문이다. 이후 아라곤 연합왕국은 피레네 남부와 남서프랑스 해안, 나폴리, 그리고 마요르카나 시칠리아와 같은 지중해의 섬들, 더 나아가 그리스 아테네까지 영토를 확장했다.

바르셀로나는 아라곤 왕국의 정치, 경제, 사회의 중심지가 되었다. 비록 유럽의 교역을 장악하고 있던 제노바나 베네치아에 비해서 그 규모는 크지 않았지만, 바르셀로나는 13~14세기 사이 서부 지중해 지역에서 교역이 가장 활발한 도시 중 하나였다.

1469년, 아라곤 연합왕국의 페르난도 2세와 카스티야 왕국의 이사벨 1세의 결혼으로 스페인에는 강력한 통일 왕국이 탄생했다. 카스티야 왕국의 수도인 마드리드가 정치의 중심지로 떠올랐고, 아메리카 식민지 개척을 통한 활발한 무역으로 부를 축적하기 시작했다.

반면에 카탈루냐 왕국은 지중해 무역의 축소로 인해 쇠퇴하기 시작했다. 1640년, 카탈루냐인들은 반란을 일으켰다. 이는 다른 나라와의 전쟁을 위한 징집과 군비 지원 요청에 대한 반발이었다. 한동안 카스티야의 간섭에서 벗어날 수 있었지만, 1652년에 반란이 진압되어 다시 카스티야 왕국의 지배하에 놓였다.

1714년에 카탈루냐 왕국은 또다시 카스티야 왕국의 공격을 받았다. 부르봉 왕가의 첫 번째 왕인 펠리페 5세의 왕위 계승에 반기를 들었다는 이유였다. 카탈루냐인들은 합스부르크 왕가의 카를로스 대공을 스페인 왕으로 추대했었다. 카스티야 군대에 대항하여 항전했던 카탈루냐는 결국 몇 달 만에 항복했다. 카스티야의 왕이 된 펠리페 5세는 바르셀로나 백작에도 올라 카탈루냐를 직접 통치하기 시작했다. 이후 바르셀로나는 카탈루냐 분리 운동의 구심점이 되었다.

19세기 들어 카탈루냐 지방에 산업화가 시작되었다. 기계를 이용한 대량 생산이 일반화되기 시작하면서 부를 축적해 나갔다. 경제적인 독립의 기틀을 다진 것이다. 1931년, 제 2공화국의 수립과 함께 카탈루냐는 자치권을 부여받았다. 그러나 1939년에 스페인내전에서 승리한 프랑코는 자신의 반대편에 서서 싸운 카탈루냐의 자치권을 박탈하고 공공장소에서 카탈루냐어 사용을 금지했다.

카탈루냐인들은 이러한 탄압에도 불구하고 바르셀로나를 스페인에서 가장 발전된 지역으로 만들었다. 그 결과 스페인의 다른 가난한 지역, 특히 안달루시아, 무르시아, 갈리시아 지방 출신의 사람들이 바르셀로나로 몰려들었다.

1975년에 프랑코가 죽고, 스페인이 민주화되면서 각 지역의 자치권 획득을 위한 대규모 시위가 연일 계속되었다. 특히 바르셀로나는 거의 40년 동안 프랑코로부터 철저히 차별받았다는 피해의식 때문에 그 요구가 다른 지역보다 훨씬 강력했다. 1977년에는 약 백만 명의 시민이 한 달 동안 자치정부의 재건을 요구하는 시위를 벌였다. 각 지역에 자치권 부여를 명시한 1978년 개정 헌법으로 카탈루냐는 다시 자치권을 부여받게 되었다.

바르셀로나는 1992년에 열린 하계 올림픽을 계기로 한 단계 더 도약했다. 해안가 정비, 교통 및 숙박시설 등 편의시설 확충 등을 통해 스페인 제 2의 도시로서의 면모를 갖추게 되었다.

람블라스 산책

람블라스 거리는 카탈루냐 광장부터 옛 항구가 있는 콜럼버스 기념탑까지 남쪽으로 뻗은 약 1.2킬로미터의 가로수 길이다. 가운데에는 보행자 도로, 양 옆으로는 차도가 조성되어 있다. 2017년 8월 17일에는 차량이 돌진하여 15명이 사망하고 100여 명이 부상당하는 테

가로수가 인상적인 람블라스 거리.

러가 일어난 곳이기도 하다.

'람블라(rambla)'는 아랍어로 '모래밭'이라는 의미를 가진 말이다. 이곳은 하수구 역할을 하는 하천이 있던 곳이다. 15세기에 성벽이 세워지면서 하천의 흐름이 바뀐 뒤 이곳에는 많은 수도원이 세워졌다. 1835년에 일어난 대규모 화재로 수도원이 없어지고, 그 자리에 보케리아 시장, 리세우(Liceu) 대극장, 왕의 광장(Plaza Real)과 같은 공공시설이 들어섰다. 람블라스 거리에 있는 가로수들은 1859년부터 심어져 보행자들에게 그늘을 제공해 왔다.

카탈루냐 광장에서 람블라스 거리로 들어서면 '카날레타스의 샘(Fuente de Canaletas)'을 만난다. 이곳은 두 가지 이유로 유명하다.

하나는 이곳의 물을 마시면 바르셀로나에 다시 온다는 전설 때문이다. 그래서 동전을 던지는 로마의 트레비 분수나 표지석을 밟는 마드리드 솔 광장의 0km 표지석과 같이 바르셀로나를 방문한 여행자들에게 인기 있는 곳이다.

또 다른 하나는 FC 바르셀로나 축구 팬들과 관계가 있다. 1930년대 이 샘 바로 앞 건물에 '라 람블라'라는 스포츠 일간지 회사가 입주해 있었다. 이 신문사는 당일의 경기 결과를 적은 칠판을 건물 입구에 걸었다. 그 결과를 확인하고 또 승리를 축하하기 위해서 많은 축구 팬들이 이곳에 모이면서 명소가 되었다.

이곳에서 콜럼버스 기념탑 쪽으로 걷다 보면 우측에 시장이 있다. 재래시장인 산트 조셉 시장(Mercat de Sant Josep)인데, 보케리아(Boquería) 시장으로 더 잘 알려진 곳이다. '이곳에 없으면 어디에서도 구할 수 없다'라고 할 정도로 규모가 매우 크고 취급하는 물건의 종류도 다양하다.

이어서 리세우 대극장이 나온다. 1847년에 개관한 오페라 극장이다. 두 차례의 화재, 스페인 경제 위기 등으로 운영에 어려움을 겪었지만 여전히 유서 깊은 오페라 공연장으로 남아 있다.

그 앞에는 호안 미로가 직접 디자인한 거대한 모자이크가 보행자의 눈을 즐겁게 한다. 보행자 거리에는 꽃이나 신문, 잡지 등을 파는 가판대가 있고, 거리 예술가들의 다양한 퍼포먼스가 펼쳐진다. 동전을 던져주면 그때서야 비로소 움직이는 퍼포먼스를 보면서 걷다 보면 어느새 콜럼버스 기념탑을 만난다. 람블라스 거리의 끝이다.

콜럼버스는 모두 네 번 신대륙으로 항해를 떠

났다. 이 기념탑은 콜럼버스의 첫 번째 항해를 기념하기 위해서 1888 년에 열린 바르셀로나 국제박람회에 맞춰서 건립되었다. 이 탑에는 콜럼버스가 첫 번째 항해 후의 결과를 이사벨 여왕과 페르난도 왕에게 보고하는 모습이 묘사되어 있다. 기둥 위에는 콜럼버스가 오른손으로 신대륙을 가리키는 모습의 동상이 있다.

혹자는 콜럼버스가 가리키는 곳이 신대륙이 아니라 그의 고향인 이탈리아 제노바를 가리킨다고 말하기도 하지만 이는 사실이 아니다. 가리키는 손의 방향이 제노바보다 훨씬 남쪽을 가리키기 때문이다. 동상을 받치고 있는 대에는 '대지'를 뜻하는 스페인어 'Tierra'가 새겨져 있다.

몬주익

아마 40대 이상이라면 1992년에 황영조 선수가 바르셀로나의 언덕에서 일본 선수를 물리치고 올림픽 스타디움으로 달리는 모습이 눈에 선할 것이다. 이곳에는 바르셀로나 올림픽 마라톤 경기에서 우승한 황영조 선수의 기념비가 있다. 2001년 경기도와 바르셀로나 시가 공동으로 세운 것이다. 기념비 앞에는 악수하는 동판, 태극기, 황영조 선수의 발도장이 있다. 이곳이 바로 몬주익(Montjuic) 언덕이다.

'몬주익'은 '유대인의 산'이란 의미다. 이곳에서 유대인들의 묘지가 발견되어서 붙여진 이름이다. 이곳에 있는 올림픽 경기장 근처에 호안 미로 재단 미술관이 있다. 1976년 개관한 이 미술관은 푸른 잔디밭 위에 세워진 하얀 이층 건물이다. 바르셀로나 출신의 초현실주의 화가인 호안 미로의 작품을 감상할 수 있다.

감옥과 고문 장소로 사용되었던 몬주익 성.

몬주익 공원에는 미술관이 하나 더 있다. 유명한 분수쇼가 펼쳐지는 에스파냐 광장의 남쪽 언덕 위에 있는 웅장한 건물이다. '국립 왕궁'이라는 뜻의 '팔라우 나시오날(Palau Nacional)'이라고 불리는 국립 카탈루냐 미술관이다. 1929년 완공된 이 미술관에는 카탈루냐의 로마네스크와 고딕 미술, 각국의 르네상스, 바로크 시대의 작품들이 전시되어 있다.

몬주익 공원 정상에는 1640년에 지어진 몬주익 성이 있다. 지어진 지 1년 후인 1641년, 이곳에서 카탈루냐의 반란을 진압하러 온 카스티야 군대가 패배했다. 이 성은 1751년부터 1799년까지 새로 보강해서 지어졌다. 나폴레옹 전쟁(1803~1815)때에는 프랑스 군이 점령하기도 했다. 이후 약 300년 동안 이 성은 감옥과 고문 장소로 사용되었다. 특히 스페인내전 기간에는 많은 정치범들이 투옥되고, 고문당하고 처형된 곳이기도 하다. 20세기 들어 군사박물관으로 활용되고 있으며, 이곳에서는 바르셀로나 시내뿐만 아니라 항구와 지중해까지 볼 수 있다.

에이샴플레

'에이샴플레(Eixample)'는 '확장' 또는 '확장된 구역'을 의미하는 카탈루냐어다. 고딕 지구(구시가)와 그라시아 지구 사이에 있는 지역을 말한다. 1800년대 들어서 산업화가 진행됨에 따라 바르셀로나의 인구가 급증했다. 스페인 전역에서 몰려온 노동자들 때문이었다. 이로 인해서 도시가 무분별하게 개발되었다.

시정부는 이를 막기 위해 일데폰스 세르다(Ildefons Cerdà)를 도시

바르셀로나 상공에서 찍은 에이샴플레 전경.

계획의 책임자로 임명했다. 그는 뛰어난 건축가였다. 가우디의 스승이기도 했다. 일부 바르셀로나 건축가들은 "가우디는 세르다가 마련한 공간에 몇 개의 점을 찍었을 뿐이다."라고 말할 정도다. 그는 만사나(manzana)라 불리는 정사각형 형태의, 정확히 말하면 8각형의 블록을 약 600여 개 만들었다. 거의 ㅁ자에 가까운 형태지만 가운데는 빈 공간으로 남겨두어 거주민을 위한 정원이나 다양한 편의시설을 조성했다. 건물은 대부분 6층을 넘지 않게 지었고, 각 만사나 간의 간격을 넓게 해서 햇빛이 만사나 곳곳에 잘 비추도록 했다.

건물 밖의 인도 역시 차도보다 훨씬 넓게 조성해서 보행자가 쾌적하게 길을 걸을 수 있게 했다. 인간 중심의 도시계획인 것이다. 또한 구도심과의 원활한 소통을 위해서 '디아고날(diagonal)'을 만들었다. '대각선'을 의미하는 디아고날은 에이샴플레를 관통하면서 에이샴플레를 둘로 나누는 역할을 한다.

이런 도시 재정비 과정 속에서 모데르니스모(modernismo)의 영향을 받은 건물이 많이 들어섰다. 모데르니스모는 기계를 이용한 대량 생산이 주를 이루는 산업화에 반발해서 발생한, 특히 바르셀로나에서 일어난 움직임이다. 회화나, 건축, 가구, 시계, 장식품 등 다양한 분야에 자연에서 얻은 모티프와 직선이 아닌

모데르니스모 루트를 나타내는 표식.

곡선 등이 사용되었다. 바르셀로나 관광청은 모데르니스모에 대한 이해를 높이고 도시 전체에 흩어져 있는 모데르니스모 건축물을 효과적으로 둘러볼 수 있도록 '모데르니스모 루트(Ruta del modernismo)'를 만들었다.

엘스 콰트레 가츠

바르셀로나 출신의 화가 라몬 카사스(Ramón Casas)가 1897년에 다른 세 명의 동업자와 함께 바르셀로나 중심지에 '엘스 콰트레 가츠(Els Quatre Gats)'라는 바(bar)를 열었다. '네 마리의 고양이'라는 뜻이다. 그는 파리의 '샤 누와(Chat Noir, 검은 고양이)'라는 바에서 일하면서 얻은 영감을 바탕으로 이 바를 만들었다. 이곳에서 피카소가 17세 때 전시회를 열었으며 화가나 건축가, 시민들이 모여 토론했다. 1903년에 문을 닫았다가 1978년에 다시 문을 연 이곳은 바르셀로나 시민뿐만 아니라 여행자들이 꼭 들르는 명소가 되었다.

05
카미노 데 산티아고
순례자의 길

 '산티아고 가는 길'은 전 세계인의 사랑을 받는 스페인의 대표적인 관광 아이콘이다. 산티아고는 예수의 12제자 중 한 명이며 우리말로는 '야고보'라 한다.

 산티아고는 스페인에서 포교 활동을 하고 예루살렘으로 돌아왔다가 서기 44년에 처형되었다. 제자들은 그의 유해를 수습하여 지중해를 통해서 스페인 북서부의 갈리시아 지방으로 보냈다. 이후 산티아고의 존재는 구전으로만 전해지다가 813년, 한 수도사가 하늘에서 음악이 들리고 별들이 무수히 쏟아지는 신비로움을 목격한 후 이를 주교에게 보고했다. 현장에 도착한 주교는 그곳에 있던 예배당에서 참수된 유해를 발견했다. 주교는 이 유해가 구전으로만 전해지던 산티아고의 것이라 판단하고 이 지역을 관할했던 아스투리아스 왕국의 알폰소 2세에게 알렸다. 현지를 직접 둘러본 왕은 이 유해가 산티아고의 것임을 확인하고 유해가 발견된 곳에 성당 건립을 명했다. 이곳이 바로 지금의 산티아고 데 콤포스텔라(Santiago de Compostela)다.

'콤포스텔라'(Compostela)는 각각 '들판'과 '별'을 뜻하는 'campus' 와 'stellae'를 합친 말로 '별이 쏟아지는 들판'을 의미한다. 유해가 발견되었을 때 나타났던 광경을 도시의 이름으로 사용한 것이다.

그 후 유럽 각지에서 많은 사람들이 산티아고 데 콤포스텔라로 순례 여행을 떠났다. 순례자들이 걸으면서 애초에 길이 없던 곳에 길이 생겼다. 순례길에는 순례자들을 위한 숙소, 병원, 식당 등 다양한 편의 시설이 들어섰다. 이렇게 활기를 띠었던 순례 여행은 페스트와 종교 개혁 등의 영향으로 한동안 시들해졌다. 그러나 1982년과 1989년

야고보의 시신이 배에 실려 스페인에 도착했을 때 가리비들이 그의 몸을 덮어 보호하고 있었다고 한다. 그 후 가리비는 산티아고 순례길의 상징이 되었다.

교황 요한 바오로 2세의 산티아고 데 콤포스텔라 방문, 1987년 파울로 코엘류의 《순례자》 발간, 1993년 산티아고 데 콤포스텔라의 유네스코 세계문화유산 지정 등으로 산티아고 순례길은 다시 전 세계의 주목을 받기 시작했다. 최종 목적지인 산티아고 데 콤포스텔라는 로마와 예루살렘에 버금가는 순례의 성지가 되었다.

산티아고 데 콤포스텔라 대성당. 순례자들의 발걸음이 마지막으로 닿는 곳이다.

산티아고 이야기에 대한 비판적인 견해도 있다. 스페인의 대표적인 철학자인 미겔 데 우나무노(Miguel de Unamuno)는 "아무리 가톨릭 신자라 하더라도 이성적 사고를 지닌 근대인이라면 산티아고의 유해가 산티아고 데 콤포스텔라에 안장되어 있다는 것을 인정하지 않을 것이다."라고 비판한 바 있다. 이처럼 산티아고 이야기가 비록 역사적 사실이 아닌 신화적 내용에 바탕을 두고 있지만, 산티아고 가는 길이 현재 '걷기 여행'의 가장 대표적인 명소임은 그 누구도 부정할 수 없을 것이다.

카미노 데 산티아고 걷기

"1년 전, 아내와 함께 프랑스 르 퓌(Le Puy)에서 팜플로나까지 걸었어. 그리고 올해는 팜플로나부터 산티아고까지 갈 예정이었는데… 갑자기 아내가 이 세상을 떠났어. 세상이 무너지는 기분이었지. 한동안 실의에 빠져 있다가 이렇게 지내다가는 죽겠다 싶어 힘을 내서 카미노에 왔어."

- 독일에서 온 50대 내과의사 한스

"카미노를 떠나기 전까지 초등학교 선생님이었어. 물론 두 아이의 엄마로도 최선을 다했지. 그런데 어느 날 갑자기 '나는 왜 이렇게 살고 있나?'라는 회의감이 들었어. 한동안 고민하다가 과감히 학교를 그만두고 아이를 남편에게 맡기고 지금 이렇게 걷고 있는 거야. 집으로 돌아가면 코엘류의 작품에 버금가는 책을 쓰고 싶어. 이제 나를 찾아야지."

- 브라질에서 온 40대 중반의 젠

"몬트리올에서 작은 레스토랑을 경영했어. 그러나 평소에 아프리카 어린이를 돕고 싶은 꿈이 있었지. 그 꿈을 이루고자 먼저 레스토랑을 정리했어. 아프리카에 가기 전에 육체적으로나 정신적으로 나를 단련시키고 싶었지. 너무 만족해, 지금 이렇게 걷고 있는 순간이."

- 캐나다에서 온 31세의 모니끄

산티아고에서 만난 순례자들. 그들이 카미노를 걷는 이유는 그들의 국적만큼이나 다양하다(왼쪽부터 한스, 젠, 모니끄).

한 달 동안 800킬로미터의 산티아고 길을 걸으면서 많은 사람들을 만났다. 그때마다 했던 '산티아고에는 왜?'라는 질문에 대한 답들이다. 그 답은 국적만큼이나 참으로 다양했다. 카미노는 '회피'의 길이 아닌 '치유'의 길이었다. 카미노는 삶에 대한 의지를 굳건히 하기 위해서, 자신의 고통을 극복하기 위해서, 진정한 자신을 찾기 위해서 걷는 길이었다.

카미노는 '길'이란 의미의 스페인어다. 최종 목적지인 산티아고 데 콤포스텔라까지 가는 길은 프랑스의 생장피에드포르(St.-Jean-Pied-de-Port)에서 시작되는 프랑스 길, 포르투갈의 리스본(Lisbon)에서 시작되는 포르투갈 길, 스페인 남부 세비야(Sevilla)에서 시작되는 은(銀)의 길, 스페인 북부 이룬(Irún)에서 시작되는 북쪽 길 등 여러 개가 있다.

이 길들은 각각 나름대로의 특성과 매력을 지니고 있지만 그중에서 가장 인기 있는 길은 프랑스 길이다. 프랑스와 스페인의 국경 지대에 위치한 생장피에드포르에서 피레네 산맥을 넘어 스페인 북부의 나바라, 라 리오하, 카스티야 이 레온, 갈리시아 지방 등을 거쳐 산티아고 데 콤포스텔라까지 가는 약 800킬로미터에 이르는 길이다.

프랑스 길을 완주하려면 하루에 약 25~30킬로미터씩 한 달을 꼬박 걸어야 한다. 물론 800킬로미터를 완주해야 한다는 규칙은 없다. 제주도의 올레길처럼 자신의 형편에 맞게 일부 구간만 선택해서 걸을 수도 있다.

카미노에는 걷는 사람들을 위한 숙소와 식당이 있다. 순례자를 위

순례자들이 가장 많이 선택하는 프랑스 길.

한 숙소는 '알베르게(albergue)' 라고 한다. 이곳에 숙박하기 위해서는 체크인할 때 '크레덴시알(credencial)'을 제시해야 한다. 순례자임을 증명하는 증명서로 자신이 걷기 시작한 곳의 순례자 사무소에서 발급받을 수 있다. 체크인할 때 각 숙소에서는 특색 있는 스탬프를 찍어준다.

산티아고 길을 알려주는 표지.

　최종 목적지인 산티아고 데 콤포스텔라에 도착한 순례자는 카미노 사무국에서 순례 완주 증명서인 '콤포스텔라(Compostela)'를 받을 수 있다. 그러나 반드시 100킬로미터 이상 걸었음을 입증할 수 있는 크레덴시알을 제시해야 한다.

　산티아고 길을 걷는 동안 순례자들은 지나는 지역의 특성을 느낄 수 있는 다양한 음식들을 맛볼 수 있다. 특히 순례길이 지나는 식당 대부분에서는 순례자들을 위한 메뉴인 '메뉴 델 페레그리노(menú del peregrino)'를 제공한다. 비록 음식의 종류가 다양하지 않아서 지역의 특성을 온전히 느

순례 완주 증명서인 콤포스텔라.

낄 수는 없지만, 10유로 내외의 비교적 저렴하면서도 양이 푸짐한 코스 요리이기 때문에 순례자들에게 인기가 높다. 물론 식당에서 식사하지 않고 알베르게에서 숙박하는 순례자들과 함께 음식을 조리해서 먹을 수도 있다.

산티아고는 '바로 이곳'

산티아고 가는 길에는 대중교통을 이용한 여행자들이 느끼는 즐거움과는 차원이 다른 특별한 무엇이 있다. 자신과의 싸움을 통해서 달성하는 성취감, 걷는 과정에서 세계 여러 나라 사람들과 교류하면서 얻는 유연한 사고와 넓은 시야 등이 바로 그것이다. 순례자들은 한 달 이상이라는 긴 시간 동안 온갖 어려움과 고통을 감내하면서 산티아고를 향해 걷고 또 걷는다.

필자 역시 걷기 시작한 지 한 달 만에 산티아고 데 콤포스텔라 대성당 앞에 섰다. 한 달 내내 마음속에 그렸던 곳이다. '이제는 더 이상 걷지 않아도 된다'라는 안도감보다는 '앞으로 더 이상 걸을 수 없다'라는 허탈감이 더 컸다. 그동안 함께 걸었던 순례자들과 추레해진 몰골에 개의치 않고 서로 깔깔거리며 성당을 배경으로 사진을 찍었다. 포즈도 각양각색이다. 서로 부둥켜안기도 하고, 광장 바닥에 키스한 후 눕기도 한다. 아쉬움을 달래기보다는 밀려오는 허탈감을 애써 감추려는 듯.

바닥에 돌로 만든 이정표. 뒤에 오는 순례자를 배려하는 마음이 순례길을 더 아름답게 만든다.

 왁자지껄한 분위기에서 잠시 벗어나 성당이 한눈에 들어오는 광장 구석으로 갔다. 그렇게 오고 싶었던 산티아고가 바로 눈앞에 있는데 나의 '산티아고'는 진정 어디에 있을까? 어느 시골의 알베르게에서 보았던 구절을 떠올려본다.

 "뛰지 마라! 네가 가야 할 곳은 바로 너 자신이다(¡No corras! Que adonde tienes que llegar es a ti mismo.)"

06

마요르카

안익태와 쇼팽의 섬

—

우리나라는 한반도 밖에도 영토가 있다. 남쪽의 제주도, 동쪽의 울릉도가 바로 그것이다. 스페인 역시 이베리아반도 밖에 스페인 영토가 있다. 동쪽 지중해상의 발레아레스(Islas Baleares) 자치주와 남쪽 대서양상의 카나리아(Islas Canarias) 자치주다.

발레아레스 자치주는 마요르카(Mallorca), 메노르카(Menorca), 이비사(Ibiza), 포르멘테라(Formentera) 등 모두 4개의 섬으로, 카나리아 자치주는 이에로(Hierro), 고메라(Gomera), 팔마(Palma), 테네리페(Tenerife), 그란 카나리아(Gran Canaria), 푸에르테벤투라(Fuerteventura), 란사로테(Lanzarote) 등 모두 7개의 섬으로 구성되어 있다. 섬으로 구성된 이 두 자치주 이외에도 반도 밖의 북아프리카 모로코 북쪽 해안 지방에 세우타(Ceuta)와 멜리야(Melilla)라는 자치 도시가 있다. 이 두 도시는 아프리카 대륙에 있는 유일한 유럽연합(EU)에 속한다. 엄연히 스페인 영토이기 때문이다.

마요르카 섬은 발레아레스 자치주에서 가장 큰 섬이다. 이 섬은 우

발레아레스 제도의 가장 큰 섬인 마요르카.

리가 잘 알고 있는 두 명의 음악가와 관련 있다. 바로 애국가의 작곡
자인 안익태와 피아노의 시인 쇼팽이다.

안익태는 어떤 모임에서 롤리타 탈라베라를 소개받았다. 그녀는 안
익태의 공연 영상을 보고 안익태의 열렬한 팬이 되었다. 안익태는 한
국의 일제 점령에 대해서도 잘 알고 있었던 롤리타에게 점차 호감을
갖게 되어 1946년에 결혼했다. 결혼 후, 안익태는 마요르카 오케스트
라를 창단해 1947년부터 1959년까지 상임지휘자로 활동했고, 이후
세상을 떠날 때까지 세계를 돌며 연주 여행을 했다. 그러다 1965년
런던의 필하모니아 오케스트라와의 연주회를 끝으로 건강이 악화되
어 바르셀로나에서 60세의 일기로 타계했다.

안익태가 살던 마요르카의 집은 매각될 위기에 처하기도 했었지만 한국 교포 사업가의 도움으로 안익태 탄생 110주년인 2016년 12월 15일에 안익태 기념 전시관으로 재탄생했다. 마요르카 주정부는 안익태의 마요르카에 대한 사랑과 마요르카 예술 문화 발전에의 기여를 인정해 팔마 데 마요르카에 안익태 거리(Carrer Eaktai Ahn)를 조성하고 기념비 '라스 솜브라스 데 소니도(Las sombras de sonido, '소리의 그늘들')'를 세웠다.

쇼팽은 1838년 말 당대 최고의 작가인 조르주 상드와 서로 사랑에 빠졌다. 그러나 건강이 악화되자 휴양차 상드와 마요르카로 왔다. 당시 상드는 다른 남자와의 사이에서 낳은 두 명의 자식과 동행했다. 마요르카 주민들이 두 사람의 관계가 정상적이지 않다는 사실을 알게 된 후, 이들에 대한 시선은 매우 차가웠다. 이들은 발데모사의 수도원에 가까스로 숙소를 마련했지만 추운 겨울을 보내기에는 적합하지 않았다. 이런 환경에서 쇼팽의 병이 회복될 기미가 보이지 않자 그들은 다시 프랑스로 돌아갔다.

쇼팽이 휴양차 머물렀던 발데모사 수도원.

쇼팽의 24개의 전주곡 중 15번인 〈빗방울 전주곡〉이 바로 마요르카의 발데모사 수도원에서 1838년에 만들어진 작품이다. 이 작품과 관련해 조르주 상드는 자서전에서 다음과 같이 쓰고 있다.

"비 오는 어느 날, 팔마(마요르카에서 가장 큰 도시)에서 쇼팽의 결핵 약을 구하고 집으로 돌아오는 길에 비가 억수같이 쏟아졌다. 가까스로 집에 도착하니 쇼팽이 아직 자지 않고 피아노를 치고 있었다. 쇼팽은 '사랑하는 조르주, 내 앞에 있는 건 분명 당신이 맞지? 난 당신이 급류에 휘말리는 환영을 봤소. 대체 어찌된 일인지? 내 가슴에도 물방울이 떨어지고 있는데…'라고 말했다. 그때 처마 끝에서 물방울이 떨어지고 있었는데 쇼팽은 그 소리를 피아노에 넣고 있었다."

 Tip 클러버들의 천국, 이비사 ―――

'지중해의 태양도 미치고 섬도 미치고 클러버(clubber)들도 미치는 곳!', '생태계 파괴, 핵전쟁으로 인한 지구의 종말에도 불구하고 지구상에서 가장 최후까지 살아남을 피난처!' 바로 이비사(Ibiza)를 가리키는 말들이다. 세계의 수많은 젊은이들을 설레게 하는 이비사는 유럽 최고의 클럽들이 모여 있는 지중해상의 섬이다.

1960년대 들어서 스페인의 젊은이들이 프랑코 독재 치하의 억압된 분위기를 피해 이곳으로 들어오기 시작했다. 이곳은 당시만 해도 전기도 공급되지 않던 한적한 섬이었다. 유럽의 히피들도 하나둘 자유를 찾아 이곳으로 몰려왔다. 자유와 젊음이 가득한, 그야말로 '그들만의 해방구'였다. 이들은 해변에서 텐트를 치고 음악과 춤으로 밤새 파티를 즐겼다. 그러다가 1970년대 들어 현대적인 시설을 갖춘 클럽들이 생기기 시작했다. 이후 유럽의 아티스트들이 이곳으로 몰려들었고 할리우드의 스타들까지 가세하면서 이비사는 유럽에서 가장 핫(hot)한 곳이 되었다. 이비사는 유럽 최초의 누드 비치가 생긴 곳이기도 하다.

07

카나리아 군도
대서양 위의 스페인

—

'카나리아'란 이름은 우리가 알고 있는 새 카나리아와는 아무런 관계가 없다. 이 지명의 유래는 다양하고 또 확실하지도 않다. 가장 널리 알려진 유래는 북부 아프리카에서 온 왕이 이곳에서 가축을 지키는 큰 개인 매스티프 두 마리를 잡아서 자기 나라로 가져갔다는 설이다. 이후 5세기에 한 학자가 이곳을 '개들의 섬'을 뜻하는 '카나리스 인술라스(Canarias insulas)'로 명명해서 남긴 기록이 있다. 실제로 현재 카나리아 자치주의 공식 문장에는 두 마리의 개가 앞발을 들고 서 있다.

또 15세기까지 이곳에서 서식했던 거대한 물범인 칸니스 마리누스(cannis marinus)에서 유래되었다고도 하고, 북아프리카에 거주했던 베르베르족인 카나리(Canarii)족에서 왔다는 설도 있다.

7개의 섬으로 이루어진 카나리

카나리아 자치주의 문장.

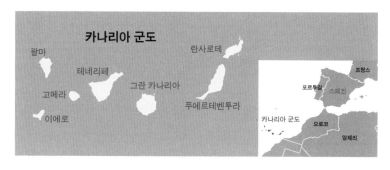

아프리카 북서부 대서양에 있는 카나리아 군도.

아 군도는 대서양 위에 있는 스페인 영토다. 아프리카에서 95킬로미터, 스페인에서는 940킬로미터 떨어져 있다. 마드리드에서 비행기로도 3시간 정도 걸리는 거리다. 총인구는 2016년 기준으로 약 210만 명이다. 가장 큰 섬인 테네리페에 전체 인구의 43%, 그란 카나리아에는 40% 정도 거주한다. 기후는 아열대 기후로 연평균 섭씨 20도여서 연중 관광객들로 붐빈다.

테네리페 섬에는 해발 3,712미터의 화산인 테이데(El Teide) 산이 있다. 스페인에서 가장 높은 산인데 이베리아반도가 아닌 대서양 위의 섬에 있다는 점이 눈길을 끈다. 산 주변은 1909년의 화산 폭발로 인해서 여전히 화산재가 덮여 있는데 흡사 달 표면을 연상시킨다.

카나리아 군도의 고메라 섬은 콜럼버스가 아메리카 대륙으로 가기 전에 마지막으로 기착해서 물을 포함한 필요 물자를 보충했던 섬으로 알려져 있다. 그래서 '콜럼버스의 섬(Isla Colombina)'이라고도 불린다.

란사로테 섬은 1730년과 1824년에 화산 폭발이 있었다. 지금도 여전히 땅의 갈라진 틈에서 열기가 뿜어져 나온다. 이 섬에는 특이한 수중 박물관이 있다. 바로 아틀란티코 박물관(Museo Atlántico)이다. 이 박물관은 섬 남쪽 15미터 바다 아래에 있다. 이 해저에는 300여 점의 조각품들이 전시되어 있다. 박물관의 손님은 물고기, 스노클러, 다이버들이다. 이 박물관은 해양 환경 문제를 이슈화시키기 위해서 만들어졌다. 이곳에 전시되어 있는 작품들은 모두 친환경 콘크리트로 제작되었기 때문에 바다 생물에게는 인공 산호초 역할을 한다.

　이 섬은 또한 화산재 포도밭으로도 유명하다. 1730~1736년의 화산 분출로 생긴 화산재를 활용하여 포도나무를 심었다. 포도나무의 물이 마르지 않도록 포도나무 주위에 반달형의 담을 얕게 쌓았는데

카나리아 군도 테네리페 섬에 있는 테이데 산.

이는 란사로테만의 독특한 장관을 이룬다.

그란 카나리아는 우리나라 원양어업과 밀접한 관련이 있다. 1966년, 40여 명의 한국인으로 구성된 원양어선이 그란 카나리아의 주도인 라스팔마스에 진출했다. 1970년대에는 15,000명으로 늘어나 외화 획득에 큰 역할을 했다. 이들은 1966년부터 1987년까지 21년간 약 8억 7,000만 달러(1조 원)에 달하는 외화를 벌어들여 한국으로 송금했다. 독일로 파견된 광부나 간호사처럼 국가의 경제 발전에 큰 역할을 했다. 그러나 1980년대 후반 들어 원양어업이 쇠락의 길로 접어들어 지금은 그 명맥만 유지되고 있다.

그란 카나리아는 자연보호지역이 33곳이나 될 정도로 자연 풍광이 아름다운 곳이다. 바닷가에 넓디 넓은 모래밭이 끝없이 이어져 있어 바다와 사막이 공존하는 곳이기도 하다. 그래서 그란 카나리아를 "축소된 대륙"이라고 부르기도 한다.

08
지브롤터
스페인 속 다른 나라

지브롤터(Gibraltar)는 스페인 입장에서 보면 '내 땅 안에 있는 남의 땅'이다. 지브롤터는 이베리아반도의 남쪽 끝에 있다. 스페인 영토로 둘러싸인 영국 땅이다. 그래서 스페인의 작가이자 기자인 마누엘 레기네체(Manuel Leguineche)는 지브롤터를 '스페인의 구두 속에 있는 바위'라고도 했다.

지브롤터는 711년, 이슬람교도를 이끌고 반도를 침공했던 장군의 이름인 '타리크(Tariq)'와 '산'을 뜻하는 '지브(Gib)'가 합쳐진 것으로, 이후 현지인의 발음과 섞이면서 만들어진 말이다. 즉 '타리크의 산'이라는 의미다.

지브롤터 앞에는 좁은 바다가 있다. 지브롤터 해협이다. 이 해협은 유럽 대륙과 아프리카 대륙을 둘로 나누고 있다. 양 대륙 간의 거리는 14킬로미터밖에 안 되지만 이 해협을 통해서 수많은 배들이 오간다.

공식 언어는 당연히 영어이며, 상가의 간판 역시 영어로 쓰여 있다. 그러나 스페인어, 스페인어와 영어의 혼합어, 아랍어, 이탈리아어 등

이베리아반도의 끝에 위치한 영국 땅 지브롤터.

도 통용된다. 화폐 단위는 '지브롤터 파운드'로 화폐 가치는 영국의 파운드화와 같다. 물론 유로화도 사용 가능하다.

인구는 2016년 기준으로 약 33,000명이다. 주민의 약 3분의 2가 영국 국적을 가진 지브롤터인이고, 나머지는 안달루시아인, 몰타인, 제네바인, 포르투갈인, 유대인, 아랍인 등이다. 면적은 6.8제곱킬로미터로 8.5제곱킬로미터인 여의도보다 작다.

지브롤터로 들어가기 위해서는 국경 검문소에서 간단한 여권 확인 절차를 거쳐야 한다. 입구인 검문소에서 지브롤터 끝까지의 거리는 5킬로미터, 너비는 1.3킬로미터에 불과하다. 입구 왼쪽은 급사면의 바위 절벽이어서 오른쪽에 주거 지역을 비롯한 대부분의 시설이 집중돼 있다. 지브롤터의 방어를 위해 140여 개의 동굴과 50킬로미터에 달하는 도로와 터널이 건설되어 있다.

지브롤터에는 바바리 마카크(Barbary macaque)라는 원숭이가 있는데, 이슬람교도가 북아프리카에서 들여왔다. 이 원숭이는 꼬리가 없으며 알제리, 모로코, 지브롤터 등의 암반 지대에 무리 지어 살고 있다.

영국 수상 윈스턴 처칠은 1944년 9월, 지브롤터 식민장관에게 "이 원숭이의 개체수를 늘리고 또 그 수를 유지하라."고 지시를 내렸다.

지브롤터의 바바리 마카크 원숭이.

이 원숭이가 지브롤터를 떠나는 때가 바로 영국인들도 지브롤터를 떠나는 때라는 이야기가 전해져 오기 때문이었다. 실제로 1913년에 원숭이가 10마리로 줄어들자 북아프리카에서 암컷 8마리를 들여왔다는 기록도 있다. 지금도 처칠의 엄중한 지시가 여전히 유효할 정도로 원숭이들의 개체수는 충분히 유지되고 있다.

지브롤터는 왜 영국 땅이 되었나?

1690년대 들어서 스페인에서는 왕위 계승 문제가 심각하게 대두되었다. 당시 스페인 왕이었던 카를로스 2세는 자신의 왕위를 물려줄

자식이 없었다. 당시 많은 사람들은 왕에게 악귀가 붙었다고 생각했다. 궁정에서는 이 악귀를 쫓아내고 대를 이을 자식을 얻으려고 온갖 방법을 다 썼으나 결국 실패했다.

카를로스 2세는 죽기 바로 전인 1700년 10월에 자신의 매형인 프랑스의 태양왕 루이 14세의 손자 펠리페 5세를 왕위 계승자로 임명했다. 이는 스페인 왕의 계보가 합스부르크 왕가에서 부르봉 왕가로 넘어가는 것을 의미했다.

루이 14세의 손자인 펠리페 5세가 스페인 왕이 된다는 것은 프랑스가 유럽에서 주도권을 장악한다는 의미였다. 이는 유럽 세력의 균형이 깨진다는 의미이기도 했다. 신성로마제국, 영국, 네덜란드 등은 이를 좌시하지 않았다. 결국 1701년에 이들 국가는 동맹을 맺어 합스부르크 황제 레오폴드 1세의 차남인 카를로스 대공을 스페인 왕으로 추대했다. 프랑스의 독주를 막고 유럽 각국의 세력 균형을 유지하기 위함이었다.

이 동맹국들은 1702년에 프랑스와 스페인에 선전 포고를 했다. 왕위 계승 전쟁이 시작된 것이다. 포르투갈도 이 동맹에 합류하여 부르봉 왕가의 스페인 왕권 장악에 반대했다. 아라곤 연합왕국(스페인 동북부의 카탈루냐와 아라곤, 발렌시아가 합쳐진 왕국) 역시 이 동맹에 참여하여 힘을 실었다. 새로 왕이 된 펠리페 5세가 강력한 중앙집권정책을 실시하여 각 지역의 분리 독립 운동을 반대했기 때문이었다.

이 두 진영 간의 전쟁은 1702년부터 1715년까지 13년 동안 이어졌으며, 스페인뿐만 아니라 유럽 전역으로 확대되었다. 합스부르크 왕가의 카를로스 대공은 리스본에 상륙하여 마드리드로 진격했고, 영국군은 스페인 남부 지브롤터를 점령했다. 전세가 불리하다고 판단한 펠리페 5세는 결국 마드리드를 탈출했고, 1710년에 카를로스 대공은 마드리드에 입성했다.

그런데 펠리페 5세의 반대편에 섰던 영국과 네덜란드는 합스부르크 왕가의 카를로스 대공을 스페인 왕으로 추대하려던 생각을 바꿨다. 카를로스 대공이 오스트리아의 왕위를 계승했기 때문이었다. 영국과 네덜란드는 한 명의 군주 아래 오스트리아와 스페인이 통합되는 것 역시 내켜하지 않았다. 유럽의 균형을 깨는 대제국의 건설을 두려워한 것이다. 변심한 영국과 네덜란드는 하나의 조건을 내세웠다. 펠리페 5세가 스페인의 왕위를 계승하는 대신 프랑스의 왕위 계승을 포기해야 한다는 조건이었다.

이러한 영국과 네덜란드의 요구는 1713년 유트레히트 조약에서 공식화되었다. 영국은 이 조약으로 지브롤터와 지중해상의 섬인 메노르카를 차지했고, 이듬해에 스페인은 네덜란드와 이탈리아 지역의 스페인 영토들을 상실했다. 이 조약으로 큰 타격을 입은 스페인은 유럽에서의 영향력이 축소되었다.

지브롤터에 담긴 전설

　지브롤터는 신화 속의 인물 헤라클레스(Heracles)와도 관련이 있다. '헤라클레스의 기둥'이 있는 곳이기 때문이다.

　헤라클레스는 제우스와 알크메네(Alcmene) 사이에서 태어났다. 알크메네는 제우스의 본부인이 아니었다. 제우스의 본부인 헤라는 남편과 다른 여자 사이에서 태어난 헤라클레스를 미워했다. 헤라클레스의 요람 속으로 독사 두 마리를 넣어 죽이려고 했지만 어린 헤라클레스는 그 뱀을 손수 죽일 정도로 힘이 장사였다.

　이후 헤라클레스는 평소 자신을 미워했던 헤라의 저주로 정신착란을 일으켜 자기 자식들을 죽였고, 아테나 여신의 개입으로 깊은 잠에 빠졌다. 잠에서 깨어난 헤라클레스는 자신이 저지른 짓을 알고 스스로 목숨을 끊으려 했다. 하지만 아테네 최고의 영웅으로 추앙받는 테세우스가 이를 저지했다.

　제정신으로 돌아온 헤라클레스는 델포이의 신탁(神託)을 청하여 자신이 범한 죄를 씻고 싶다고 했다. 신탁은 자신보다 2개월 먼저 태어난 어리석고 소심한 왕 에우리스테우스를 12년 동안 섬기면서 그가 명령하는 일을 하도록 했다. 헤라클레스가 에우리스테우스로부터 받는 명이 바로 그 유명한 '헤라클레스의 12가지 과업'이다.

　지브롤터와 관련된 과업은 열 번째 과업 '괴물 게리온이 가지고 있는 소를 산 채로 잡는 일'이었다. 게리온은 그리스 신화에 등장하는 상상의 동물로 세 개의 머리와 세 개의 몸을 가진 괴물이다. 헤라클레

헤라클레스의 두 기둥 중 하나인 지브롤터의 타리크 산.

스는 게리온의 소들을 지키고 있는 거인과 개를 죽이고 소를 잡아 에
우리스테우스에게 갖다 주었다. 헤라클레스가 소를 잡으러 간 곳이
바로 지금의 모로코에 있는 아틀라스 산맥이다.

　헤라클레스는 산을 오르는 대신 그 산을 둘로 쪼갰다. 바다를 막고
있던 아틀라스 산맥이 갈라지며 유럽 대륙과 아프리카 대륙이 나뉘
고, 이 틈새로 대서양과 지중해가 서로 만나는 해협이 생겼다. 바로
지브롤터 해협이다. 이때 부서진 산 하나가 '지브롤터의 바위'라고 불
리는 '타리크 산'이고, 다른 하나는 모로코 내의 스페인령 세우타에

있는 몬테 아초(Monte Hacho)다. 이 두 산을 가리켜 '헤라클레스의 기둥'이라고 부른다.

고대 그리스인은 이 기둥을 지나면 지구 바깥으로 떨어진다고 생각했다. 헤라클레스의 기둥은 '더 나아갈 수 없음(Non Plus Ultra)'을 알리는 경고판이었다. 그러나 최전성기의 스페인을 통치했던 카를로스 1세는 지브롤터를 그 어느 지역보다 중시했다. 그는 '더 나아갈 수 없음(Non Plus Ultra)'을 '더 멀리 나아감(Plus Ultra)'으로 바꾸었다. 지중해에서만 머물러야 한다는 경고를 무시하고 대서양을 지나 새로운 세계로 뻗어 가겠다는 의지의 표명이었다.

스페인 국기를 보면 가운데 네 왕국의 문장이 있고 그 위에 왕관이 그려져 있다. 양 옆으로는 '헤라클스의 기둥'이 서 있고, 왼쪽 기둥에는 '플루스(Plus)', 오른쪽 기둥에는 '울트라(Ultra)'라고 쓰인 휘장이 둘러져 있다. 헤라클레스의 기둥과 스페인의 밀접한 연관성을 알 수 있는 대목이다.

지브롤터 분쟁의 역사

지브롤터는 일찍부터 전략적으로 매우 중요한 곳이었다. 대서양에서 지중해로 들어가는 지브롤터 해협의 길목에 위치해 있기 때문이다. 1869년 수에즈 운하의 개통으로 지브롤터의 전략적인 중요성은 더 커졌다. 제 2차 세계대전 때에는 지중해와 대서양을 오가는 연합국 함정을 지키는 전진 기지였다. 이렇게 지정학적으로 중요한 곳을 스페인 정부가 못 본 체할 수 없었다. 스페인은 지속적으로 영국 정부와 국제 사회에 지브롤터의 반환을 요구했다.

1950년대에는 스페인의 독재자 프랑코가 지브롤터에 대한 영유권을 다시 주장하고 나서면서 양국 간의 갈등이 불거지기도 했다. 1963년, 스페인 정부는 유엔특별위원회에 지브롤터 영유권의 반환을 요구하는 안을 상정했고, 1969년에는 국경 및 통신 수단을 봉쇄하고 모든 상품의 이동을 금지하기도 했다. 그러나 스페인 정부의 이런 노력은 모두 무위로 끝났다.

영국 정부가 스페인 정부의 지브롤터에 대한 영유권 주장을 일축할 수 있는 가장 중요한 요소는 바로 지브롤터 주민의 의견이다. 1967년과 2002년에 실시된 지브롤터의 독립 여부를 묻는 주민 투표에서 각각 99.1%와 98.4%가 현 상태 유지를 지지했다. 영국령을 택한 것이다. 영국 정부는 지브롤터의 영유권 반환에 대한 스페인 정부의 시도를 좌절시키는 것은 영국 정부가 아니라 지브롤터 주민들의 의견이라는 주장을 내세우면서 영유권 반환을 거부하고 있다.

영유권 갈등은 2016년 영국의 유럽연합(EU) 탈퇴를 계기로 다시 불이 붙었다. 유럽연합이 브렉시트(Brexit) 협상의 가이드 라인에 "새로 체결하는 영국과 EU 간의 자유무역협정을 지브롤터에 적용하려면 스페인의 허가를 얻어야 한다."라는 규정을 포함시킨 게 그 불씨였다. 스페인은 이 가이드 라인을 당연히 반겼다. 지브롤터에 영향력을 행사할 수 있게 되었다고 생각했기 때문이다. 스페인의 해경 순시선과 해군 초계함은 지브롤터 영해를 침범하기까지 했다. 영국은 전쟁 불사론까지 거론하며 지브롤터를 수호하려는 의지를 보였다. 여기에 영국의 강력한 해군력과 지브롤터 주민들의 영국령으로 잔류하고자 하는 압도적인 의견이 스페인의 노력을 무력화시켰다.

그런데 스페인은 '남의 땅'인 모로코에 세우타와 멜리야라는 '자기 땅'을 가지고 있다. 힘으로 빼앗은 약소국 땅은 돌려주지 않은 채 영국에는 다른 잣대를 들이대며 지브롤터를 되찾으려 하는 스페인의 노력이 성공할지 앞으로 지켜볼 일이다.

Tip 남의 땅에 있는 스페인 땅, 세우타와 멜리야─────

세우타와 멜리야는 스페인의 입장에서 보면
남의 땅 안에 있는 자기 땅이다. 엄연히 스
페인 영토지만 이베리아반도가 아닌 북아프
리카의 모로코에 있기 때문이다.
세우타는 지브롤터 해협이 바로 앞에 있어
이곳을 지나는 배들을 모두 감시할 수 있고,
지정학적으로 매우 중요한 곳이다.
세우타는 원래 이슬람교도의 지배하에 있었

는데, 1415년 포르투갈이 전쟁을 통해서 세우타를 점령했다. 이때는 식민지 건설 경쟁이
봇물처럼 터졌던 시기로, 포르투갈은 지중해와 아프리카 무역을 장악하겠다는 야심으로 세
우타를 차지했다. 그러나 포르투갈의 왕위 계승 문제로 인해서 1580년에 스페인 영토가 되
었다.
세우타는 면적이 18.5제곱킬로미터이며 인구는 2016년 기준으로 약 84,000명이다. 무
관세 자유 무역항이기 때문에 하루에도 수천 명의 모로코인들이 세우타를 넘나들면서 일을
하거나 교역을 한다.
멜리야는 1497년에 스페인의 영토가 되었다. 면적은 12.5제곱킬로미터이며 인구는 2016
년 기준으로 86,026명이다. 지정학적인 위치와 특수한 역사적 환경으로 인해서 가톨릭교
도, 이슬람교도, 유대교도, 힌두교도가 공존하는 곳이다. 멜리야는 세우타처럼 1995년에
자치 도시가 되었다.
모로코는 스페인이 세우타와 멜리야의 영유권을 가지고 있는 것은 시대 착오적인 식민주의
의 유산이라는 논리를 내세워 반환을 요구하고 있다. 이에 대해 스페인은 모로코가 정식으
로 국가가 되기 이전에 이미 이들 지역은 스페인의 영토였음을 강조하면서 양도할 의사가
전혀 없음을 분명히 하고 있다. 지금도 세우타와 멜리야에 대한 스페인과 모로코 간의 날선
신경전은 계속되고 있다.

Part 2

태양의 제국을 만나다

정치와 역사

09

로마 제국
지중해 패권 전쟁의 승자

———

　이베리아반도의 역사는 반도를 거쳐 간 이민족의 역사라 해도 과
언이 아니다. 저 멀리 켈트족을 시작으로 페니키아, 그리스, 카르타고
인들이 이베리아반도에 와서 교역을 하거나 도시를 건설했다. 현재
남부의 도시 카디스(Cádiz)는 페니키아인이, 동부의 도시 카르타헤나
(Cartagena)는 카르타고인이 건설했다.

　스페인 역사에 로마 제국이 본격적으로 등장한 때는 포에니 전쟁
(기원전 264~기원전 146) 때부터다. 이는 지중해의 패권을 두고 선진
국 카르타고와 신흥국 로마가 맞붙은 전쟁이었다. 전쟁은 모두 세 차
례에 걸쳐 일어났다. 1차 전쟁에서는 카르타고가 패배하여 시칠리아,
사르데냐, 코르시카 섬 등 지중해상에 있는 섬들을 로마 제국에게 빼
앗겼다.

　카르타고는 그 대안으로 스페인에 관심을 가졌다. 스페인은 물자가
풍부한 곳이었다. 카르타고의 명장 한니발은 로마 제국의 세력하에
있던 사군툼을 공격했다. 로마 제국은 카르타고에게 즉각 철수할 것

을 요구했지만 카르타고는 이를 거절했다. 2차 포에니 전쟁의 시작이었다.

한니발은 보병 9만 명, 기병 1만 2천 명, 코끼리 37마리를 이끌고 피레네 산맥을 거쳐 알프스 산맥을 넘었다. 로마 제국의 허를 찌른 것이다. 로마인들은 카르타고 군이 높고 험한 알프스 산맥을, 그것도 한겨울에 넘어올 것이라고는 예상하지 못했다. 로마 제국은 2년 동안 한니발에게 10만 명의 정예병을 잃었다.

한니발의 기습으로 한동안 고전하던 로마 제국에는 스키피오라는 명장이 있었다. 스키피오는 한니발이 이탈리아반도에 있었음에도 불구하고 한니발의 본거지인 이베리아반도의 카르타고 노바(지금의 카르타헤나)를 공격해서 함락시켰다. 이후 세비야 인근에 있는 일리파 평원(지금의 알칼라 델 리오)에서 카르타고 군과 격돌하여 승리를 거두었다. 이어 스키피오는 한니발 군대를 차례로 무찌르면서 북아프리카까지 진격했다. 카르타고의 자마(Zama)에서 벌어진 전투에서 스키피오는 한니발을 격퇴시켰다. 이렇게 2차 포에니 전쟁은 로마 제국의 승리로 끝났다.

이어 벌어진 3차 전쟁에서도 로마 제국은 카르타고를 점령하고 파괴해 버렸다. 25만 명의 주민 중 살아남은 5만 명은 모두 노예로 팔렸다. 카르타고 영토는 로마 제국의 속주로 편입되었다. 이로써 '지중해의 여왕', '지중해 최대의 부자 도시'라 불렸던 카르타고는 역사 속으로 영원히 사라졌다.

원주민의 저항

포에니 전쟁의 승리로 로마 제국은 이베리아반도를 수중에 넣었지만 이미 그곳에 살고 있던 원주민들의 강력한 저항에 부딪혔다. 이들은 포에니 전쟁이 끝나면 로마인들이 반도를 떠날 것이라 생각했다. 그러나 로마인들은 이들의 기대와는 반대로 반도에 그대로 주저앉았다. 이베리아반도의 풍요로운 자원 때문이었다.

원주민들은 격렬히 저항했다. 그중에서 기원전 133년, 반도 북부의 두에로 강 유역에 위치한 누만시아의 항전이 가장 유명하다. 4천여 명의 원주민이 6만여 명의 로마군을 맞아 8개월 동안 항전하다가 투항을 거부하고 모두 자결했다. 이후 로마 제국은 북부의 칸타브리아, 아스투리아스, 갈리시아 지방을 차례로 함락하면서 이베리아반도의 정복을 마무리했다. 기원전 218년부터 기원전 19년까지 거의 200년이 걸렸다.

이는 갈리아 지방(지금의 프랑스 지역) 정복에 9년이 걸린 것에 비하면 이베리아반도인의 저항이 얼마나 끈질겼는지를 잘 보여주는 대목이다. 이를 두고《로마사》를 쓴 티투스 리비우스는 '이베리아반도는 로마군이 최초로 대외 정복에 나선 곳이지만 가장 늦게 정복된 지역'이라 평했다.

이베리아반도의 로마화

이베리아반도는 로마 제국에게 가장 중요한 지역이었다. 먼저 제국의 식량창고 역할을 했다. 관개기술의 도입으로 농산물이 대량으로 생산되었다. 특히 반도의 동남부 지역에서는 포도와 올리브가 대량으로 재배되었다. 농산물뿐만 아니라 금, 은, 철, 주석, 구리, 납 등 각종 광물 자원도 풍부했다. 절대 포기할 수 없는 보급기지였다.

기원전 19년, 아우구스투스 황제는 식량창고이자 보급기지인 이베리아반도를 정식으로 로마 제국에 편입시켰다. 로마인들은 물자 운송을 위해서 반도 전역을 거미줄처럼 연결하는 도로를 건설했다. 내륙을 가로막은 산맥들도 로마인들에게는 장애물이 되지 못했다. 서기 74년에는 이베리아반도의 모든 주민들에게 로마 시민권을 부여했다. 이는 이베리아반도가 로마 제국의 속국이 아니라 로마 제국의 일원이 되었음을 의미했다. 반도의 주민은 모든 권리를 향유할 수 있는 로마 시민이 되었다.

이베리아반도는 트라야누스, 하드리아누스, 테오도시우스 등 유능한 황제를 배출했다. 로마 제국의 언어인 라틴어를 기반으로 카스티야어, 카탈루냐어, 갈리시아어 등이 생겼고, 로마 제국의 종교인 가톨릭이 들어오면서 사상과 신앙이 통일되었다. 이처럼 라틴어와 가톨릭은 스페인의 로마화에 결정적인 역할을 했다. 철학 분야에서도 많은 인물을 배출했다. 특히 네로의 스승이었던 철학자 세네카는 반도 남부의 코르도바 출신이었다.

이처럼 로마인들은 700년 동안 자신의 언어, 법령, 종교, 예술, 문화, 정치, 사회제도를 반도에 이식했다. 로마화는 곧 문명화를 의미했다. 이베리아반도가 로마 제국에 편입됨으로써 스페인은 문명화된 국가의 형태를 갖추었다.

악마의 수도교

로마 제국은 이베리아반도에 많은 건축물을 남겼다. 로마인들은 이를 통해서 로마 제국의 위용을 드높이고 반도를 효율적으로 통치하고자 했다. 원형 경기장, 다리, 수도교 등이 로마 제국의 대표적인 건축물이다.

그중에서 가장 대표적인 것이 수도교다. 특히 세고비아 수도교는 로마 건축의 진수를 보여주는 걸작품이다. 수도교는 세고비아에서 17킬로미터 떨어진 수원지에서 물을 끌어오기 위해 만든 시설이다. 중간에 가로놓인 계곡에서도 어려움 없이 물이 흐를 수 있는 다리가 필요했던 로마인들은 인근 산에서 나는 화강암으로 접착제도 사용하지 않고 이 수도교를 만들었다. 총길이 813미터, 최고 높이 28미터를 자랑하는 167개의 아치로 이루어진 예술품이 탄생된 것이다.

세고비아의 수도교가 스페인 중부를 대표하는 로마 유적이라면, 타라고나의 수도교는 스페인 동부의 가장 대표적인 로마 유적이다. 이 수도교 역시 30킬로미터 떨어진 수원지로부터 타라고나 도심으로 물

수많은 화강암 블록을 접착제 없이 정교하게 쌓아 만든 세고비아의 수도교.

을 공급하기 위해 건설되었다. 수원지에서 물은 평지와 산 속의 터널을 달리다가 계곡을 만나서 218미터의 수도교 위를 흐른다.

옛날 옛적 한 젊은 여인이 물을 긷기 위해 마을에서 멀리 떨어진 계곡까지 가야 했다. 하루도 빠짐없이 무거운 물통을 져 날라야 했던 그녀는 어느 날 계곡에 주저앉아 이렇게 중얼거렸다.

"만약 누가 이 계곡에서 마을까지 수도를 놓아주면 내 영혼이라도 바칠텐데…."

그러자 어둠 속에서 여인의 탄식을 들은 악마가 그녀 앞에 나타났다. 악마는 "당신의 영혼을 준다면 하룻밤 사이에 수도교를 만들어주겠다."고 제안했다. 여인과 악마의 거래는 이루어졌고, 밤이 되자 악마는 동트기 전에 수도교를 완성하기 위해서 바삐 움직였다.

그러나 수도교를 완성하는 마지막 돌을 놓기 직전에 해가 뜨고 말았다. 햇살에 놀란 악마는 어둠 속으로 사라져버렸다. 악마가 약속을 지키지 못했기 때문에 여인은 영혼을 빼앗기지도 않았고 수도교는 그대로 남았다. 하룻밤 사이에 나타난 거대한 수도교를 보고 깜짝 놀란 마을 사람들은 이 수도교를 '악마의 수도교'라 불렀다.

로마 제국의 도시, 메리다와 이탈리카

메리다(Mérida)와 이탈리카(Italica)는 지금도 로마 제국 시대에 건설된 유적이 많이 남아 있는 도시다.

메리다는 세비야에서 북쪽으로 약 200킬로미터 떨어진, 포르투갈의 국경지대에 있다. 엑스트레마두라(Extremadura) 주의 주도이다. 이곳에는 기원전 24년에 지어진, 약 5,000명의 관객을 수용할 수 있는 원형 극장이 있다. 반원형의 계단식 객석 앞에는 신전과 같은 무대 벽이 있다. 수십 개의 대리석 열주와 조각이 로마 문명의 찬란함을 그대로 보여준다.

극장 옆에는 원형 경기장이 있다. 경기장은 관중석을 포함해 길이가 126미터, 폭이 54미터에 이른다. 관중석 스탠드는 지금은 열 칸 정도만 남아 있지만, 원래는 15,000명을 수용할 정도의 규모였다. 메리다 시민들은 이곳에서 연극 공연과 검투사 시합을 번갈아 보면서 당당한 로마 제국 시민으로서 여가 생활을 즐겼다.

이밖에도 메리다에는 폭 8미터, 길이 790미터, 아치가 60개인 다리가 있다. '로마의 다리(Puente romano)'다. 이 다리는 지금도 여전히 현역으로 남아서 보행자들에게 로마인들의 뛰어난 건축 기술을 뽐내고 있다.

메리다 근교에는 '로스 밀라그로스(Los Milagros, 기적들)'라 불리는 수도교가 있다. 수원지에서 오는 물이 도심 사이에 펼쳐진 저지대를 통과하도록 만든 건축물이다. 길이는 거의 1킬로미터에 달한다. 오늘

당시 로마 제국의 집정관이었던 아그리파의 후원으로 지어진 메리다 원형 극장. 극장 내 모든 좌석은 신분별로 엄격하게 구분되었다.

날에는 73개의 기둥이 남아 있어서 들판에 거인들이 도열한 듯한 모습을 보여준다.

세고비아의 수도교가 얇고 날씬해서 여성적인 분위기를 갖고 있다면, 이 수도교는 두텁고 건장한 남성적인 면모를 지니고 있다. 세고비아 수도교가 화강암 한 가지로만 만들어진 데 비해, 메리다의 수도교는 화

메리다 근교에 있는 로스 밀라그로스 수도교.

강암, 콘크리트, 벽돌 등이 혼용되어 만들어졌다. 메리다 주민들은 이 수도교를 '기적의 수도교'라 부른다. 이렇게 장대한 구조물이 오랜 세월 동안 허물어지지 않고 서 있는 것이 '기적'이라고 생각했기 때문이다.

이탈리카는 이탈리아 밖에 건설된 로마 제국 최초의 식민 도시로, '이탈리아인의 도시'라는 뜻이다. 세비야에서 7킬로미터 떨어진 곳에 있는 이 도시는 기원전 206년으로 거슬러 올라간다. 로마 제국의 스키피오 장군은 세비야 인근에 있는 일리파 평원에서 카르타고 군과 격돌했다. 카르타고 군은 74,000명의 병력에 코끼리가 32마리, 로마 군은 48,000명이었다. 이 전투에서 로마 제국의 스키피오 장군은 카르타고 군에게 승리를 거두었다. 카르타고 군은 겨우 6,000명만 살아

남았다.

　스키피오는 병사들과 로마로 떠나고, 그해에 제대 군인들은 스페인에 남았다. 카르타고로부터 영토를 빼앗은 지 얼마 되지 않았기에 누군가 남아서 지킬 필요가 있었기 때문이다. 이들이 스키피오의 명령을 받아 건설했던 도시가 바로 이탈리카다. 이곳은 트라야누스와 테오도시우스 1세 황제가 태어난 곳이기도 하다. 특히 가장 넓은 영토를 다스린 트라야누스는 로마 제국 역사상 최초로 속주 출신의 황제였다. 이곳에도 원형 경기장과 원형 극장의 흔적이 남아 있어 로마 제국의 옛 영화를 느낄 수 있다.

10

안달루시아의 빅3

이슬람교도의 전성시대

—

스페인은 연중 관광객으로 붐비는 나라다. 여러 이유가 있겠지만, 가장 큰 이유로는 아마도 이슬람 문화가 가톨릭 문화와 함께 있기 때문일 것이다. 늘 보던 서양 문화 또는 동양 문화만이 아닌 동서양의 문화가 한데 어우러져 있는 모습은 사람들을 매혹시키기에 충분하다.

711년, 북아프리카에 거주하던 이슬람교도인 무어인들이 지브롤터 해협을 건너 이베리아반도로 쳐들어왔다. 당시 서고트족 치하의 이베리아반도는 세습제를 원하는 왕들과 선출제를 고집하는 귀족들 간의 마찰이 끊이지 않았다. 귀족들의 반대를 무릅쓰고 왕위에 오른 위티사 왕은 710년, 베티카 지역의 공작인 로드리고의 반란에 의해서 왕위를 빼앗겼다. 이에 위티사를 지지하는 세력인 세우타 총독과 세비야 주교 등이 아프리카 북부의 이슬람교도에게 도움을 청했다. 이슬람교도의 반도 침공이 시작된 것이다. 이 과정에는 다음과 같은 이야기가 전해 내려온다.

"서고트 왕국의 마지막 왕이었던 로드리고 왕이 톨레도의 타호 강가에서 목욕을 하고 있던 아름다운 규수를 능욕하였다. 그런데 그녀는 바로 지브롤터 해협 건너편에 위치한 세우타의 총독인 훌리안 경(卿)의 딸이었다. 세우타는 이슬람교도의 침략을 막을 수 있는 지리적 요충지였다. 훌리안 경은 이 사실에 분노했고 복수를 결심했다. 그는 복수의 일환으로 이슬람교도가 이베리아반도에 쉽게 상륙할 수 있도록 길을 터주는 등 많은 도움을 주었다."

이슬람교는 7세기 초 아라비아반도에서 예언자 마호메트가 창시한 종교다. 이슬람교도들은 포교를 위해 북아프리카 일대를 정복했다. 이베리아반도의 턱밑까지 왔다. 그런데 북아프리카는 아라비아반도보다 더 혹독한 사막 지대였다. 반면에 바다 건너 이베리아반도는 '맑은 물이 넘치고 푸른 숲이 우거진 지상 낙원'이었다. 풀 한 포기 자라지 않고, 물 한 모금 얻기 힘든 황량한 모래벌판에서만 살던 그들에겐 '참을 수 없는 유혹'이었다.

이베리아반도에 들어온 이슬람교도는 15년이라는 짧은 기간에 북서쪽 고산지대를 제외한 반도 전체를 점령했다. 그들은 남부의 코르도바에 이슬람 국가를 세우고 국호를 '알-안달루스'로 명명했다. 코르도바는 당시 유럽에서 문화적으로 가장 번창한 도시였다.

시간이 지나면서 코르도바 왕국은 내분으로 멸망하고 각 도시마다 군주들이 난립하는 소왕국의 시대가 되었다. 이때 북쪽에 있던 가톨릭 세력은 이슬람 세력이 약화된 틈을 타 남하하면서 잃었던 영토를 회복하기 시작했다. 바로 '국토회복전쟁'이라고 불리는 '레콩키스타(Reconquista)'다. 이 소왕국들은 자체의 힘만으로는 밀려오는 가톨릭 교도의 기세를 막을 수 없어서 북아프리카의 광신적인 이슬람교도에게 도움을 청하여 가톨릭 세력의 남하를 저지했다. 그러나 이들은 오히려 내부 분열을 겪고 있던 소왕국들을 자신의 지배하에 두었다. 이후 이슬람 세력의 정치적 혼란 속에서 1212년, 가톨릭 세력이 이슬람 세력에 대승을 거두었다.

1231년, 이슬람 세력은 그라나다에 나스르(Nazari) 왕국을 세웠다. 이슬람 최후의 왕국이었다. 그라나다 지역은 고산지로 둘러싸여 있어서 외부 세력의 침입을 막기가 매우 쉬웠다. 아울러 활발한 경제 활동을 통해 1492년, 가톨릭 세력에 패할 때까지 약 250년 동안 번영을 누렸다. 1492년 1월 2일, 나스르 왕국이 멸망함으로써 이베리아반도에서 이슬람 세력의 지배는 종식되었다.

이슬람교도 지배하의 스페인에서는 남부 안달루시아의 세 도시, 코르도바(Córdoba), 세비야(Sevilla), 그라나다(Granada)를 빼놓고 말할 수 없다. 안달루시아의 빅(Big)3이다. 이슬람 문화는 711년에서 1010년까지는 코르도바에서, 1010년에서 1248년까지는 세비야에서, 그리고 1248년에서 1492년까지는 그라나다에서 꽃을 피웠다.

이슬람 왕국의 첫 수도, 코르도바

이베리아반도에 세워진 첫 이슬람 왕국은 '알-안달루스(Al-Anda-lus)' 왕국이다. 이 독립 왕국의 수도가 바로 코르도바다. 반도에 들어온 이슬람교도들은 코르도바를 바그다드보다 더 훌륭한 도시로 만들었다.

당시 코르도바의 인구는 50만 명이었는데, 그 시기 유럽 대부분의 도시가 3만 명을 넘지 않았다. 이슬람 사원은 700개, 병원은 50개, 대학 등 교육기관은 17개, 도서관은 70개에 달했다고 하니 코르도바의 규모가 어느 정도인지 짐작할 수 있다. 코르도바는 그리스 철학이나 로마법, 비잔틴과 페르시아의 예술을 받아들였고 유대교나 가톨릭의 신학까지 연구했다. 또한 이슬람 문화를 북유럽으로 보내는 통로이기도 했다.

코르도바에는 이슬람 사원인 메스키타(Mezquita)가 있다. 코르도바를 대표하는 건축물이다. 786년에 짓기 시작한 메스키타는 이후 확장이 계속되어 11세기가 되어서야 완성되었다. 남북으로 180미터, 동서로는 130미터인 메스키타는 약 2만 5천 명의 신자들이 한꺼번에 기도할 수 있는 규모다. 이슬람 사원 중에서는 메카의 대사원 다음으로 크다.

13세기에 가톨릭교도가 코르도바를 정복한 후, 이 이슬람 사원은 성당으로 개조되었다. 사원 한가운데에 르네상스 양식의 성당이 세워졌다. 가톨릭 성당이 이슬람 사원의 호위를 받고 있는 모습이었다. 이

코르도바 메스키타의 미흐랍(Mihrab). 메카를 향하고 있어서 예배 방향을 안내하는 역할을 한다.

를 본 당시 스페인 국왕 카를로스 1세는 "너희들은 세상에서 유일무이한 것을 파괴했고 그 자리에 어디에서나 볼 수 있는 것을 세웠다." 라고 탄식했다고 한다.

건물에 들어서면 흰색과 붉은 색의 돌로 된 수많은 기둥들이 말발굽 모양의 아치와 어우러진 모습이 마치 동양의 환상적인 숲속을 연상케 한다. 이 숲을 지나면 사원 한가운데에 예배당이 나타난다. 이곳에 마호메트는 없고 성모 마리아와 예수가 있다. 세상 어디에서도 볼 수 없는 드문 광경이다. 가톨릭과 이슬람의 기묘한 공존이다.

이슬람 왕국의 번영, 세비야

코르도바 왕국의 멸망 후 수십 년 동안, 이베리아반도 전역에 소규모 이슬람 왕국이 난립하는 전국시대가 계속되었다. 그중 가장 큰 번영을 누린 왕조가 세비야에 근거를 둔 압바스 왕조였다. 세비야에 있는 이슬람의 대표적인 건축물로는 알카사르(Alcázar)와 히랄다(Giralda) 탑이 있다.

알카사르는 이슬람교도가 가톨릭 세력의 공격을 막을 목적으로 기존의 왕궁을 요새화한 성채다. 중세 유럽의 성과는 달리 사각형으로 성을 쌓고 방어에 용이하도록 망루와 탑을 세웠다. 내부에는 궁전과 정원 등이 있으며, 이슬람 세력이 물러간 후에도 요새 겸 궁궐로 계속 사용되었다.

알카사르는 그 원형이 가장 잘 보존되어 있는 것으로 유명하며, 세비야의 '알람브라'라고도 불린다. 세비야 대성당 남쪽에 위치한 알카사르는 오랜 기간 동안 확장과 재건축을 반복했다. 특히 1364년, 페드로 1세가 알카사르 최고의 걸작인 돈 페드로(Don Pedro) 궁전을 지으면서 현재 알카사르의 모습을 갖추게 되었다.

알카사르는 '무데하르(Mudéjar) 양식(이슬람풍의 기독교 양식)'의 전형인데, 이는 이슬람 왕조와 가톨릭 왕조가 왕궁과 요새로 번갈아 사용했기 때문이다. 이곳에는 벽돌을 주로 사용하고 벽과 바닥에는 섬세한 문양의 타일로 만든 디자인을 사용한 무데하르 양식과, 기둥과 아치를 사용한 고딕과 르네상스 양식이 절묘하게 결합되어 있다. 이 건물은 세비야에서 가장 주목을 받는 이슬람 건축물이다.

알카사르와 함께 세비야를 대표하는 건축물로는 히랄다 탑이 있다. 높이가 101미터(참고로 이탈리아 피사의 사탑은 55.8미터, 영국의 빅벤은 96.3미터다)로 12세기경, 이슬람교도가 만든 성에 부속된 탑이었다. 이 탑의 내부에는 다른 탑들과는 달리 계단이 없다. 계단 대신 말을 타고 올라갈 수 있을 정도로 넓은 나선형 통로가 조성되어 있다. 주변을 감시하는 망루 역할을 했던 이 탑 역시 이슬람 문화와 가톨릭 문화가 혼재된 건축물로 유명하다.

1365년 지진으로 탑의 꼭대기 부분이 소멸되었는데, 가톨릭교도는 이 부분을 르네상스식 종루로 대체했다. 그래서 탑 아래의 3분의 2는 이슬람 사원의 탑이고, 탑 위의 3분의 1은 가톨릭 종루인 것이다. 탑

세비야 대성당 옆에 있는 히랄다 탑. 이슬람 모스크의 첨탑이 무너진 자리에 가톨릭 세력의 승리를 상징하는 히랄디요가 세워졌다.

의 맨 꼭대기에는 가톨릭 세력의 최후의 승리에 대한 믿음을 나타내는 히랄디요(Giraldillo)가 있다. 한 손에는 방패를, 다른 한 손에는 종려나무 가지를 들고 있는 청동 조각상인데, 지금은 풍향계(바람개비) 역할을 한다.

이처럼 이슬람 문화를 꽃피웠던 세비야는 이슬람 세력이 물러난 16세기 들어 신대륙과의 교역의 중심지이자, '해가 지지 않는' 스페인 제국의 중심지로 거듭났다.

이슬람 최후의 도시, 그라나다

그라나다는 이슬람 최후의 왕국인 나스르(Nazari) 왕국이 있던 곳이다. 이 왕국은 1248년부터 1492년까지 약 250여 년 동안 존속했다. 코르도바가 이베리아반도에서 이슬람 최초의 수도였다면, 그라나다는 이슬람 최후의 수도였다.

그라나다에는 알람브라(Alhambra) 궁전이 있다. 13~15세기 사이에 지어진 이 궁전은 이슬람 건축의 진수를 그대로 보여준다. '알람브라'는 '붉은 요새'라는 뜻이다. 이름처럼 붉은 흙을 그대로 사용해서 자연에 가까운 분위기를 보여준다. 알람브라 건축 공사가 밤을 밝힌 횟불의 조명 속에서 진행되면서 벽이 붉은색으로 보였기 때문이라는 또 다른 설도 있다. 붉은 벽으로 둘러싸여 외형은 평범해 보이지만 성벽 안에는 지상의 모든 기쁨이 머물고 있는 듯한 아름다움이 숨어 있다.

알람브라는 크게 네 부분, 즉 알카사바(Alcazaba), 나스르 궁전, 카를로스 5세 궁전, 헤네랄리페(Generalife)로 나뉜다. 알카사바는 군사 요새와 거주지로 구성되어 있는데, 알람브라에서 가장 오래된 건물이자 전망이 제일 좋은 곳이다. 이곳의 망루에 서면 알람브라 전경뿐만 아니라 저 멀리 시에라네바다의 눈 덮인 산봉우리들, 알바이신(Albaicín) 언덕의 하얀 벽돌담과 붉은 기와지붕, 그라나다 시내가 한눈에 들어온다. 이곳은 1492년 1월, 나스르 왕국을 정복한 가톨릭 군대의 십자가 깃발이 걸렸던 곳이기도 하다.

나스르 궁전은 알람브라의 꽃이다. 이곳에는 각기 다른 시대에 만들어진 메수아르(Mexuar) 궁, 코마레스(Comares) 궁, 사자들의 궁 등 모두 세 개의 궁이 있다. 귀족들을 알현하기 위한 대기실, 회의실, 예배실 등이 있는 메수아르 궁을 지나면 코마레스 궁이 나온다. 알람브라 궁전 홍보 책자에 많이 등장하는 곳이다.

이곳에는 직사각형의 커다란 연못이 있는 정원이 있다. 바로 아라야네스 정원(Patio de los Arrayanes)이다. 아치 형태로 된 현관의 반원이 연못에 비쳐 타원이 되는 모습은 가히 환상적이다. 사람이 만든 반원 아치가 신의 도움을 받아 비로소 타원으로 완성되었다. 물을 단순한 장식이 아닌 미완성의 건물을 완성시키는 장치로 사용했다.

코마레스 홀의 돔 형식의 천장에는 약 8,000여 개의 삼나무 조각이 이슬람의 일곱 천국을 나타내는 별 문양을 이루고 있다. 코란은 인간의 육체를 형상으로 표현하는 것을 금지하고 있다. 그래서 사람 대신에 꽃과 새, 아랍어로 표현된 코란 내용 등으로 예술적 기교를 부린 정교한 조각들을 볼 수 있다.

이어서 등장하는 곳은 사자들의 궁이다. 이 궁전은 후궁이나 첩들이 기거하는 방이었다. 그 누구도 들어가지 못하는 금단의 공간이었다. 중앙에는 12마리 사자상의 입에서 물이 떨어지는 분수가 있다. 사자들의 정원이다. 124개의 기둥으로 둘러싸여 있는 이 정원의 분수에서 나오는 물은 정원과 면하고 있는 네 구역의 방으로 각각 흘러간다.

정원 남쪽에는 아벤세라헤스의 홀이 있다. 아벤세라헤스 가문의 남자 36명이 이곳에서 처형되어 '비극의 방'이라고도 불린다. 당시 기세

알람브라 궁전의 안뜰에 위치한 아라야네스 정원. 시에라네바다 산맥의 눈 녹은 물을 끌어와 분수와 수로를 만들었다.

가 등등했던 아벤세라헤스 가문을 경쟁 세력이 모함해서 몰살되었다는 설과 이 가문의 한 귀족이 왕의 후궁을 사랑해서 처형되었다는 설 등이 있다. 이들이 흘린 피가 12마리 사자의 입에서도 흘러 나왔다고도 하고, 그 핏자국이 지워지지 않았다고도 한다.

정원의 북쪽에는 두 자매의 홀(Sala de las Dos Hermanas)이 있는데, 이는 같은 모양의 대리석 두 개가 깔려 있어서 붙여진 이름이다. 5,000여 개의 작은 조각들을 이용해서 만든 별자리를 연상시키는 천장 장식이 환상적이다. 두 자매의 홀에서 통로를 따라가면 1520년대 스페인 왕 카를로스 1세를 위해 지어진 황제의 홀이 나온다. 이 방들 중 일부는 훗날 미국 작가 워싱턴 어빙이 기거한 공간이다.

이어 등장하는 파르탈 정원(Jardines del Partal)에서는 이슬람 정원의 완벽한 기하학적인 비례와 뛰어난 조형미를 볼 수 있다. 이곳에서는 물이 단순한 정원수가 아닌, 건조한 겨울에는 습기를 보충하고 더운 여름에는 냉방을 겸하는 자원이었다. 물이 끊임없이 순환하는 친환경적인 공간이다.

헤네랄리페는 궁전에서 걸어서 약 10분 정도의 거리에 있다. 이슬람 통치자들의 여름 궁전이었던 곳이다. 헤네랄리페는 원래 주거지와 방목지의 가운데 마련된 휴식 장소로 작은 과수원이나 왕실 농장으로 사용되었다. 이후 알람브라 궁전과 합쳐진 후 궁전과 헤네랄리페 사이는 정원으로 꾸며졌다. 50미터로 길게 조성된 수로 위로 가느다란 포물선을 그리며 떨어지는 물줄기는 알람브라에서 놓치지 말아야 할 풍경이다.

알람브라 궁전은 18세기에 이르기까지 제대로 관리되지 않아 거지와 집시들의 소굴이었다. 이렇게 방치된 알람브라 궁전을 살린 건 미국 작가 워싱턴 어빙(Washington Irving)이었다. 마드리드 공사관으로 체류하던 어빙은 이 황폐화된 궁전에 머물면서 집시로부터 이슬람의 신비로운 전설을 들었다. 그는 이 이야기들을 모아《알람브라의 이야기들》을 출간했다. 이 작품 덕분에 그동안 폐허로 방치되었던 알람브라 궁전이 복구되고, 이후 유네스코 세계문화유산으로 지정되었다.

산 니콜라스 성당 앞 전망대에서 바라본 알람브라 궁전 전경. 멀리 눈 덮인 네바다 산맥이 보인다.

알람브라 궁전에는 워싱턴 어빙이 머물렀던 방과 그의 동상이 있다.

알람브라 궁전은 음악에 영감을 준 건축물이기도 하다. 스페인 출신의 기타 연주자이자 작곡가인 타레가는 헤네랄리페 궁전에서 흐르는 분수의 물소리를 듣고 기타곡 〈알람브라 궁전의 추억〉을 작곡했다. 멕시코의 비평가 프란시스코 데 이카사(Francisco de Icaza)는 "그라나다에서 장님이 되는 것만큼 더 큰 형벌은 없다."라고 말할 정도로 알람브라 궁전을 극찬했다.

11

종교재판
순종과 억압의 굴레

—

스페인 사람들은 일생에 오직 세 번, 태어난 후 유아 영세를 받을 때, 성인이 되어 결혼할 때, 그리고 죽어서 장례식을 치를 때만 성당에 간다는 우스갯소리가 있다. 이는 가톨릭이 더 이상 스페인 사람들의 삶에서 큰 비중을 차지하지 않음을 의미한다. 그러나 여전히 스페인은 가톨릭 국가다. 과거에는 가톨릭 왕국이었다. 가톨릭을 통해서 나라를 통일시켰고 식민지 개척을 하고, 또 그 땅을 지배했다. 그만큼 스페인과 가톨릭은 밀접한 관계다.

스페인에 가톨릭이 전파된 것은 로마 지배 시기였다. 가톨릭은 이베리아반도인들이 로마 문화에 동화되는 데 결정적인 역할을 했을 뿐만 아니라 그들의 정신적 지주이기도 했다.

로마 제국이 물러간 뒤 게르만족인 서고트족이 이베리아반도에 들어왔다. 그들은 로마 가톨릭의 교리가 아닌 아리우스의 교리(성부만이 영원하고 성자인 예수는 모든 피조물과 같이 창조되었다고 주장하면서 예수의 신성(神性)을 부인하는 종파)를 신봉했다. 그러나 정치적, 사회적 통합을 위해서 레카레도 왕이 로마 가톨릭의 교리를 받아들임으로써 이베리아반도는 종교적으로 통일되었다.

이후 711년에 이슬람교도가 이베리아반도에 쳐들어왔고, 가톨릭교도는 이들의 힘에 밀려 북쪽으로 이동했다. 그러나 힘을 모아 이슬람교도와 싸우면서 잃어버린 땅을 점차 회복해 나갔다. 바로 '레콩키스타'라 불리는 '국토회복운동'이다. 1492년 레콩키스타가 완료되기까지 거의 800년이 걸렸다. 가톨릭은 당시 여러 왕국으로 나뉘어 있던 이베리아반도를 하나의 공동체로 아우르는 역할을 했다. 가톨릭이 스페인 사람들의 정체성 형성에 중요한 밑거름이 되었다.

마드리드에 있는 마요르 광장(Plaza Mayor)은 항상 인파가 붐비는 스페인의 대표적인 중심지다. 가족끼리, 연인끼리 광장의 노천카페에서 삼삼오오 모여서 커피나 맥주를 마시면서 담소를 나누는 곳이다. 스페인을 처음 방문한 여행자가 이리저리 기웃거리면서 스페인의 분위기를 살피는 곳이기도 하다.

광장 한가운데 있는 펠리페 3세의 기마상 앞에 서면 '아! 드디어 스페인에 왔구나!'를 실감한다. 그러나 이곳은 원래 시장, 투우장, 종교재판의 형 집행 장소 등 다양한 용도로 쓰였다. 특히 무시무시한 종교재판이 열렸던 곳임을 아는 여행자는 그리 많지 않을 것이다.

허위로 가톨릭으로 개종한 유대교도, 이슬람교도, 개신교도 이외에 무신론자, 동성애자뿐만 아니라 경미한 죄인까지도 종교재판에 회부되었다.

예를 들어, 어떤 사제가 개신교 신자와 이야기를 몇 번 나누었다. 이 모습을 본 사람이 종교재판관에게 알리면 재판관은 그 사제를 소환하고 고문을 통해서 무슨 이야기를 나눴는지 캐물었다. 그러나 이야기의 내용이 무엇인지, 그가 실제로 이단인지는 그렇게 중요하지 않았다. 왜냐하면 그가 이단이 아니어도 허위로라도 이단임을 자백할 때까지 고문이 계속되었기 때문이다. 체포된 사람은 고문의 고통에서 벗어나기 위해 이단임을 억지 자백해야 했다. 그런데 일단 죄를 고백하고 나면 결국엔 투옥되거나 화형에 처해졌다. 한 명의 이단자를 처단하는 것이 백 명의 죄 없는 사람을 희생시키는 것보다 더 중요했기 때문이다.

종교재판소 회부는 자신뿐만 아니라 가문의 명예에도 치명적이었다. 재산을 모두 빼앗기고 대대로 이단의 낙인이 찍혀 차별받았다. 이는 권력과 종교가 결합할 때 일어날 수 있는 부작용이 얼마나 큰지를 보여준다.

스페인의 종교재판소는 1478년, 세비아에 처음 설립되었다. 한 연구에 따르면, 종교재판소가 생긴 1478년부터 1822년까지 약 34만 명이 종교재판에 넘겨졌고 약 3만 2천 명이 화형에 처해졌다고 한다.

그렇다면 왜 스페인에서는 다른 가톨릭 국가보다 유독 오랜 기간 종교재판이 행해졌을까? 또 종교재판이 스페인 사회에 끼친 영향은 무엇일까?

레콩키스타가 막바지에 접어들 무렵, 가톨릭 왕들은 안으로는 왕권

중세 시대에 종교재판이 열렸던 마요르 광장.

을 강화하고 밖으로는 교황청과의 관계를 돈독히 해야 했다. 레콩키스타 이전의 스페인은 가톨릭을 위시해서 이슬람교, 유대교 등 다양한 종교적 기반을 지닌 사회였다. 그러나 레콩키스타 완료 이후 가톨릭 왕들은 나라를 하나의 종교, 즉 가톨릭으로 통합할 필요를 느꼈다. 종교재판소를 통한 이단자 처단은 바로 이러한 필요를 충족시키는 조치였다.

시간이 갈수록 이단자뿐만 아니라 개종자까지도 화형에 처하는 일이 비일비재해졌다. 탄압의 대상이 확대된 것이다. 이는 종교재판소의 힘이 더 비대해졌음을 의미했다. 이렇게 비대해진 종교재판소가 스페인 사회에 미친 영향은 매우 컸다. 특히 사회 구성원 간의 상호불신이라는 큰 폐해를 초래했다.

스페인 전역에서 활동했던 약 2만 명의 종교재판소의 심판관들은 각 지구(地區)를 정기적으로 방문하여 이단자 색출에 혈안이 되었다. 이들은 이단자를 적발하면 사람들을 모이게 하여 이교 행위를 큰 소리로 읽었다. 이후 청중에게 이단자를 비난하도록 충동질했다. 이 요구에 침묵하는 자 역시 처벌을 면치 못했다.

종교재판에 회부된 사람은 자신을 고발한 사람이 누구인지 알 수 없었다. 종교재판소는 사적인 원한을 갚기 위한 통로요, 서로 간의 고발과 밀고를 조장하는 곳이었다. 상호 간의 의심은 학문의 자유로운 토론과 연구의 장애물이 되었다. 또한 스페인 사람들의 생활 영역을 협소하게 만들었고, 스페인 사회를 순종과 억압의 굴레 속에 가두어 놓았다.

12
해가 지지 않는 나라
레콩키스타부터 식민지 확장까지

—

711년 침입 이래 거의 800년 동안 반도에서 머물던 이슬람교도들이 1492년 1월 2일에 북아프리카로 완전히 쫓겨났다. 이로써 '국토회복운동'이라 불리는 '레콩키스타(Reconquista)'가 완성되었다. '레콩키스타'는 '재정복'이라는 뜻이다. 이슬람교도의 침략으로 빼앗긴 영토를 '다시 정복'했다는 의미다.

이슬람교도에게 영토를 빼앗기는 데 걸린 기간은 7년에 불과했지만, 이를 되찾는 데는 7세기 이상이 걸렸다. 스페인 왕실과 귀족이 빼앗긴 자신의 토지와 농노들을 되찾기 위한 싸움으로 시작한 레콩키스타는 시간이 지나면서 이교도를 추방하고 가톨릭으로 단결된 스페인을 만드는 십자군 전쟁이 되었다.

무어인을 죽이는 사도, 산티아고

9세기 초, 사도 산티아고의 무덤이 스페인 북서부의 갈리시아 지역에서 발견되었다. 이곳은 곧 가톨릭의 성지가 되었고, 산티아고는 이교도와의 전쟁에서 승리를 가져다주는 수호성인으로 그야말로 혜성처럼 등장했다. '산티아고'는 '무어인을 죽이는 산티아고'란 뜻의 '산티아고 마타모로스(Santiago Matamoros)'로도 불렸다. 여기서 무어인은 북아프리카의 이슬람교도를 의미한다.

중세의 한 기록에 의하면, 9세기 중반에 이슬람교도들은 아스투리아스 왕 알폰소 2세에게 100명의 처녀를 요구했다. 알폰소 2세의 뒤를 이은 라미로 1세는 이 요구를 거부하고 이슬람교도와 일전을 벌이기로 결심했다. 전투에 나서기 전날 밤, 라미로 1세의 꿈에 산티아고가 나타났다. 산티아고는 라미로 1세에게 '자신이 하느님으로부터 스페인의 수호자임을 위임받았다'고 말하면서 전투에서 하나님께 도움을 청하라고 주문했다. 이에 군사들은 "신이여 산티아고를 도와주소서!(¡Dios ayuda a Santiago!)"라고 외치면서 전투에 임했다. 그 결과 가톨릭교도는 이슬람교도에게 대승을 거두었다. 전력의 열세로 승리를 장담하지 못하는 상황이었기에 산티아고에 대한 믿음은 이후 이슬람교도와의 전투에서 가톨릭 군대의 사기를 드높이는 촉매제가 되었다.

스페인의 국토회복운동에 큰 힘을 주었던 산티아고는 16세기 스페인의 신대륙 정복에도 활용되었다. '산티아고 마타인디오스(Santiago Mataindios)', 즉 '인디오를 죽이는 산티아고'라는 상징이 신대륙의 오지에서 정복 활동을 벌이는 스페인 군대의 사기를 북돋아주는 수단으로도 활용되었다.

가톨릭 공동왕

　11세기 들어 가톨릭교도의 국토회복운동이 활발해져 반도의 남쪽
에는 이슬람교도가, 북쪽에는 가톨릭교도가 자리 잡았다. 가톨릭 세
력은 카스티야 왕국, 나바라 왕국, 아라곤 연합왕국 등 왕국의 형태로
각기 다른 지역에서 세력을 형성했다. 이중 카스티야 왕국의 영향력
이 반도에서 가장 컸다.

　카스티야 왕국의 왕위 계승권자 이사벨(Isabel) 여왕은 아라곤 연합
왕국의 페르난도(Fernando) 왕을 자신의 결혼 상대로 선택했다. 당시
지중해에서 세력을 떨치던 아라곤 연합왕국이 동맹 상대로 적합하다
고 생각했던 것이다.

　그러나 이 두 군주의 결혼은 순탄치 않았다. 이들의 혼인으로 세력
이 커질 것을 우려한 이웃나라 프랑스와 국내 귀족들의 반발이 만만
치 않았다. 하지만 주변의 필사적인 반대를 물리치고 1469년, 이사
벨 여왕과 페르난도 왕의 결혼이 성사
되었다. 물론 이들의 결혼으로 두 왕국
이 완전히 결합하여 반도 전체가 중앙집
권적인 통치 체제하에 놓인 것은 아니었
다. 단지 두 군주의 혼인에 의한 개인적
인 결합일 뿐 각 왕국이 가진 기존의 독
자적인 법과 제도는 그대로 유지되었다.
두 군주는 서로 협력하면서 레콩키스타

레콩키스타를 성공적으로 수행한
페르난도 왕과 이사벨 여왕(살라망카
대성당).

를 성공적으로 수행했다. 교황 알렉산더 6세는 1496년에 그 공로를 인정하여 두 왕에게 '가톨릭 공동왕(Reyes Católicos)'이라는 칭호를 부여했다.

이사벨 여왕(재위 1474~1504)은 스페인 역사상 가장 위대한 군주로 꼽힌다. 800년간의 이슬람 지배를 종식시킨 여걸이자, 반도를 종교적으로 통일시킨 철녀(鐵女)였다. 그가 지배하던 시대에는 이베리아 반도의 가톨릭, 이슬람교, 유대교의 평화로운 공존의 모습은 더 이상 볼 수 없었다. 오직 가톨릭만의 '순혈(純血)'이 허용되었을 뿐이다.

그러나 이는 스페인에게 큰 손실이었다. 유대인은 스페인 제국을 유지하기 위한 브레인이자 없어서는 안 될 존재였다. 그들은 의사, 세금 징수인, 납세자, 상인, 은행가 등 제국 운용에 필요한 수많은 서비스와 재능을 제공했기 때문이다. 아랍인들은 스페인에서 추방된 유대인을 받아들이면서 '우리를 부자로 만들기 위해 스페인은 가난을 택했다'라고 말할 정도였다.

반도를 종교적으로 통일하고, 콜럼버스의 항해를 적극 후원했던 이사벨 여왕.

가톨릭 순혈주의에 이어 이사벨 여왕은 또 하나의 승부수를 던졌다. 콜럼버스의 신대륙 탐험을 적극 후원한 것이다. 1492년, 콜럼버스가 신대륙에 도착했다. 이로써 스페인은 명실상부한 세계 제국이 되었다.

스페인의 후원을 받은 콜럼버스

콜럼버스는 스페인이 아닌 이탈리아 제노바 출신으로 알려져 있다. 그는 지구가 둥글다는 것을 확신하고 대서양을 통해 인도로 가려고 생각했다. 자신의 생각을 당시의 포르투갈 왕에게 알리고 지원을 요청했다. 그러나 아프리카 항로에 더 많은 관심을 가졌던 포르투갈 왕은 콜럼버스의 요청을 거절했다. 이후 스페인에 온 콜럼버스는 이사벨 여왕을 설득하여 지원을 받아냈다.

콜럼버스는 1492년 8월 3일, 세 척의 배를 이끌고 역사적인 항해에 나섰다. 대서양상의 카나리아 군도에 들러 물자를 보충한 다음, 항해를 계속해서 10월 12일, 드디어 바하마 군도의 한 섬에 도착했다. 거의 100일이 걸렸다. 그는 그곳을 '산 살바도르(San Salvador, '구세주'라는 의미)'라 명명하고 스페인 왕실의 영토임을 선언했다. 이후 콜럼버스는 1493년 1월에 지금의 도미니카 공화국에 '크리스마스'를 뜻하는 '라 나비단(La Navidad)'이라는 아메리카 최초의 정착촌을 건설한 뒤, 대원의 일부를 남기고 스페인으로 돌아왔다.

콜럼버스의 1차 항해에 고무된 스페인 왕실은 2차 항해를 지원했다. 17척의 배와 1,200명의 선원들로 구성된 대규모 선단이었다. 씨앗, 가축, 대포, 기병대뿐만 아니라 성직자들도 동행했다. 황금을 찾고 원주민을 개종시키려는 식민 사업이 본격화되었다.

그 후 콜럼버스의 신대륙 항해는 두 차례 더 이루어졌다. 스페인의 정복자들은 금을 찾는 데 혈안이 되어 있었다. 그 과정에서 원주민들의 재산을 무자비하게 약탈하고 그들을 노예로 삼았다. 원주민들은 이에 맞서 저항했으나 대포와 기병으로 무장한 스페인의 정복자들 앞에서는 속수무책이었다. 특히 천연두나 흑사병 등에 대한 면역성이 없었던 원주민들은 스페인 정복자들이 퍼트린 유럽형 병원균으로 인해서 그야말로 파리떼처럼 죽어나갔다.

신대륙 원주민들에게 크나큰 재앙을 안겨준 콜럼버스는 죽을 때까지 자신이 발견한 곳이 '아시아의 인도'라고 굳게 믿었다. 이는 콜럼버스가 도착한 카리브해 지역을 '서인도 제도'로 부르는 이유다. 이곳 원주민을 '인도 사람'을 뜻하는 '인디오(indio)'로 부르는 까닭이기도 하다. 이후 1498년, 인도 항로를 개척한 포르투갈에 의해 인도의 실체가 알려지고, 아메리고 베스푸치 등의 탐험으로 콜럼버스가 발견한 곳이 새로운 대륙이 아니라는 사실이 밝혀졌다.

그러나 "콜럼버스의 신대륙 발견은 예수의 탄생과 죽음을 제외하고 인류 역사상 가장 위대한 사건이다."라는 주장이 있을 정도로 인류에게 세계를 바라보는 넓은 시야를 준 사건임에는 틀림없다.

신대륙 발견을 기념하기 위해 세워진 바르셀로나의 콜럼버스 기념탑.

해가 지지 않는 나라

스페인의 신대륙 식민 지배의 목적은 크게 두 가지였다. 하나는 금은 등의 재화 착취이고, 다른 하나는 가톨릭 신앙의 전파였다. 스페인의 정복자들은 멕시코 지역의 아스텍 제국에 이어 페루 지역의 잉카 제국까지 정복했다. 콜럼버스가 첫 항해에 나선 1492년 이래 50년도 채 되지 않은 1540년에 이르러서는 멕시코부터 칠레 중부의 산티아고까지 거의 대부분의 아메리카 대륙을 수중에 넣었다.

스페인은 이렇게 넓은 영토를 효과적으로 통치하기 위해 모두 네 개의 부왕령(副王領)을 설치했다. 나라 전체를 통치하는 대통령 밑에서 대통령을 보좌하는 부통령을 생각하면 된다. 부왕은 스페인 왕으로부터 모든 권한을 위임받아 식민지에서 행정, 입법, 사법권 외에 재정, 군사, 성직자 임명권 등을 가졌다. 왕은 스페인 국내에 국왕 직속의 자문기관과 통상원을 설치하여 식민지를 체계적으로 통치했고 스페인 본국과 식민지와의 독점 무역에 힘을 쏟았다.

이사벨 여왕은 왕위를 계승할 아들 없이 세상을 떠났다. 그의 딸인 후아나(Juana)가 왕위에 올랐지만 실질적으로는 이사벨 여왕의 남편인 페르난도가 왕권을 행사했다. 페르난도가 죽자, 카를로스가 왕위를 물려받았다. 그는 가톨릭 왕들의 딸인 후아나와 합스부르크 황제의 아들인 펠리페의 아들, 즉 이사벨 여왕의 외손자였다. 그는 카를로스 1세로 1516년에 스페인 왕위에 올랐다. 스페인에 합스부르크 왕가의 시대가 열린 것이다. 그는 할아버지인 독일의 막시밀리안 황제가 사망하면서 신성로마제국 황제를 겸임했다.

카를로스 1세는 프랑스나 영국처럼 스페인을 중앙집권체제로 만들었다. 스페인을 이베리아반도라는 폐쇄된 지역에 국한시키지 않고, '모든 것을 감싸 안은' 제국으로 바꾸고자 했다. 그는 '가톨릭'을 앞세워 초국가적인 통일체를 형성하는 데 온 힘을 쏟았다. 그리고 가톨릭의 수호자로 자처하면서 유럽의 모든 가톨릭 국가들을 대표하여 신교도들에 맞서 싸웠다. 카를로스 1세는 지금의 독일, 오스트리아, 네덜란드, 벨기에, 이탈리아의 나폴리 왕국과 시칠리아, 사르데냐, 북부 아프리카, 아메리카 대륙, 아시아의 필리핀 등 해외에 수많은 식민지를 거느리게 되면서 스페인을 '해가 지지 않는 나라'로 만들었다.

포르투갈과 스페인

볼리비아의 소금사막 우유니에서 아르헨티나 젊은이들, 브라질 커플과 함께 투어를 했다. 투어 내내 스페인어를 사용하는 아르헨티나 사람과 포르투갈어를 사용하는 브라질 사람 간의 의사소통 방식이 궁금했다. 각자 자기 나라 말을 하면 미루어 추측해서 알아듣고 소통할까? 아니면 언어가 비슷해서 배우기 쉬우니까 스페인어, 또는 포르투갈어 하나로만 소통할까? 그들은 각자 자기 언어를 사용하여 소통을 했다. 미루어 추측해서 상대방의 말을 이해한 것이다. 매우 흥미로운 경험이었다.

포르투갈 리스본의 코메르시우 광장.

　포르투갈은 이베리아반도에서 스페인과 국경을 맞대고 있다. 로마 지배 당시 사용되었던 라틴어에서 분화된 언어인 포르투갈어를 사용한다. 스페인어, 프랑스어, 이탈리아어 역시 라틴어에 뿌리를 두고 있어서, 비록 나라와 언어는 다르지만 큰 장애 없이 서로 소통이 가능하다.

　포르투갈의 형성은 이슬람교도와의 전쟁인 레콩키스타와 관련 있다. 당시 전쟁에서 혁혁한 전과를 올린 사람은 바로 부르고뉴 백작의 아들인 라이문도와 그의 사촌인 엔리케였다. 그에 대한 보답으로 당시 막강한 세력을 지녔던 카스티야-레온 왕국(지금의 스페인 영토의 대부분을 차지하고 있다)의 알폰소 6세는 라이문도를 자신의 딸인 우라카 공주와 결혼시키고 스페인 북서쪽에 위치한 갈리시아 지방을 통치하게 했다. 또한 알폰소 6세는 엔리케를 자신의 서녀(庶女)인 테레사와 결혼시켜 지금의 포르투갈 북쪽 지역에 해당하는 포르투갈 백작령을 다스리게 했다.

이후 엔리케는 포르투갈 백작령의 세력 확장에 온 힘을 기울였다. 엔리케의 아들 아퐁수는 치열한 권력 투쟁을 거쳐 1139년에 포르투갈 국왕에 올랐다. 1143년에는 카스티야-레온 왕국의 알폰소 7세에게 독립을 인정받았다. 이로써 한 국가로서의 포르투갈의 역사가 시작되었다. 이후 이어지는 모든 포르투갈의 국왕은 직간접적으로 아퐁수 1세의 자손이다.

14세기 말부터 15세기 중반까지 주앙 1세와 그의 아들인 항해왕 엔리케가 해외 팽창정책을 펼쳤다. 특히 엔리케는 세우타를 정복하고, 당시에는 미지의 대륙이었던 아프리카 남쪽으로 향하는 새로운 항로 개척에 힘을 쏟았다.

1460년, 엔리케 왕자가 세상을 떠났지만 포르투갈의 항로 개척은 계속되었다. 1487년에는 바르톨로뮤 디아스가 아프리카 대륙의 남단에 도달했다. 지금의 희망봉이다. 1498년, 바스쿠 다 가마는 이 희망봉을 돌아 동아프리카 해안을 북상해 인도 캘리컷에 도착했다. 이로 인해서 유럽에서 바다를 통해 아시아로 직접 갈 수 있게 되었다. 이러한 포르투갈의 항로 개척에 자극받은 스페인도 바다로 적극 진출하면서 대항해 시대가 본격적으로 개막했다.

아프리카 대륙의 남단인 남아프리카공화국의 희망봉. 바스쿠 다 가마가 이곳을 돌아 인도에 도착하면서 대항해 시대의 서막이 올랐다.

포르투갈은 60년 동안(1580~1640) 스페인의 지배를 받았다. 포르투갈의 왕이 후계자 없이 사망하자, 스페인의 펠리페 2세는 왕위 계승 당시의 혼란함을 틈타 포르투갈을 침공해서 자신의 지배하에 두었다. 이로써 이베리아반도는 한 명의 왕이 다스리는 하나의 국가로 통일되었다. 그러나 스페인 통치에 반대하는 포르투갈 귀족들이 주앙 4세를 왕으로 옹립하면서 스페인으로부터 독립을 쟁취했다. 이후 포르투갈은 스페인과 완전히 별개의 국가가 되어 지금에 이르고 있다.

13

무적함대

스페인 제국의 몰락

"브라질, 스페인 무적함대를 침몰시키다!"

"우승 후보 무적함대 침몰"

"스페인 탈락, 무적함대 침몰하다!"

스페인 축구팀이 경기에서 패했을 때 볼 수 있는 신문기사 제목들이다. 하나같이 '무적함대'를 스페인과 연관시키고 있다.

펠리페 2세, 엘리자베스 1세에게 청혼하다

펠리페 2세가 카를로스 1세의 뒤를 이어 왕위에 올랐다. 그는 1561년 톨레도, 바야돌리드 등 유서 깊은 도시들의 반대를 물리치고 반도의 한가운데 있는 소도시 마드리드를 수도로 정했다. 당시에는 왕이 머물면서 정사를 돌보는 곳이 한 나라의 수도였다. 왕과 함께 많은 귀족들도 마드리드에 거처를 정했다. 이로써 마드리드는 스페인 제국의 중심지가 되었다. 2년 후에는 마드리드 인근 과다라마 산맥의 남쪽

사면에 '엘 에스코리알(El Escorial)'이라는 수도원 겸 왕궁을 짓기 시작했다. 1584년, 이 거대한 건축물이 완공되었다. 이로써 펠리페 2세는 마드리드의 찜통더위를 피해 책상에 앉아 제국을 통치할 수 있게 되었다.

펠리페 2세는 영국의 메리 1세와 결혼하여 영국의 신교도를 가톨릭으로 개종시키려 했다. 그러나 메리 1세는 후계자 없이 세상을 떠났다. 1558년, 그의 뒤를 이어 이복동생인 엘리자베스 1세가 영국 왕위에 올랐다. 엘리자베스 1세는 국내의 가톨릭교도를 박해했다. 펠리페 2세는 처제이기도 했던 엘리자베스 1세에게 청혼했다. 결혼을 통해서 영국을 장악하려는 의도였다. 그러나 그 속내를 간파한 엘리자베스 1세는 "나는 영국과 결혼했다."라는 말로 펠리페 2세의 청혼을 거절했다.

청혼에 실패한 펠리페 2세는 엘리자베스 1세의 영국 국교회 정책에 불만을 품고 있던 가톨릭교도들을 부추겨 엘리자베스 1세를 축출하고, 엘리자베스 1세의 사촌이자 프랑스 왕비요, 스코틀랜드 여왕인 메리 스튜어트를 영국의 왕으로 만들려는 공작을 꾸몄다. 그러나 이 음모를 알게 된 엘리자베스 1세는 1587년, 메리 스튜어트를 참수형에 처했다. 가톨릭교도였던 메리 스튜어트 여왕의 처형은 신교와 가톨릭 간의 갈등을 더욱 심화시켰다.

펠리페 2세는 엘리자베스 1세의 행동에 분노하여 '무적함대'를 창설했다. 처음에는 신교도 세력을 제거할 목적이었지만, 펠리페 2세는

스페인 무적함대.

이 무적함대를 통해서 스페인을 유럽 최강의 국가로, 더 나아가 세계 최대의 제국으로 만들고자 했다.

　무적함대는 130척의 함정, 2,000문의 대포, 그리고 3만 명 이상의 군인으로 구성되었다. 그러나 막대한 국력을 쏟아 부은 무적함대는 출정도 하기 전에 불운을 겪었다. 당대 최고의 해군 전략가인 산타 크루스(Santa Cruz) 후작이 출정 전에 세상을 떠났다. 그를 대신하여 메디나 시도니아(Medina Sidonia) 공작이 사령관으로 임명되었지만 그는 전쟁이나 바다와는 전혀 관련이 없는 인물이었고, 본인 역시 이 직책을 원하지도 않았다. 펠리페 2세는 이에 아랑곳하지 않고 무적함대의 진정한 사령관은 '하느님'임을 강조하면서 그를 사령관으로 임명했다. 이렇듯 무적함대는 시작부터 순탄치 않았다.

무적함대는 규모 면에서는 영국에 압도적인 우위를 보였지만 전략적인 면에서는 영국에 한참 뒤졌다. 무적함대에는 180명의 수도사도 승선했다. 매일 미사를 드리고 찬송가를 부르기 위함이었다. 전쟁에서 승리하기 위한 치밀한 전술 전략보다는 종교적인 열정이 우선이었다.

1588년, 무적함대는 포르투갈의 리스본을 출발했다. 네덜란드에서 보병 18,000명과 합류하여 영국 본토를 정벌할 예정이었다. 이에 영국의 엘리자베스 1세 여왕은 하워드 경(卿)을 사령관으로 임명하고, 해전에 능통한 호키스, 드레이크 등을 기용해 무적함대에 맞서 싸우게 했다. 함대의 규모는 함정 80척, 병력 8,000명에 불과했다. 스페인의 무적함대에 비해서 보잘것없는 규모였다.

무적함대는 수적으로 훨씬 우세했으나 기동력이 뛰어나고 잘 훈련된 선원들로 구성된 영국 함대의 빠른 공격에 속수무책이었다. 영국의 선박은 대포가 아닌 소총으로 무장했지만 이동 속도가 빨랐다. 덩치 큰 무적함대를 괴롭히고, 그 대형을 깨뜨리면서 큰 선박을 한 척씩 공격해 나갔다. 스페인의 무적함대와 영국 해군 간의 일전은 고전적인 전법과 새로운 전략 간의 대결이었다.

해상에서 고전했던 무적함대는 육지에서 피난처를 찾으려 했으나,

영국의 함대는 무적함대가 육지에 상륙하는 것을 허용하지 않았다. 엎친 데 덮친 격으로 그 유명한 '프로테스탄트의 신풍(神風)'이 불었다. 이 바람은 육지로 상륙하려던 스페인의 함대를 스코틀랜드와 남부 아일랜드 방향으로 밀어냈다. 결국 무적함대는 대부분의 선박과 병사를 잃고 스페인으로 귀환했다. 영국 함대에게 패배했을 뿐만 아니라 자연에게도 패배했다.

무적함대의 패배 소식을 전해 들은 펠리페 2세는 "적과 싸우라고 했지, 누가 자연과 싸우라고 했나!"라며 안타까워했다. 레판토 해전에서 작은 영웅이 되었던 세르반테스는 펠리페 2세의 이 유명한 말을 듣고 "우리의 함대가 퇴각한 것은 적의 능란함 때문이 아니라, 저 감당할 수 없는 폭풍과 바다와 하늘 때문이노라."고 왕의 절규를 정당화했다.

무적함대의 패배는 유럽 최강의 세력으로 발돋움하고자 했던 스페인의 시도가 사실상 실패했음을 의미했다. 이후 스페인은 숙적이자 또 하나의 강대국이었던 프랑스의 끊임없는 도전을 받았다. 또한 영국과 네덜란드를 선봉으로 한 신교 세력이 서로 동맹을 맺고 군사력을 강화하여 스페인과 맞섰다. 이로 인해서 스페인은 영국에 해상무역권을 넘겨주었고, 네덜란드의 독립을 인정할 수밖에 없었다.

역사가들은 무적함대가 패배한 1588년을 기점으로 그 이전을 카를로스 1세와 펠리페 2세 시대의 '승리하는 스페인', 그 이후를 합스부르크 왕가 시대의 '패배하는 스페인'으로 구분하기도 한다.

해가 지는 제국

무적함대의 패배 이후, 펠리페 2세의 통치 시기는 외화내빈의 시기였다. 외적으로는 스페인 역사상 가장 넓은 영토를 소유하고 통치했지만, 내적으로는 무리한 정책으로 인해 국가의 재정이 고갈되어 심각한 경제 위기를 겪었다.

전염병과 기근 등의 영향으로 인한 인구 감소 역시 스페인 제국에는 악재였다. 인구의 감소는 당연히 경제 활동에 심대한 영향을 주었다. 그러나 무엇보다도 펠리페 2세 이후 17세기 스페인 왕들의 무능함이 스페인 제국의 몰락을 가속화시켰다. 제국의 파국을 막기 위해서는 탁월한 능력을 가진 정치가가 그 어느 때보다도 절실하게 필요했지만 당시의 스페인 왕들은 너무나 평범하고 게으르고 유약했으며 무능했다.

펠리페 2세에 이어 왕이 된 펠리페 3세의 시대 역시 거대한 제국의 시대였다. 그러나 정치인들의 무능과 부패로 제국은 점차 몰락의 길로 빠져 들었다. 특히 발렌시아 인구의 3분의 1에 해당하는 무어인들의 추방으로 농업이 황폐화되었다. 이들에게 자금과 토지를 빌려주었던 발렌시아와 아라곤 귀족은 파산했다. 그렇지 않아도 악화된 경제는 더욱더 회생 불가능하게 되었다.

1621년에 펠리페 3세에 이어 즉위한 펠리페 4세의 시대는 제국 몰락의 정점이었다. 16세기 스페인 제국의 위상과 영광을 회복하겠다는 명분 아래, 제국 내 각 지역에서 전쟁을 벌였고 네덜란드, 이탈리아, 프랑스와의 전쟁을 재개했다. 문제는 돈이었다. 카스티야의 재정 부담 능력이 이미 한계에 달한 지 오래였으며, 신대륙에서 유입되는 재화 또한 급격히 줄었다. 이러한 상황에서 각 지역에서 벌인 전쟁의 패배는 당연한 결과였다.

내적으로도 점차 무너지고 있었다. 무어족 추방 이후 버려진 농경지로 인해 스페인은 농산물 수입 국가로 전락했다. 귀족과 교회에 대한 세금 면제는 농민과 상인에게 더 큰 부담이 되어 돌아왔다. "우리나라는 빈부 격차가 극심하다. 그리고 그 둘을 서로 조정할 방법이 없다. 부자는 하는 일 없이 빈둥거리고 가난한 사람은 구걸을 한다."라는 한 지식인의 한탄 섞인 불만에서 당시 스페인의 사회 상황을 알 수 있다.

펠리페 4세의 아들인 카를로스 2세는 스페인 몰락의 종착지였다. '백치왕'이라는 별명을 가졌던 카를로스 2세는 정신적으로나 신체적으로 매우 허약했다. 왕위를 이을 자식이 없어서 왕위계승전쟁의 단초를 제공한 인물이기도 했다.

이후 스페인은 1898년 미국과의 전쟁에서 패배하여 마지막 남은 식민지인 쿠바, 필리핀, 괌을 상실했다. 말 그대로 '해골만 남은 거인'이 되었다. 스페인 제국의 몰락 원인으로는 전쟁, 이민, 흑사병으로 인한 인구 감소, 그리고 이에 따른 노동력 부족, 유대인과 무어인의 추방, 무책임한 국왕과 무능하고 부패한 정치가들, 그리고 자본주의 경제로의 체질 전환 실패 등을 들 수 있다.

특히 신대륙으로부터 들어오는 재화는 유럽 자본주의의 젖줄이 되었지만 반대로 스페인을 자본주의의 식민지로 전락시킨 원흉이었다. 신대륙으로부터 유입된 막대한 재화는 산업과 자본에 투자되지 않고 전쟁과 사치품 구입 비용으로 소모되었다. 원자재는 싸게 수출하고 공업제품은 비싸게 수입하는 나라가 된 스페인 경제의 몰락은 어쩌면 당연했다.

이를 두고 17세기 한 스페인 작가는 "스페인은 음식물을 받아들이는 입과 같아서 그것을 깨물어 으깨지만, 헛된 달콤함과 잇새에 낀 찌꺼기 외에는 그것을 자기 것으로 남겨 두지 못했다."라고 꼬집었다. 스페인의 지식인인 앙헬 가니베트(Ángel Ganivet) 역시 "가진 능력에 비해 식민지가 너무 넓고 사업의 규모가 지나치게 큰 것이 스페인 몰락의 원인"이라고 스페인 제국의 비극을 분석했다.

14

스페인내전 1

두 개의 스페인

—

스페인에는 옛날부터 스페인의 정치 상황을 숙명론적으로 표현한 이야기가 전해진다.

"성모마리아는 스페인 사람들에게 그들이 갖고 싶은 것을 하느님에게 주선해 주겠다고 약속했다. 그들은 세계에서 가장 좋은 땅과 기후를 부탁했다. 하느님은 이것을 들어주셨다. 다음에는 가장 좋은 과일과 밀, 가장 뛰어난 말과 칼을 부탁했다. 하느님은 이 부탁도 모두 들어주셨다. 그들은 다시 가장 아름다운 노래, 춤, 여성, 그리고 가장 용감한 남성을 부탁했다. 이것도 들어주셨다. 마지막으로 그들은 좋은 정부(政府)를 갖게 해달라고 부탁했다. 그러자 성모마리아는 매우 당황했다. '하느님께서는 그 부탁을 들어 주시지 않을 겁니다. 천사들이 하루도 하늘에 머물려고 하지 않을 것이기 때문입니다.'"

이것은 스페인 사람들이 하느님으로부터 그들이 원했던 것은 무엇이든 손에 넣을 수 있었지만, 좋은 정부만은 얻지 못해서 역사적으로 악정(惡政)에 시달리는 백성이 되고 말았다는 이야기다.

물론 과장 섞인 이야기지만, 스페인의 정치사를 돌아보면 충분히 수긍할 수 있는 내용이다. 1936~1939년까지 3년 동안 동족 간의 전쟁을 벌인 끝에 권력을 잡은 프란시스코 프랑코(Francisco Franco)의 철권 독재 정치 역시 스페인 역사상 가장 대표적인 악정이다.

변방 국가로의 전락

19세기 초 스페인은 라틴아메리카 식민지를 상실하고 1898년에는 미국과의 전쟁에서 패배하면서 마지막 남은 식민지였던 쿠바, 필리핀, 괌을 미국에 넘겼다. '해가 지지 않는 나라'로 전 세계를 호령했던 스페인 제국이 유럽의 변방 국가로 전락한 것이다. 이후 스페인은 정치, 경제, 사회 등 모든 분야에서 극심한 침체와 혼란을 겪었다.

1923년, 이 혼란을 수습하고자 프리모 데 리베라(Primo de Rivera) 장군이 쿠데타를 일으켜 정권을 장악했다. 그는 산업화의 토대를 다지면서 정치적인 안정과 경제적인 도약을 꿈꾸었지만 실패했다.

1931년에 스페인 역사상 두 번째로 공화제가 선포되었다. 공화제는 왕권의 약화를 의미했다. 공화주의자들은 왕당파와 교회의 낡아빠진 사상을 타파하려 했다. 그러나 공화국 정부는 민주정치 실현의 기초라 할 수 있는 토지 개혁을 제대로 시행하지 못했다.

당시 가톨릭교회는 넓은 토지와 재산을 소유하고 있었다. 스페인 전체의 3분의 1에 해당하는 면적이었다. 가톨릭교회와 지주들은 공화국 정부의 토지 개혁을 과격한 혁명으로 여기며 자신들이 소유한 토지를 빼앗기려 하지 않았다. 그들의 강력한 반발로 농지 개혁법은 유명무실해졌다. 지주들은 자신의 권리를 주장하는 농민들의 요구를 단 한 마디로 묵살했다. "공화제에게 먹여달라고 해!"

이후 스페인내전이 일어난 1936년까지 스페인은 좌우 대립으로 인해서 극심한 정치적 혼란에 빠졌다. 좌익과 우익의 싸움이 치열했다. 역사가들은 18세기 이후 스페인 역사를 '두 개의 스페인'으로 규정지었다. 하나는 개방적이고 관대하며 급진적이고 범세계적인 지식인과 진보주의자의 스페인이고, 다른 하나는 맹목적이며 엄격하고 폐쇄적이며 민족주의적인 가톨릭교도와 보수주의자의 스페인이었다.

양 진영에는 물론 군인도 있고 사제도 있었다. 군대와 경찰과 같은 국가기관 역시 둘로 나뉘었다. 더욱이 중산계층과 지식인층, 가톨릭교도와 반교회주의자, 전통을 옹호하는 계층과 진보적인 그룹 간에도 알력과 다툼이 있었다. 이렇게 가로와 세로로 분단된 스페인 사회의 갈등의 골은 너무 넓고 깊었다.

1936년 2월, 거의 모든 좌파 단체들이 연합한 인민 전선(Frente Popular)이 총선거에서 승리했다. 새로운 정부의 '좋은 정치'를 원했던 스페인 국민의 열망의 결과였다. 이러한 열망에 부응하기 위해서 인민 전선 정부는 정치범 석방, 농민의 세금과 땅값의 경감, 노동자의 임금 인상, 교육 개혁 등 '좋은 정치'를 위해서 힘을 쏟았다. 그러나 인민 전선 정부의 개혁정책에 대한 대지주와 부르주아 세력의 조직적인 방해도 만만치 않았다. 이들은 범파시즘 세력을 형성하여 인민 전선 정부를 무력화시키려 했다. 이 와중에 왕당파 지도자 칼보 소텔로(Calvo Sotelo)가 좌파의 젊은 장교들에 의해서 암살당했다.

스페인내전과 공화국 정부군의 패배

쿠데타의 기회를 엿보고 있던 우파 세력의 한 축인 군부가 칼보 소텔로의 암살을 계기로 1936년 7월에 쿠데타를 일으켰다. 스페인내전은 처음부터 세계의 주목을 받았다. 소련과 멕시코가 공화국 정부군을, 독일과 이탈리아가 반란군을 도왔다. 스페인내전이 국제전으로 확대된 것이다.

내전 초기에는 공화국 정부군 진영이 우세했다. 인적, 물적 원조가 반란군 진영보다 훨씬 많았기 때문이다. 그러나 실제 전투에서는 그 효과가 나타나지 않았다. 공화국 정부군을 구성하는 세력의 스펙트럼이 매우 다양해서 의견을 하나로 모으는 데 많은 시간이 걸렸다. 반면 반란군은 프랑코 장군의 일사불란한 지휘를 받아 시간이 지나면서 절대적인 우세를 보이기 시작했다. 1939년 3월 28일, 마침내 반란군은 마드리드를 함락했다.

스페인내전은 1936년부터 1939년까지 3년 동안 벌어진 동족상잔의 비극이자, 오랫동안 대립해 온 '두 개의 스페인'이 공존의 길을 찾지 못해 전쟁의 형태로 맞부딪친 사건이었다. 내전으로 인해 약 30만

스페인내전으로 폐허가 된 도시.

명에서 60만 명으로 추산되는 사람들이 사망했으며, 25만 명에서 50만 명의 공화국 정부군과 민간인들이 프랑스로 망명했다.

인명의 희생뿐만 아니라 경제적인 피해도 상상을 초월할 정도로 컸다. 이후 화해보다는 근절과 정화를 택한 프랑코 정권의 정치적 탄압으로 20여만 명이 더 희생되었다. 스페인내전은 이렇게 수많은 희생자를 내고, 스페인 민주주의의 싹을 짓밟아버렸다.

공화국 정부군이 패배한 원인에 대해 스페인의 한 역사가는 "공화국 정부를 넓게 뒤덮고 있던 '태만의 정신', '미래를 향한 비전의 결

여', '완전치 못한 조직화'가 그 원인이다."라고 지적했다. 앤터니 비버
역시 《스페인내전》에서 "프랑코는 전쟁을 승리로 이끄는 데 한 역할
이 별로 없다. 전쟁을 패배로 몰고간 것은 공화국 정부군 지도부였다.
그렇지 않아도 이미 공화국 정부군에 크게 불리한 쪽으로 벌어진 차
이를 더 심화시켰을 뿐만 아니라 그들의 용기와 희생을 헛되게 했기
때문이다."라고 말했다. 그는 공화국 정부군 지도부의 무능과 내부 균
열을 패배의 원인으로 진단했다.

어니스트 헤밍웨이와 조지 오웰

스페인내전에는 세계적으로 이름이 알려진 작가들이 참여했다. 대
표적인 인물로는 어니스트 헤밍웨이(Ernest Hemingway)와 조지 오웰
(George Orwell)이 있다. 그들은 공화국 정부군 측에 서서 싸웠다.

헤밍웨이는 스페인내전을 배경으로 《누구를 위하여 종은 울리나》를
썼다. 이는 작가의 경험을 바탕으로 쓰여진 작품이다. 헤밍웨이는 공
화국 정부군에 구호차를 구입하기 위한 자금으로 4만 달러를 제공했
으며, 스페인으로 건너가 내전의 상황을 직접 보도하는 특파원 활동도
했다. 그는 귀국 후, 전미(全美) 작가 회의에서 파시즘의 타도를 역설하
였다.

오웰은 배반당한 혁명을 우화적으로 묘사한 《동물 농장》과 전체주
의를 풍자한 《1984년》을 쓴 작가다. 그는 스페인내전에서 마르크스주

의 통일노동자당(POUM) 소속 의용군과 함께 전쟁에 참여한 경험을 《카탈루냐 찬가》를 통해서 알렸다. 그는 "스페인에서의 경험은 모든 것을 뒤바꿔놓았고, 그 후 나는 내가 어디에 서 있는지를 알게 되었다. 1936년 이래, 나의 모든 작품은 직접적이든 간접적이든 전체주의에 반대하고, 민주주의적 사회주의를 지지하는 데 그 바탕을 두고 있다."고 말했다. 그는 또한 "사회주의 혁명의 가능성을 처음으로 믿게 된 곳도 스페인이었고, 또 그 가능성이 스탈린주의자들의 손에서 파괴되는 것을 직접 목격한 곳도 스페인이었다."라고도 했다. 그만큼 스페인내전은 조지 오웰에게 정치적으로나 사상적으로 큰 영향을 준 사건이었다.

이 두 작가와 함께 〈어느 의용군의 죽음〉이란 사진으로 유명한 종군기자 로버트 카파(Robert Capa)도 스페인내전과 관련해서 빼놓을 수 없는 인물이다. 그는 스페인 남부 안달루시아 지방의 코르도바 인근에서 무정부주의자 의용군이 총탄에 맞아 쓰러지는 순간을 포착한 사진을 찍었다. 이 사진은 1937년 7월 12일자 미국 잡지 〈라이프〉에 '총알이 머리를 관통하는 순간 쓰러지는 스페인 병사'라는 사진 설명과 함께 실렸다. 이 사진은 전 세계적으로 엄청난 반향을 불러일으켰다. 총에 맞은 한 젊은이의 죽는 순간을 담아서 전쟁의 참혹함을 여과 없이 보여주는 이 사진을 본 사람들은 충격에 빠졌고, 촬영 당시 고작 스물셋이었던 카파는 단번에 유명세를 얻었다. 포토저널리즘 사상 가장 많은 논란을 불러일으킨 이 사진의 진실성에 대한 논란은 여전하지만 20세기 최대 격동의 순간을 생생하게 담아낸 사진으로 평가받고 있다.

15

스페인내전 2
내전의 상처를 만나다

스페인의 현대사는 한국의 현대사와 이상하게도 닮은 점이 많다. 스페인내전과 6.25 한국전쟁, 프랑코 독재와 박정희, 전두환, 노태우 독재, 그리고 독재 이후 민주화 과정 등 두 나라가 보여준 역사의 궤적은 놀랍도록 비슷하다. 또한 스페인과 한국은 반도 국가여서 지정학적으로도 유사하다.

우리나라의 현대사를 관통하고 있는 6.25 한국전쟁이나 남북 분단의 역사를 온몸으로 느끼기 위해서 판문점을 방문하듯이 스페인내전을 이해하기 위해서 스페인내전과 관련된 장소를 직접 방문하는 것도 좋은 방법이다.

전몰자의 계곡

공식 명칭은 '전몰자의 계곡의 성 십자가 작은 성당(Basílica Menor de la Santa Cruz del Valle de los Caídos)'이지만 '전몰자의 계곡'이라 줄

스페인내전의 희생자들이 묻혀 있는 전몰자의 계곡.

여서 부른다. 이름에 '계곡'이 붙었지만 성당, 십자가, 수도원, 산책로 등이 조성된 일종의 기념물 복합단지다. 마드리드에서 약 50킬로미터 떨어진 과다라마 산맥의 쿠엘가무로스(Cuelgamuros) 계곡에 위치해 있다. 이곳에는 스페인내전 기간 중 사망한 약 3만 4천여 명의 전사자들이 묻혀 있다. 스페인내전의 승리자요, 내전 후 죽을 때까지 스페인을 쥐고 흔들었던 독재자 프랑코의 묘도 이곳에 있다.

이곳의 가장 대표적인 기념물은 성당과 십자가다. 성당은 바위에 구멍을 뚫어 만들었다. 전체 길이는 300미터이며, 암벽 속의 길이 만해도 260미터에 달한다. 프랑코는 이 성당이 완공된 후, 교황청으로부터 성당의 지위를 인정받고자 했다. 그러나 교황청은 이 요구를 거부했다. 어떤 성당도 바티칸의 성 베드로 성당보다 크게 지어서는 안 된다는 지침을 어겼기 때문이다. 프랑코는 부랴부랴 성당 내부에 중간 문을 설치하여 바티칸 성당과 같이 길이를 260미터로 맞추어 교황청의 인정을 받았다고 한다.

성당 위로는 높이 150미터, 너비 24미터의 거대한 십자가가 솟아 있다. 이 십자가는 50킬로미터 떨어진 곳에서도 볼 수 있을 정도로 기독교 세계에서 가장 큰 십자가로 알려져 있다. 공사는 내전이 끝난 이듬해인 1940년에 시작해서 1958년에 끝났다. 총 19년이 걸렸다. 프랑코는 정치범 2만 명을 공사에 동원했다. 이들에게 하루 일하는 대가로 이틀의 형기를 감해 주었다고 한다.

스페인 전체의 화합을 위해 만들었다고 하지만, 이곳은 진정한 이해와 용서를 구하는 추모의 공간이 아닌 프랑코 개인의 공간이자 프랑코 체제를 그리워하는 자들이 자신의 이념을 재확인하는 성지일 뿐이라는 비판도 여전히 남아 있다. 동족 간의 전쟁이었던 스페인내전의 의미를 생각하고, 진정한 화해와 용서가 무엇인지 묻고 싶을 때 방문해 볼 만한 곳이다.

톨레도 알카사르

톨레도(Toledo)는 스페인 가톨릭의 중심지다. 스페인에 조금이라도 관심을 가진 사람이라면 한번쯤은 타호강이 휘돌아 흐르는 톨레도

가톨릭, 이슬람, 유대 문화가 공존하고 있는 스페인의 '샐러드 보울' 톨레도 전경. 우측 언덕 위에 높이 솟은 건물이 알카사르다.

전경을 보았을 것이다. 그 전경의 한가운데 우뚝 솟은 건물이 알카사르다. 스페인내전 당시 이념과 혈육 사이에 피할 수 없는 부자(父子) 간의 운명적인 비극이 일어났던 곳이다.

알카사르는 '성채', '요새'라는 뜻을 지닌 아랍어에서 온 말이다. 이곳은 로마 제국, 서고트족, 이슬람교도의 지배 기간 동안에는 귀족이나 왕의 거처였다. 이후 빈번한 화재와 스페인내전으로 파괴되었다가 복구되어 지금은 도서관, 전쟁박물관 등 다양한 용도로 사용되고 있다.

프랑코 장군 측 군인들이 이곳 알카사르에서 1936년 7월부터 9월까지 약 70일간 인민 전선 측 군인들에 의해 포위되었다. 모스카르도 (Moscardó) 대령은 프랑코 측의 군인으로 알카사르를 사수하고 있었다. 그런데 그의 아들이 상대편인 인민 전선 측에 인질로 잡혔다.

인민 전선 측 지휘관 톨레도에서 일어난 모든 범죄 행위에 대한 책임은 당신들에게 있다. 알카사르를 포기하는 데 10분만 주겠다. 만약 포기하지 않는다면, 내 옆에 있는 당신의 아들 루이스는 총살될 것이다.

모스카르도 대령 나는 내 아들을 믿는다!

인민 전선 측 지휘관 인질로 잡혔는지를 확인하고 싶다면 전화를 받아라.

루이스 아빠!

모스카르도 대령 무슨 일이니? 아들아!

루이스 아무 일도 없어요. 알카사르를 포기하지 않으면 저를 죽일 거라고 말합니다. 하지만 걱정마세요.

모스카르도 대령 확신이 있다면 네 영혼을 하느님께 맡기고 목숨을 예수님과 조국 스페인에 바치거라. 그러면 너는 조국을 위해서 목숨을 바친 영웅이 될 것이다. 잘 가라! 아들아!

루이스 안녕히 계세요, 아빠!

모스카르도 대령 비록 내 아들을 잃게 되겠지만, 알카사르는 결코 포기하지 않을 것이다.

프랑코는 알카사르에서 포위된 아버지와 상대편에 인질로 잡힌 아들을 영웅으로 만들었다. 이들의 통화 내용을 자신들의 홍보 수단으로 사용했다. 반면 프랑코 측 군인들 역시 인질로 잡았던 100여 명의 여성과 아이들을 살해했지만 이들의 만행은 부자(父子)의 영웅담에 의해 덮였다.

불바다가 된 게르니카

게르니카(Guernica)는 스페인 북부 바스크 지방에 있는 작은 도시다. 1937년 4월 26일, 이날은 마침 게르니카의 장날이어서 중심지에는 사람들이 많이 있었다. 오후 4시경, 독일의 폭격기들이 게르니카 상공을 낮게 비행하면서 폭격을 시작하였다. 프랑코의 지원 요청에 의한 공격이었다.

독일의 히틀러는 2차 세계대전을 준비하면서 '콘도르 공군'의 편대 구성, 폭격 및 기총소사 방법, 각종 폭탄의 성능 등을 실험할 곳을 모색하던 차에 프랑코의 지원 요청을 흔쾌히 받아들였다. 게르니카는 독일 공군의 폭격 및 기총소사로 순식간에 불바다가 되었다. 이로 인해서 약 300명의 민간인이 사망했다.

독일 공군의 만행으로 인한 게르니카의 끔찍한 참상이 전 세계에 전해졌다. 화가 피카소는 스페인 공화국 정부의 의뢰를 받아 게르니카의 폭격을 주제로 한 작품을 그렸다. 가로 7.8미터, 세로 3.5미터의 거대한 캔버스에 핏빛인 붉은 색을 사용하지 않고 흑색과 회색만을 사용했다. 죽은 어린 아들을 안고 절규하는 어머니, 도움을 구하는 남녀, 상처입고 울부짖는 말, 칼을 쥐고 땅바닥에 쓰러져 있는 사람, 찢어진 깃발과 부러진 칼, 무심한 눈빛의 소 등을 표현한 이 그림에는 전쟁과 파시스트에 대한 피카소의 증오와 분노, 강한 의지가 잘 드러나 있다. 게르니카 폭격의 충격과 맞물려 이 그림은 전시 직후부터 전 세계의 비상한 관심을 불러 일으켰다.

1939년, 스페인내전이 프랑코 측의 승리로 끝남에 따라 〈게르니카〉는 피카소와 함께 고국 땅을 밟을 수가 없었다. 〈게르니카〉는 미국, 브라질, 유럽의 주요 도시에서 전시된 후, 1981년 뉴욕 현대 미술관(MOMA)에 전시되었다. 1968년, 프랑코는 〈게르니카〉를 스페인에 들여오는 것에 관심을 보였다. 그러나 피카소는 "스페인에 민주주의가 다시 시행되기 전까지는 스페인으로 절대 보낼 수 없다."고 말하면서 프랑코의 제안을 단호하게 거절했다. 〈게르니카〉는 1975년 11월, 프랑코가 사망하고 스페인에 민주주의 정부가 들어선 후에야 비로소 스페인으로 돌아왔다.

안달루시아의 소도시, 론다

론다(Ronda)는 말라가에서 100킬로미터 떨어진 안달루시아 지방의 소도시다. 미국 작가 헤밍웨이가 "연인과 스페인을 간다면 론다로 가라."고 했을 정도로 매력적인 곳이다.

120미터의 협곡을 가로지르는 '누에보 다리'가 놓인 안달루시아의 아름다운 소도시 론다.

특히 이곳에는 120미터의 협곡을 가로지르는 '누에보 다리(Puente Nuevo, '새로운 다리'라는 뜻이다)'가 있다. 협곡 아래에서 올려다보면 다리가 마치 하늘에 떠 있는 듯하다. 시인 릴케는 이 풍경에 반해서 "거대한 절벽은 자신의 등에 작은 마을을 지고 있고, 뜨거운 열기는 마을을 더 하얗게 만든다."라며 감탄을 아끼지 않았다.

이 다리는 스페인 출신인 호세 마르틴 데 알데우엘라(José Martín de Aldehuela)가 설계하여 1793년에 완공했다. 40년 걸려 완성한 후, 다리의 측면 아치에 자신의 이름과 완공 날짜를 새기려다 그만 협곡 아래로 떨어져 죽었다는 비극적 이야기가 전해진다.

이곳은 헤밍웨이가 스페인내전을 배경으로 썼던 소설인 《누구를 위하여 종은 울리나》와 관련이 있다. 그는 이 소설의 10장에서 스페인내전이 막 시작된 1936년, '어떤 마을'에서 프랑코의 동조자들이 절벽 아래로 던져지는 장면을 묘사했는데, 소설 속의 '어떤 마을'이 론다라는 것이 다수의 의견이다.

그래서 론다 시당국은 헤밍웨이를 기리기 위해 누에보 다리에서 시작해서 파라도르(고성이나 수도원 등을 개조해서 만든 스페인 국영 호텔)를 지나 스페인 광장까지 이어지는 절벽 바로 옆에 '헤밍웨이 산책길'인 파세오 데 헤밍웨이(Paseo de E. Hemingway)를 조성했다.

16
프란시스코 프랑코
하느님과 역사 앞에서만 책임 있는 독재자

—

1974년 7월부터 프랑코의 건강에 이상이 생겼다. 국가수반의 역할을 감당하기 어려울 정도였다. 두 달 후, 프랑코는 회복되어 권좌에 복귀했다. 그러나 1년도 되지 않아 파킨슨병 등 여러 합병증으로 고생하다 1975년 11월 20일, 82세의 일기로 사망했다. 프랑코 사후, 후안 카를로스가 프랑코의 역할을 대신했다. 후안 카를로스는 후에 카를로스 1세로 스페인 국왕에 즉위했다.

40년 동안 스페인 국민들, 특히 학생들은 하느님이 스페인을 혼돈과 가난함으로부터 구하기 위해서 프랑코를 보냈다는 선전을 반복적으로 들어야 했다. 그런데 이런 신적인 존재가 하루아침에 사라진 것이다.

프랑코 사후, 스페인에는 새로운 변화의 바람을 맞이할 것인가, 아니면 여전히 프랑코주의의 망령에 사로잡힐 것인가에 대한 관심이 대두되었다. 시간이 흐르면서 스페인 사람들은 정치적인 자유를 향유할 수 있었지만, 헌법이나 국회 등 프랑코 시절의 체제가 그대로 남아 있었다. 여기에 국가자문위원회와 왕실자문위원회는 프랑코 체제를 사수하는 난공불락의 요새였다. 프랑코가 죽은 후에도 스페인은 여전히 프랑코의 그늘 아래에 있었다.

그러나 정치인의 사면, 정당의 합법화, 관제 노동조합의 해체, 노동조합의 자유, 새로운 헌법 제정을 위한 제헌의회 구성 등 민주화에 대한 사회 각계각층의 요구는 날로 거세졌다. '스페인의 봄'은 '프랑코의 죽음'과 함께 시작되었다.

유럽 최초의 최연소 장군

프랑코는 1892년, 스페인 북부 갈리시아 지방의 페롤(Ferrol)에서 태어났다. 그는 1912년부터 모로코에 근무하면서 모로코인들과의 전쟁에서 혁혁한 공을 세웠고 1926년, 33세의 나이로 장군이 되었다. 이는 스페인뿐만 아니라 유럽 최초의 최연소 장군 기록이었다.

프랑코는 1928년에 사라고사의 육군사관학교장으로 임명되었다. 당시 이 학교에 다녔던 95%의 생도들이 후에 스페인내전에서 프랑코 편에서 싸웠다. 그는 1934년에 아스투리아스 지방에서 일어난 광부들의 폭동을 무자비하게 진압했다. 2주 동안의 치열한 전투 후 반란은 진압되었지만 약 2,000명의 사망자가 발생했다. 이렇게 프랑코는 내전 전부터 지휘관으로서의 맹위를 떨쳤다.

프랑코의 철권통치

프랑코는 내전에서 승리한 1939년부터 1975년 11월, 죽을 때까지 스페인을 통치했다. 그는 정부 수반이자 총통이고, 내각의 의장이었다. 그는 자기가 원하는 모든 법률과 법령을 제정하고 공포할 수 있었다.

측근들은 '프랑코는 입헌 독재자다. 그의 권한은 제한이 없다.'고 말했다. 그는 언제나 옳고 언제나 현명했다. 그래서 모든 사람은 그의 명령에 무조건 순종해야만 했다. 프랑코는 곧 스페인이었다.

그는 "나는 오직 역사와 하느님 앞에서만 책임이 있다."고 말했다. 이러한 자신감을 바탕으로 프랑코는 '위대하고 강한 스페인'

독재자 프랑코의 모습(밀랍인형, 왁스뮤지엄)

을 외쳤다. 라틴아메리카에서 식민 제국을 형성했던 스페인 제국이야말로 프랑코의 위대한 스페인이었다.

프랑코는 이 '위대한 스페인'이 민주주의 때문에 망했다고 믿었다. 자유민주주의라는 깃발 아래 사리사욕을 위해서 물불을 가리지 않는 정당 정치인들에게 그 책임을 돌렸다. "나는 정당을 미워한다.", "우리는 투표 행위 따위의 위선적 방법으로 정권을 잡지 않았다. 우리는 총칼로써, 그리고 동지들의 피로써 정권을 잡았다."라는 발언들이 이를 뒷받침한다.

정권을 잡은 프랑코 앞에는 시끄럽고 위험한 민주주의를 말살시키고, 국민들을 배불리 먹일 수 있도록 경제를 회복시켜야 하는 과제가 놓여 있었다.

배고픔의 시대

"매일 밤 스페인 사람들의 절반이 굶주림 속에서 잠자리에 든다. 그들을 괴롭히는 병은 위장 질환이다. 그들의 병은 귀가 아니라, 입을 통해서 치료되어야 한다."

이는 1900년대 스페인 국민들의 빈곤함에 대한 묘사지만 내전 후 1940년대에도 해당되는 말이다. 1940년대 스페인에는 그 어떤 경제 시스템도 없었다. 그야말로 '배고픔의 시대'였다. 그 배경에는 스페인 내전이 있었다. 경작지의 40%를 점하던 곡물 생산은 가뭄, 전력과 비료의 부족으로 1930년대 초에 비해 13%나 감소했다. 정권을 잡은 프랑코는 '배고픈 국민'들의 배를 채워줄 빵을 생산하고 일자리를 제공해야 했다.

이를 위해서 프랑코는 국가 주도의 보호 정책을 폈다. 고율의 관세를 통해서 국내 산업을 보호했고 정부가 물가, 봉급, 환율 등을 엄격히 통제했다. 이후 프랑코는 빵 생산과 일자리 창출을 위하여 새로운 기술 관료들로 내각을 구성했다. 가장 중점을 둔 분야는 서비스 분야, 그중에서도 관광 산업이었다.

초기에는 관광객들의 노출이 심한 수영복 때문에 일부 가톨릭 사제들의 비난이 있었지만, 농업 분야의 잉여 노동력 흡수나 외국 자본의 투자 유치 등 경제 발전에 대한 기대로 인해서 이러한 비난은 큰 문제가 되지 않았다. 관광 산업은 가난하고 낙후된 스페인을 경제적으로 회복시키는 구세주가 되었다. "스페인은 다르다"라는 캠페인 아래, 유럽의 중산층을 끌어모았다. 그들은 스페인에서 싼 물가와 뜨거운 태양을 즐겼다. 몰려든 관광객들은 스페인 경제에 생기를 불어넣었다. 이로써 스페인에서 '배고픔의 시대'는 끝이 났다.

문화의 황무지

스페인의 대표적인 철학자이자 비평가인 오르테가 이 가세트(Ortega y Gasset)나 파블로 카잘스(Pablo Casals) 등 유명한 작가나 예술가들은 프랑코의 독재 정치를 피해 일시적 또는 항구적으로 망명의 길을 떠났다. 이는 프랑코 치하의 스페인이 '문화의 황무지'가 되고 있음을 의미했다.

프랑코는 정치에 대한 국민들의 관심을 다른 곳으로 돌리기 위해서 영화, 스포츠, 텔레비전을 이용했다. 이는 독재자들이 우민화 정책으로 흔히 사용하는 3S(Sports, Sex, Screen)정책과 크게 다르지 않았다.

그중에서 영화는 국민들을 열광시킨 가장 큰 흥행물이었다. 1940년대 후반에 스페인에는 평균 500여 석을 갖춘 영화관이 대략 3,000여 개나 있었다. 스페인을 능가하는 좌석 수의 영화관을 가진 나라는 미국뿐이었다. 프랑코는 시나리오를 엄격히 검열하였고, 내전 때 활약한 영웅들의 영화를 제작하여 체제 이념을 전파하는 수단으로 이용했다.

영화에 필적하는 또 다른 인기 종목은 축구였다. 축구는 스페인 민족주의를 고취시키는 최고의 수단이었다. 외국 선수 영입과 축구 기술의 발전을 통해서 스페인 축구는 국제적으로도 큰 성공을 거두었다. 또한 축구는 국민들에게 부자가 될 수 있는 희망을 주었다. 적은 돈으로 복권을 구입하여 축구 경기의 결과에 따라 부자가 될 수 있었다.

영화, 축구와 함께 텔레비전 역시 큰 인기를 누렸다. 단기간에 스페인 전역에 보급된 텔레비전에서는 미국이 제작한 드라마나 영화, 운동경기, 음악 프로그램 등이 주로 방영되었다. 국내 정치 문제는 조직적으로 침묵 또는 왜곡으로 일관했다. 1972년, 스페인의 한 작가는 "모든 사람들이 입을 벌리고 텔레비전의 연속극만 보고 있다."라고 말하면서, 텔레비전이 당시 스페인 문화에 얼마나 큰 영향을 끼쳤는지를 꼬집었다.

밀월의 끝

프랑코에게 노동조합은 위험한 민주주의의 요소였다. 그래서 프랑코는 노동조합과 정당의 활동을 금지시켰고, 특별법을 만들어 노동자들을 합법적으로 통제했다. 프랑코의 노동법은 노동자들에게 개인적인 권리는 부여하되, 집단적인 권리는 허용하지 않았다. 임금이나 근로조건 문제에도 역시 국가가 적극적으로 개입했다. 이 때문에 1950년대 말까지 노동 분쟁은 그렇게 빈번하게 일어나지 않았다.

그러나 1962년 봄, 아스투리아스의 광부들이 임금 인상을 요구하며 두 달 동안 파업을 했다. 이후 바스크나 카탈루냐 지방의 노동자들도 파업을 벌였다. 체제하에서 쌓인 갈등들이 점차 커졌다. 또한 이러한 갈등을 수습하기 위해서 내놓은 조치들이 한계를 드러냈다.

그동안 유지되어 왔던 프랑코 정권과 가톨릭 교회의 밀월 관계에도 금이 가기 시작했다. 프랑코는 독실한 가톨릭 신자였다. 프랑코의 추종자들 역시 가톨릭이 스페인의 본질이고, 체제를 공고히 해주는 이념적 유대가 된다고 생각했다. 프랑코는 교회에 여러 가지 정책적, 재정적 지원을 아끼지 않았다. 국가와 교회의 관계는 매우 견고하게 지속되었다.

그러나 시간이 갈수록 사제들은 교회 내부의 개혁 운동을 통해서 노동조합 제도의 불합리성과 하류 계층의 어려운 경제 상황에 대한 우려를 표시했다. 일부 고위 성직자들도 이에 동조하였다. 이런 사태에 대해서 가장 화가 난 사람은 프랑코였다. 프랑코는 가톨릭 교계의 반발을 이해할 수 없었다. 그가 다른 어떤 통치자들보다 교회에 많은 지원을 아끼지 않았다고 생각했기 때문이다. 프랑코로서는 교회에 대한 배신감이 클 수밖에 없었다.

여기에 잠잠하던 학생들까지 시위를 통해서 자신들의 불만을 표출했다. 1965년에 먼저 마드리드와 바르셀로나에서 대대적인 학생 시위가 일어났다. 이후 1967년에는 시위가 전국의 모든 대학으로 확산되었다. 1969년, 바르셀로나에서 프랑코의 흉상이 학생들에 의해 파괴되고, 마드리드에서는 한 명의 대학생이 시위 과정에서 죽었다. 이에 항의하는 시위가 전 대학으로 확산되자, 정부는 스페인 전 지역에 비상령을 선포했다.

프랑코는 이를 공공질서에 대한 도전으로 간주하여 학생들을 체포, 투옥했다. 학생들은 이에 아랑곳하지 않고 대학생뿐만 아니라 고등학생까지 나서서 대규모 시위를 벌였다. 프랑코 체제 말기 10년 동안은 학생들의 시위로 한순간도 조용한 적이 없었다. 이처럼 학생들은 프랑코 체제의 종말과 민주주의의 싹을 틔우는 데 그 어떤 집단보다도 크게 기여했다.

스페인 국민 여러분! ───

하느님에게 나의 목숨을 넘겨 드리고, 하느님의 절대적인 심판의 법정에 설 때가 왔습니다. (…) 나는 국민 여러분에게 용서를 빕니다. 무릇 나의 적이라고 공언하는 모든 사람들을 내가 진심으로 용서함과 마찬가지로 아무

쪼록 나를 용서해 주십시오. (…) 나는 스페인을 통합된 위대한 자유국가로 만드는 일에 열성을 가지고 철저히 헌신, 협력한 사람들 모두에게 깊은 감사를 드립니다. 조국애를 위해 여러분이 일치와 평화 안에 머물고, 새로 국왕이 된 후안 카를로스 1세를 이제까지 나에게 보여준 것과 같은 사랑과 충성으로써 감싸고 항상 받들어 좋은 협력자가 되어주시기 바랍니다. 스페인과 가톨릭 문명에 대한 적이 끊임없이 틈을 노리고 있습니다. 여러분들도 항상 깨어 있어 조국과 국민 전체의 큰 이익 앞에서는 자기의 개인 생활을 우선시키지 말고, 사회 정의와 문화의 달성을 첫째 목표로 삼아주십시오. 스페인의 지리적 상황에 따른 풍부한 다양성을 조국을 화합하는 힘의 원천으로 소중히 여기고 무엇보다도 스페인 사람끼리 일체가 되어 조국을 더욱 사랑스러운 곳으로 만들어주십시오. 죽음에 임한 내 생애의 이 순간, 사랑하는 하느님과 스페인의 이름 아래 여러분을 진심으로 포옹하고 여러분과 함께 목청껏 외치고 싶습니다.

¡Arriba España!(스페인 만세!)

¡Viva España!(스페인 만세!)

프란시스코 프랑코가 세상을 떠났다. 36년 동안 스페인을 좌지우지했던 독재자가 스페인 국민들에게 용서를 빌고 새로운 국왕에 대한 충성을 부탁하면서.

프랑코는 자신에게 반기를 들었던 정치범들의 노역으로 만든 '전몰자의 계곡'에 잠들어 있다.

17

스페인 왕실
후안 카를로스 1세와 펠리페 6세
—

"국왕은 국가의 원수로서 통일성 및 영속성의 표상이고, 모든 제도의 정상적 기능을 중재·조정한다. 국가 관계 특히 역사적 공동체의 모든 국가와의 관계에 있어서 스페인 최고의 대표자이며, 헌법과 법률이 명문으로 부여하는 권한을 행사한다."

스페인 헌법 56조 1항 스페인 국왕에 대한 내용이다. 헌법에 명시된 내용처럼 스페인 국왕은 스페인을 대표하는 존재다.

1931년, 스페인에 공화정이 들어서면서 당시 스페인 왕이었던 알폰소 13세는 이탈리아 로마로 망명했다. 스페인내전 후 정권을 잡은 프랑코는 자신이 죽은 뒤에 왕정을 부활시키고자 했다. 그래서 그는 알폰소 13세의 손자인 후안 카를로스(Juan Carlos)를 자신의 후계자로 지명했다.

사실 원래 왕위 계승자는 알폰소 13세의 셋째 아들인 후안(Juan)이었다. 그러나 프랑코는 자유주의 성향이 강한 후안이 자신의 의도대로 따라주지 않을 것이라고 생각했다. 그래서 프랑코는 후안의 아들,

즉 알폰소 13세의 손자인 후안 카를로스(Juan Carlos)를 자신의 후계자로 지명했다. 프랑코가 죽자, 후안 카를로스가 왕위에 올랐다.

후안 카를로스 1세

1975년 프랑코가 사망하자 후안 카를로스는 스페인 국왕 후안 카를로스 1세가 되었다. 이는 프랑코가 생전에 만들어둔 후계 구도에 따른 즉위였다. 후안 카를로스 1세는 혼란한 정국 속에서 국왕으로서 민주적 헌법에 따른 자신의 역할을 충실히 수행했다.

1981년에 일부 군인들 주도의 쿠데타 시도가 있었지만 그는 대국민 연설을 통해 독재로의 회귀를 단호히 거부하면서 쿠데타를 무력화시켰다. 이로 인해 후안 카를로스 1세는 스페인 민주주의의 정착에 중요한 역할을 했다는 평을 받으면서 전 국민의 존경받는 왕이자 '민주주의의 왕'이 되었다.

후안 카를로스 1세는 스페인 민주화가 정착된 후엔 활발한 외교 활동을 펼쳤다. 바스크, 카탈루냐 등 분리주의 성향이 강한 지역들을 다독이는 구심점 역할도 했다. 지난 2000년, 국왕 취임 25주년을 맞이하여 실시한 여론조사에서는 국왕의 지지율이 80%를 상회했다. 2007년 여론조사에서도 《돈키호테》의 작가 미겔 세르반테스를 제치고 '가장 위대한 스페인인'에 뽑힐 정도였다.

왕실에 대한 신뢰도 조사에서도 스페인 국민의 59.5%가 긍정적으로 답변했으며, 부정적인 견해는 분리주의 성향이 강한 바스크(52.4%)와 카탈루냐(44.8%)를 제외하면 전국적으로 그다지 높지 않았다. 이는 스페인 국민의 왕실에 대한 신뢰가 어느 정도인지를 여실히 보여주고 있다. 펠리페 곤살레스 전 총리는 "후안 카를로스 1세가 '공화제적인 군주'였으며, 스페인 국민들이 군주제를 수용했는지는 잘 몰라도 왕을 받아들인 것만은 확실하다."라고 말한 바 있다.

왕실 스캔들

이렇게 국민의 신망이 높았던 국왕이었지만 후안 카를로스 1세는 딸 크리스티나(Cristina) 공주의 탈세 연루 의혹과 국왕 자신의 적절치 못한 행동으로 스페인 국민의 신뢰를 잃었다.

크리스티나 공주는 후안 카를로스 1세의 1남 2녀 중 막내딸이다. 그녀는 미국 뉴욕대에서 석사학위를 받은 재원으로 영어, 카탈루냐어, 그리스어에 능통하고, 공주 신분임에도 은행에 취직해서 직장여성으로 일을 했다. 남편인 이냐키 우르단가린(Iñaki Urdangarin)은 1996년과 2000년 올림픽의 핸드볼 동메달리스트로 스페인의 스포츠 스타였다. 또한 바스크족 혈통에 카탈루냐에서 성장했기에 지역감정이 심한 스페인에서 통합의 아이콘이기도 했다. 명실공히 스페인 왕실의 완벽한 사윗감이었다.

그의 팬이었던 크리스티나 공주는 1996년, 미국 애틀랜타 올림픽 당시 응원단을 이끌고 직접 핸드볼 경기장을 찾기도 했다. 올림픽 후 연인 관계로 발전한 두 사람은 1997년에 결혼했으며, '모범적인 왕족 부부'라는 찬사가 이어졌다. 그러나 2014년 초, 크리스티나의 남편이 공금 600만 유로(약 77억 원) 횡령, 돈세탁, 탈세 등의 혐의로 검찰에 기소되었다. 크리스티나 공주 역시 남편의 범죄에 연루됐다는 혐의를 받고 기소되었다.

스페인 왕실 인사가 기소돼 형사재판을 받는 건 1975년 왕정복고 후 41년 만에 처음이었다. 2017년, 크리스티나 공주의 남편 이냐키 우르단가린은 6년 3개월 형을 선고받았다. 공주는 비록 무죄를 선고 받았지만 이로 인해 작위를 박탈당하고 동생 펠리페 6세 국왕의 즉위 식에도 초청받지 못했다. 왕실 전체의 명예가 추락한 것은 물론이다.

크리스티나 공주 부부의 횡령과 탈세 스캔들로 인해서 악화된 왕실의 여론에 불을 지핀 사람은 의외로 국민들로부터 존경받았던 후안 카를로스 1세였다. 아프리카 보츠와나에서 호화판 코끼리 사냥을 하다가 엉덩이뼈가 골절되어 수술을 받은 사실이 뒤늦게 밝혀졌다.

당시 27%의 높은 실업률에 시달리던 상당수의 스페인 국민들은 이러한 국왕의 행태에 실망하여 왕실에 대한 지지를 거둬들이기 시작했다. 국왕에 대한 지지도는 76%에서 41%로 떨어졌다. 국왕과 왕실에 편성된 예산이 6,000만 유로(약 770억 원) 이상이고, 왕실 가족들이 사적인 용도로 국영 이베리아 항공을 무료로 이용하는 등 특혜를 누린다는 사실이 새롭게 드러나면서 국민들의 원성은 커져만 갔다.

펠리페 6세

이렇게 여론이 악화되자 후안 카를로스 1세는 2014년 6월 18일, 스페인 국왕 자리를 아들인 펠리페 6세에게 넘겼다. 왕위에 오른 지 39년 만에 왕에서 물러났다. 죽으면서 왕위를 자연스럽게 물려주는 게 아닌, 살아 있는 상태에서 왕위를 물려준 것이다. 2017년 현재 65년째 왕의 자리를 지키고 있는 영국의 엘리자베스 2세 여왕 때문에 역시 65년째 왕이 되기를 기다리는 찰스 왕세자에 비하면, 스페인의 펠리페 6세는 행운아라고 할 수 있다.

펠리페 6세는 18세 때인 1986년 1월에 정식으로 왕세자가 되었다. 왕세자로서 오랫동안 국왕 수업을 받으며 왕실에 부여된 활동을 수행해 왔다. 캐나다와 미국에서 공부했고, 스페인의 육·해·공군 사관학교에서 3년간 군사 훈련을 받기도 했다.

펠리페 6세는 유능한 군 지휘관의 자질이 있다는 평가를 받는다. 최첨단 전투기와 헬기를 자유자재로 조종할 수 있으며, 1992년 바르셀로나 올림픽에 요트 국가대표로 출전한 이력도 있다. 카탈루냐어, 프랑스어, 영어, 그리스어 등 많은 언어를 구사한다. 소탈하고 인간적인 성품과 수려한 외모, 건강하고 강건한 풍모도 갖추고 있어서 스페인 국민들의 평은 좋은 편이다.

그가 특히 세인의 관심을 끌었던 것은 '평범치 않은 결혼'이었다. 그는 2004년 평범한 가문 출신에 이혼 경력이 있는 레티시아 오르티스 로카솔라노(Letizia Ortiz Rocasolano)와 결혼했다. 보수적인 가톨릭 국가에서 평민 출신의 이혼녀 왕세자비가 적합하지 않다는 여론이 높았지만, 결국 이를 극복하고 두 사람은 결혼에 성공했다.

레티시아는 여러 언론사를 거쳐 2002년부터 공영방송 TVE의 인기 시사프로그램을 진행했던 앵커 출신이다. 펠리페 6세의 왕위 즉위로 스페인 최초로 평민 출신의 이혼 경력을 가진 왕비가 탄생했다.

새 왕비 레티시아는 유명 TV 앵커 출신답게 박식한 지식과 뛰어난 언어 구사 능력으로 어디에서나 분위기를 능수능란하게 주도했다. 여기에 아름다운 외모까지 갖췄다. 수많은 외교사절과 정치, 경제, 문화 등 각계각층의 사회 지도자급 인사들과 교류하고 스페인의 국격을 대내외로 알려야 하는 역할에 최적의 조건을 갖추었다는 평가를 받고 있다.

왕실폐지운동

후안 카를로스 1세가 아들 펠리페 왕자에게 왕위를 넘겨주겠다고 발표한 직후, 스페인 수도 마드리드의 중심가인 푸에르타 델 솔(Puerta del Sol)에서는 수만 명이 거리로 뛰쳐나왔다. 새로운 왕의 탄생을 축하하는 행진이 아닌 새로운 왕을 인정하지 않는 시위였다. 그들은 왕실 문양이 박힌 스페인 국기 대신 1931년에 세워진 제2공화국의 삼색기를 들고 "왕정을 폐지하고 공화국을 세우자!"라고 외쳤다. 대물림되는 군주제에 대한 강력한 반발이었다.

스페인 왕실의 인물들. 왼쪽부터 레티시아 왕비, 펠리페 6세 국왕, 후안 카를로스 1세, 소피아 왕비.

이들은 펠리페 왕자를 두고 "직업 경력도 없는 46세 남자가 취직을 하는 걸 보니 스페인 경기가 정말 좋아졌나 보다."라며 비꼬기도 했다. 시위는 마드리드뿐만 아니라 스페인 전역에서 벌어졌다. 시위대는 펠리페 왕자의 초상화를 보란 듯이 태우기도 했다. 스페인 국민의 분노가 얼마나 극에 달했는지 알 수 있는 대목이다.

거리에서뿐만 아니라 온라인에서도 "국민투표로 왕실 폐지 여부를 정하자"는 운동이 활발히 전개되었다. 정치권에서도 일부 야당이 "왕실 존속 여부를 국민투표로 결정하자"고 나섰지만, 실현 가능성은 거

의 없다. 집권여당뿐만 아니라 야당인 사회노동당 역시 왕정 폐지에
는 미온적인 태도를 보이고 있기 때문이다. 분리 독립 의지가 강한 카
탈루냐와 바스크의 정치권만이 왕정 폐지를 강력히 주장하고 있다.
하지만 왕정 폐지에 대해서 40대 미만의 젊은 층 대부분은 찬성하지
만, 스페인 전체 국민의 약 60%가 왕정 폐지에 반대하는 것으로 나타
났다. 이는 상당수의 스페인 국민들이 왕의 존재가 스페인의 국익에
도움이 된다는 생각을 여전히 갖고 있음을 의미한다.

　이처럼 왕위 계승 전후로 왕실 폐지에 대한 다양한 의견이 표출되
었지만, 왕위에 오른 펠리페 6세는 이에 아랑곳하지 않고 활발한 대
외 활동을 벌이면서 자신의 존재감을 보여주고 있다. 특히 2017년 7
월, 영국을 방문했을 때 영국 정부를 향해 지브롤터 영유권에 대한 새
로운 합의를 촉구했다. 정치 문제에 개입하지 않는 스페인 국왕이 민
감한 현안을 언급한 것이다. 펠리페 6세의 국익을 위한 이러한 행보
가 스페인 국민의 왕실에 대한 신뢰를 얼마나 회복시킬지 주목된다.

Part 3

가슴 뛰는
예술의 향연

건축과 예술

18

톨레도 대성당
스페인 가톨릭의 수석 성당

스페인에는 성당이 많다. 그 규모는 상상을 초월할 정도다. 건축 기간 또한 백 년이 훌쩍 넘는다. 보통 이삼백 년이다. 우리로서는 감히 상상할 수 없는 기간이다. 처음에는 호기심과 놀라움으로 많은 시간을 투자해서 그 큰 성당들을 꼼꼼하게 감상한다. 또 성당에 대한 유래나 이야기가 담겨 있는 곳에서는 걸음을 멈추고 찬찬히 살펴본다.

그러나 스페인의 도시 몇 군데를 들르면서 이런 '진지한 태도'는 온데간데없이 사라진다. 성당이 너무 많아서다. 여행의 막바지에 성당은 애써 외면하는 곳이 된다. 들어가면 다 그게 그거 같아서다. 다음 스페인 여행 계획에서 성당 방문을 아예 제외시키기까지 한다.

그래도 스페인에서 성당은 지나칠 수 없는 곳이다. 스페인의 역사는 곧 가톨릭의 역사이기 때문이다. 스페인에서 역사와 전통을 자랑하는 성당들은 셀 수 없이 많다. 그중에서 톨레도, 세비야, 부르고스, 레온, 그리고 산티아고 데 콤포스텔라 대성당이 규모나 역사적인 면에서 그 의미가 큰 곳이다.

톨레도 대성당은 스페인을 대표하는 성당이다. 톨레도는 마드리드에서 남쪽으로 약 70킬로미터 떨어져 있다. 인구는 약 85,000명(2016년 기준)의 소도시지만 톨레도는 명실공히 스페인의 정신적인 수도이자 성지이다.

톨레도가 역사에 등장한 때는 로마 제국에 이어 서고트족이 이베리아반도를 지배했던 시기다. 서고트 왕국의 수도였던 톨레도는 자연스레 이베리아반도의 종교, 정치, 경제, 문화의 중심지가 되었다. 이후 톨레도는 711년, 이슬람 세력이 반도를 지배하기 시작하면서 그 주인이 서고트족에서 이슬람교도로 바뀌었다. 1085년에는 가톨릭 세력이 이슬람교도로부터 톨레도를 되찾으면서 주인이 다시 바뀌었다. 톨레도는 또한 오랫동안 거주해 온 유대인들에게 '서양의 예루살렘'이라 불릴 정도로 유대인의 문화가 번성한 곳이기도 하다. 이처럼 톨레도는 가톨릭 문화뿐만 아니라 이슬람 문화, 유대 문화가 공존한 '샐러드 보울'이었다.

'톨레도를 보기 전에 스페인을 말하지 말라.'라는 말이 있을 정도로 스페인의 정수를 간직한 곳이 바로 톨레도다. 서고트 왕국 시대에는 성당이, 이후 이슬람 지배하에는 이슬람 사원이 있었던 톨레도 대성당은 톨레도 대교구의 주교좌성당일 뿐 아니라 스페인 가톨릭의 수석 성당이다. 톨레도 대주교가 이베리아반도를 대표하는 교회의 수장이 된 것은 어쩌면 당연한 결과일지도 모른다.

톨레도 대성당은 길이가 120미터, 폭이 59미터나 된다. 고딕 양식

스페인 가톨릭의 총본산인 톨레도 대성당.

의 이 성당은 1226년부터 1493년까지 완공에 약 270년이 걸렸다. 성
당에 들어가면 전체적으로 어두운 느낌이 든다. 벽이 크고 웅장한 데
비해 창문이 상대적으로 작기 때문이다. 게다가 작은 창문들을 스테
인드글라스로 처리해 빛이 들어올 여지가 더 적어졌다. 이러한 구조

가 오히려 마음을 더 차분하게 만들고 종교적인 경건함을 갖게 한다.

중앙 제단 앞에 서면 7폭 병풍 형태의 조각을 마주한다. 예수의 탄생, 고난, 죽음, 그리고 부활이 표현되어 있다. 이곳으로 한 줄기 빛이 쏟아져 들어온다. 바로 천장에 있는 '엘 트란스파렌테(El Transparente)'라는 채광창이다. 이를 통해서 들어온 빛이 중앙 제단과 병풍의 조각들을 비추어 환상적인 분위기를 자아낸다.

'성체현시대(聖體顯示臺)' 역시 톨레도 대성당에서 가장 중요한 성물이다. '성체현시대'는 예수의 성체를 올려놓는 대를 말하는데 콜럼버스가 남미에서 가져온 금으로 만들었다고 한다. 높이 2.5미터, 사용된 순금이 18킬로그램에 이르고, 금으로 된 나사만도 12,000개가 넘는다. 표면에는 다이아몬드 십자가를 비롯해서 수많은 보석들로 장식되어 있다. 매년 성체 축일에는 사제들이 이것을 들고 톨레도 거리를 행진한다.

성가대석의 의자 역시 예술품이다. 의자의 모양은 같지만 새겨진 조각은 서로 다르다. 성구 보관소에서는 틴토레토, 고야, 엘 그레코, 벨라스케스와 같은 거장들의 작품도 볼 수 있다.

19

가우디
자연을 닮은 건축의 신

가우디(Antoni Gaudí)는 1852년에 카탈루냐 지방의 레우스(Reus)에서 태어났다. 구리 세공업자였던 할아버지와 아버지로부터 공간에 대한 인식과 미적 감각을 물려받았다. 가우디는 어릴 때부터 집 근처의 자연 속에서 곤충이나 꽃과 함께 많은 시간을 보내면서 자연과 조화를 이루는 건축물을 창조할 수 있는 감각을 키웠다.

가우디는 17세 때 바르셀로나 건축학교에 입학하여 8년 만에 졸업했다. 교장은 가우디에게 졸업장을 주면서 "오늘 우리는 미친놈 아니면 천재에게 졸업장을 수여했다. 시간이 지나면 그 해답을 알 것이다."라고 말했다. 가우디의 무한한 개성, 천재성, 가능성을 엿볼 수 있는 대목이다.

1882년에 가톨릭 단체의 의뢰로 짓기 시작한 성가족 성당(사그라다 파밀리아) 건축은 1883년, 가우디의 책임하에 진행되었다. 가우디는 세상을 떠난 1926년까지 성가족 성당 건축을 맡았다. 처음에는 의뢰받은 다른 일과 함께 작업하다가 1914년부터는 숙소를 아예 성당 옆

안토니 가우디.

에 마련했다. 성가족 성당 건축에 임하는 가우디의 각오를 알 수 있다.

이렇게 평생을 수도자처럼 살았던 가우디는 전차에 치어 황망히 세상을 떠났다. 70세가 넘은 노년의 가우디는 매일 오후 5시에 성가족 성당에서 산 펠립 네리(Sant Felip Neri) 교회까지 걸어가서 저녁 기도를 올리고 밤 10시가 되어서야 다시 성가족 성당으로 돌아왔다. 그러나 1926년 6월 7일에는 밤 10시가 넘도록 돌아오지 않았다. 전차에 치어서 의식을 잃은 것이다. 아무도 가우디를 알아보지 못했다. 신분증도 지참하지 않았고, 행색 또한 남루하여 거지로 인식되었기 때문이다. 가까스로 병원으로 이송되었지만 사흘 뒤인 6월 10일에 73세의 일기로 세상을 떠났다. 그는 현재 성가족 성당 지하의 납골당에 묻혀 있다.

가우디의 스승은 오직 자연

가우디의 건축물에는 직선이 거의 없다. '자연에는 직선이 존재하지 않는다'는 괴테의 자연론에 영향을 받았기 때문이다. 그는 "모든 것은 자연이 써놓은 위대한 책을 공부하는 데서 태어난다. 인간이 만드는 작품은 모두 이 위대한 책에 쓰여 있다. 우리는 모두 이 책을 갖고 있다. 그러나 이것을 읽는 데는 노력이 필요하고, 또 충분히 노력할 만한 가치가 있는 책이다."라고 말했다.

어떤 건축 사조에도 속하지 않은 가우디에게 스승은 오직 자연뿐이었다. 가우디는 자연에서 많은 영감을 얻었다. 동물의 뼈, 야자수, 곤충, 사람의 해골 등을 사용해서 건축의 구조, 형태, 기능, 상징 등을 종합적으로 창조했다. 그는 나무줄기와 해골만큼 아름답고 완벽한 구조는 없다고 생각했다. 아무리 아름다운 돔이라고 할지라도 해골의 내부에 비할 수 없으며, 완벽한 건물이라도 산이 가지고 있는 완벽한 안정성을 따라갈 수 없다고 생각했다.

하세가와 다카시는 《생물의 건축학》에서 가우디의 건축이 동물의 둥지와 닮았다고 주장했다. 보통 동물의 둥지는 자연에서 끌어모은 재료로 만들어진다. 그래서 겉으로 보기엔 옹색하고 기이한 모양이지만, 내부는 둥지의 주인이 생활하고 닥쳐올 재난에 대비하는 데 적합하다. 가우디의 건축물 역시 동물의 둥지처럼 겉모습은 낯설고 기이하지만 내부는 온화하고 쾌적하다.

가우디의 건축에 대한 전문가들의 의견은 다양하다. 일부 건축가들은 "새로운 것과 기괴한 것만을 좇는 가우디의 노력은 천박하다."라고 가우디의 건축을 혹평했다. 반면에 르 코르뷔지에는 "가우디는 건축의 신이며, 가우디의 열정을 좋아한다."라는 찬사를 보냈다.

사그라다 파밀리아

사그라다 파밀리아(Sagrada Familia)는 '성스런 가족'이라는 뜻이다. 이 건축물은 바르셀로나를 넘어 스페인을 대표하는 이미지가 된 지 오래다. 1882년에 건축을 시작한 이래 지금도 여전히 건축 중인 것으로 유명하다. 이 성당은 카탈루냐 출신의 건축가 안토니 가우디의 작품이다. 2026년, 가우디가 전차에 치여 세상을 떠난 지 100년이 되는 해에 완공될 '예정'이라고 한다. 완공이 된다면 건축을 시작한 지 144년 만이다.

누군가가 가우디에게 물었다. "이 성당은 언제 완성되는지요?" 이에 가우디는 "이 성당 건축의 의뢰인은 하느님입니다. 그분은 무척 가난하시지요. 하지만 그분은 영생(永生)하시는 분이니 바쁜 분은 아니십니다. 쉬엄쉬엄 지어도 큰 문제가 없습니다."라고 답했다. 이처럼 성가족 성당은 가우디의 종교적인 신념이 담긴 작품이다. 하느님께 속죄하고자 만든 성당이다. 성당 내외부에는 종교적인 조각과 상징들로 가득하다. 그래서 성가족 성당을 '돌로 만든 성서'요, '신이 지상에서 머물 수 있는 유일한 거처'라고 부른다.

13,000명이 동시에 미사를 드릴 수 있는 규모의 이 성당은 모두 세 개의 파사드(건축물의 주된 출입구가 있는 정면부)로 구성되어 있다. 각 파사드에 옥수수 모양의 탑 네 개가 세워지면 모두 열두 개의 탑이 된다. 이는 12제자를 의미한다. 세 개의 파사드는 각각 예수의 탄생, 예수의 수난, 예수의 영광을 나타낸다.

이들 파사드에 속한 12개의 탑과 함께 중앙에는 예수를 상징하는 170미터의 탑이, 그 옆에는 성모 마리아를 상징하는 140미터의 탑이 세워질 예정이다. 특히 중앙탑이 170미터로 설계된 이유는 자신의 건축물이 신의 작품인 몬주익 언덕(184.8미터)을 넘어 설 수 없다는 가우디의 신념 때문이다. 그리고 교회의 홀 위에는 네 명의 복음서 저자를 위한 탑 네 개가 건립된다. 성가족 성당이 완공되면 모두 18개의 '옥수수'가 바르셀로나의 스카이라인을 장식할 것이다.

예수 탄생의 파사드는 성당 동쪽, 연못에서 가까운 곳에 있다. 앞마당에 배낭을 베고 누워서 느긋한 마음을 가져야 제대로 감상할 수 있다. 이곳에는 가브리엘 대천사가 마리아를 찾아오는 수태고지 장면, 예수 탄생 장면, 동방박사와 목동이 경배하러 오는 장면 등이 조각되어 있다. 가우디가 살아 있을 때 완성한 유일한 탑이다. 높이는 100미터에 달한다.

성당의 서쪽에 있는 예수 수난의 파사드는 예수 최후의 날과 죽음을 묘사했다. 예수 탄생의 파사드와 그 분위기가 다르다. 가우디가 아닌 바르셀로나 출신의 조각가 조세프 마리아 수비락스(Josep María Subirachs)의 작품이기 때문이다. 1987년부터 성당 건축을 맡은 그는 가우디를 모방하지 않고 자기만의 스타일을 고집했다. 그래서 평가는 크게 엇갈린다. 거장 가우디의 신념에 반한다고 생각하는 사람들은 후한 점수를 주지 않았다.

예수 영광의 파사드는 다른 두 개의 파사드보다 더 크게 설계되었으며 2002년에 공사가 시작되었다. 이 파사드를 통해서 중앙홀로 들어가기 때문에 중심이 되는 파사드라 할 수 있다. 이 파사드에는 죽음, 마지막 심판, 영광, 지옥 등 신에게 향하는 길이 표현되어 있다.

성당 내부로 들어가면 스페인의 다른 대성당에서 느껴지는 위압감이나 엄숙함은 찾기 어렵다. 기둥은 나무의 이미지다. 성당에 들어온 사람들이 숲을 거니는 듯한 편안함을 느낄 수 있는 구조다. '건축은 자연의 일부'라는 가우디의 신념이 담겨 있다.

가우디는 바르셀로나에서 북서쪽으로 약 60킬로미터 떨어진 몬세라트(Monserrat)라는 바위산에서 영감을 얻어 성가족 성당을 설계했다. '몬세라트'는 '톱니 모양의 산'을 뜻하는 카탈루냐어다. 몬세라트는 그 뜻에 걸맞게 기기묘묘한 모양으로 우뚝 솟은 바위산이다. 가우디는 톱니처럼 생긴 이 바위산의 곡선을 보고 인간과 신이 만나는 공간인 '성가족 성당'을 창조해 냈다.

성 게오르기우스 조각상.

이 몬세라트에 있는 수도원 광장 왼쪽의 담벼락에는 산 조르디(Sant Jordi)라고 불리는 '성 게오르기우스' 조각상이 있다. 오른손에는 삼각형 방패를, 왼손에는 칼을 잡고 있는 형상이다. 이 특이한 형상은 성가족 성당의 '예수 영광의 파사드'에도 있다. 가우디와의 인연을 알 수

가우디가 전차 사고로 세상을 떠난 지 100년이 되는 2026년에 완공될 예정인 사그라다 파밀리아.

있는 부분이다.

　이 건축물에 대한 혹평 또한 존재한다. 《동물농장》과 《1984》를 쓴 조지 오웰은 "모더니즘 양식의 성당이자 세상에서 가장 혐오스런 건물 가운데 하나인 성가족 성당을 보았다. 폭도들이 성당을 파괴할 기회가 있었음에도 불구하고, 자신의 기분을 망치지 않으려고 이 흉물스런 건축물을 피해간 것 같다."고 혹평했다. 피카소 역시 "가우디와 사그라다 파밀리아 성당을 지옥으로 보내라고 말해 달라."라는 편지를 남기기도 했다. 그러나 이들의 혹평은 세상 사람들의 주목을 받지 못했다. 그만큼 가우디의 위대함은 그 무엇과도 비교될 수 없기 때문이다.

가우디의 정신과 철학이 담긴 구엘 공원

가우디는 "내 건축물을 좋아하는 사람은 구엘(Eusebio Güell)과 나, 둘밖에 없다는 생각이 든다."라고 말했다. 그만큼 구엘은 가우디의 영원한 친구이자 후원자였다. 부유한 집에서 태어난 구엘은 아버지의 뒤를 이어 성공한 사업가로서 남작의 작위까지 받았다.

구엘과 가우디의 만남은 흡사 운명과 같았다. 구엘은 1878년, 파리 세계박람회에서 본 장갑 진열대와 우연히 들른 가우디의 작업장에서 발견한 책상에서 강한 인상을 받았다. 평소 가구나 건축 사업에 관심이 많았던 구엘은 가우디의 가구를 여러 재력가에게 소개하기도 했다. 이를 계기로 구엘과 가우디는 더욱 가까워졌다. 이후 약 40년 동안 구엘과 가우디의 관계는 계속되었다. 구엘은 자신의 비용으로 가우디 전시회를 개최할 만큼 가우디의 능력을 높이 샀다. 가우디 역시 "구엘은 진정한 세뇨르(Señor, 신사)다. 돈은 많지만 티를 내지 않는다. 돈을 잘 쓸 줄 아는 사람이다."라고 말했다.

가우디가 구엘의 의뢰를 받아 만든 가장 대표적인 작품으로 구엘 공원이 있다. 구엘은 바르셀로나 시와 항구, 지중해를 한눈에 볼 수 있는 구릉지대를 확보했다. 다양한 부대시설을 갖춘 최고급 전원주택을 지어 신흥 재벌들에게 분양할 생각이었다. 이 프로젝트는 당연히 가우디에게 맡겨졌다. 평소 가우디의 창의력과 상상력을 높이 산 구엘의 당연한 선택이었다. 이곳에는 모두 60채의 저택과 음악회장, 강연장, 식당, 학교 등이 들어설 예정이었다. 그러나 1900년부터 1914년까지 14년 동안 공사를 진행하다가 구엘의 갑작스런 죽음으로 공사는 중단되었다. 미완성의 구엘 공원이지만 어쩌면 미완이어서 사람들이 더 관심을 갖고 찾아오는지도 모른다.

건축가 김희곤은 《스페인은 가우디다》에서 구엘 공원을 "3막으로 이루어진 오페라 무대."라고 했다. 그는 "그리스 신전으로 이르는 도입부는 박진감 있게 흐르는 오페라의 서막이다. 신전 우측의 경사길을 따라 마침내 오른 천상의 마당은 2막으로 멀리 보이는 숲의 산책길, 그리고 지중해와 바르셀로나의 수평선을 조각하며 자유의 날개를 달아준다. 마지막 산허리를 가르며 이리저리 달려가는 산책길은 3막이다. 산과 인간과 나무와 돌과 바람이 하나로 융합하여 조각한 산책길은 환상적으로 사랑을 노래하고 있다."라고 묘사했다. 구엘 공원의 공학적인 정교함과 환상적인 예술성을 오페라에 비유했다.

오페라의 서막에 해당하는 도입부는 도리아식의 육중한 기둥으로 이루어진 반쯤 열린 실내 공간(이를 '그리스 극장'이라도 한다)과 이곳으로 올라가는 계단이다. 계단의 한가운데는 깨진 타일로 장식된 2.4미

'헨젤과 그레텔'의 이야기를 떠올리게 하는 공원 입구의 건물들과 형형색색의 모자이크로 초현실적이고
신비로운 분위기를 느낄 수 있는 구엘 공원.

터의 도마뱀이 사람들을 맞이한다. 이 도마뱀의 유래에 대해서는 불을 관장하는 도룡뇽, 델포이에서 가이아의 신탁을 전했던 거대한 구렁이 피톤(Python), 구엘이 자랐던 프랑스 남부 도시 님(Nimes)의 문장(紋章)에 있는 악어 등 여러 가지 설이 있다. 지금은 사진을 찍기 위해 줄을 서야 할 정도로 공원에서 가장 인기 있는 장소가 되었다.

계단을 올라 신전을 한 바퀴 돌고 다시 우측 처마를 따라 난 계단을 오르면 거대한 공간이 나타난다. 오페라의 2막에 해당하는 곳이다. 마당 주위에는 세계에서 제일 길다는 유선형 벤치가 둘러쳐져 있다. 벤치 너머로 지중해의 수평선이 보일 정도로 공간은 시원하게 트여 있다. 1막의 도마뱀과 2막의 긴 유선형 벤치는 모두 원색의 타일들로 장식되어 있다. 햇빛이 비추면 수만 가지 색깔을 연출해서 보는 사람에게 수만 가지의 상상력을 갖게 하는 마력을 가진 곳이다.

이제 3막이다. 갖가지 형태로 경사 지형을 따라 흐르는 산책길이 바로 그것이다. 구불구불한 곡선 형태의 벽과 나무가 세워져 있는 듯한 느낌을 주는 통로 또한 자연스럽다. "신이 일찍이 자연을 창조했고 이제 건축가가 그것을 계승해야 한다."라고 했던 가우디의 정신이 담겨 있다. 가우디에게 '독창적'이라는 말은 완전히 새로운 것을 만드는 것이 아니라, 그저 '신이 창조한 아름다운 자연으로 돌아가는 것'이었다. 구엘 공원은 가우디의 건축과 자연에 대한 철학이 고스란히 녹여진 '소우주'와도 같은 곳이다.

특별함과 차별화, 카사 시리즈

바르셀로나 시내로 들어오면 가우디의 카사(Casa) 시리즈가 기다린다. 카사 비센스(Casa Vicens), 카사 바트요(Casa Batlló), 카사 밀라(Casa Milà) 등을 지칭하는 것으로 '카사'는 스페인어로 '집'이라는 뜻이다.

이 중에서 카사 바트요와 카사 밀라는 그라시아 거리에 자리 잡고 있다. 이 거리는 바르셀로나의 대표적인 쇼핑 거리이면서도 다양한 형태의 건축물이 있는 곳이기도 하다. 이곳에 있는 건물들은 닮은 점보다 다른 점이 더 많아서 그라시아 거리를 '부조화 지구'라 부르기도 한다.

20세기 초, 당시의 재력가들이나 명문가들은 자신의 부를 과시하기 위해 그라시아 거리에 자신만의 특별한 집을 갖고자 했다. 옆집보다, 아니 그라시아 거리의 모든 집들보다 가장 돋보이는 집을 지으려 했다. 이러한 경쟁 속에서 태어난 건축물이 바로 카사 밀라이고, 카사 바트요다.

카사 바트요는 바르셀로나 섬유 업계의 명문가인 조셉 바트요(Josep Batlló y Casanovas)의 요청으로 지어졌다. 가우디는 이 집을 지을 때 직선이 아닌 곡선을 사용했다. 무표정하고 딱딱한 화강암을 부드러운 곡선으로 되살려 미소 짓는 생명을 창조했다. 파도가 치며 해골이 등장하는 부분에서는 신화가 꿈틀거린다. 이렇게 상상력이 넘쳐나는 카사 바트요는 당연히 모든 사람의 이목을 끌었다.

당시 바르셀로나의 소문난 멋쟁이 페레 밀라(Pere Milà)가 이를 그냥 지나칠 리가 없었다. 그는 바르셀로나에서 최초로 자동차를 소유했던 부자였다. 밀라 부부가 기존 건물의 리모델링을 가우디에게 의뢰한 것은 당연한 일이었다. 가우디는 외벽을 물결치는 형태로 만들어 주변의 건물과 차별화시켰다. 물론 이는 자연에서 받은 영감을 자신의 상상력과 조합한 것이었다. 물결 무늬의 발코니는 화초가 자라고 새가 날아드는 자연이 되었다.

이런 외형 때문에 카사 밀라는 벌집, 채석장, 고기파이 등 다양한 별명을 갖고 있다. 옥상은 바르셀로나 외곽에 있는 카탈루냐의 영산

카사 밀라. 남보다 돋보이는 집을 짓기 위한 부자들의 경쟁이 가우디의 천재성과 만나 바르셀로나의 그라시아 거리를 더욱 특별하게 만들었다.

이자 톱니 형태의 산 몬세라트를 그대로 재현했다. 특히 중세의 기사를 연상시키는 거대하고 다양한 색상의 굴뚝과 환기탑이 저마다 개성을 뽐내고 있다. 이 굴뚝은 영화 〈스타워즈〉에 나오는 다스 베이더와 병정들의 투구 디자인에 영감을 주었다고 한다.

그러나 공사가 끝나고 가우디와 밀라 부인 사이에 보수 문제로 7년 동안 재판이 이어졌다. 결국 재판에 이겨 보수를 모두 받은 가우디는 이를 모두 성가족 성당의 공사비로 헌금했다. 뼛속까지 독실한 가톨릭 신자였기에 가능한 일이다.

가우디의 건축물은 바르셀로나에만 있는 게 아니다. 공교롭게도 모두 산티아고 길이 지나는 도시에 있다. 프랑스 길이 지나가는 레온(León)에는 카사 보티네스(Casa Botines), 아스토르가(Astorga)에는 아스토르가 주교관이 있다. 북쪽 길이 지나는 코미야스(Comillas)에는 엘 카프리초(El Capricho)가 있다. 가우디의 건축물들은 산티아고 길을 걷느라 힘들고 지친 순례자에게 큰 위안이 된다.

산티아고 길이 지나는 도시에 있는 가우디의 건축물. 아스토르가 주교관(좌), 카사 보티네스(우).

20

스페인 왕궁
스페인 번영의 역사

———

서울에는 조선시대 5대 궁궐이 있다. 경복궁, 창덕궁, 창경궁, 덕수궁, 경희궁이다. 조선의 태조 이성계부터 마지막 왕 순종까지 여러 왕들이 궁궐에 머물면서 국사를 돌보았다.

스페인의 왕들 역시 1492년, 이슬람교도를 반도에서 완전히 몰아낸 국토회복전쟁, 즉 레콩키스타를 성공적으로 마치면서 자신들이 머물 왕궁들을 건설했다. 그중에서 가장 대표적인 왕궁은 마드리드 인근에 있는 엘 에스코리알(El Escorial)이다. 펠리페 2세의 명령으로 지어진 이 왕궁에는 왕의 집무실뿐만 아니라 도서관, 역대 왕가의 묘, 수도원 등이 함께 있어 그야말로 '행정복합타운'이라 할 수 있다.

이후 수도 마드리드에 펠리페 5세가 '팔라시오 레알(Palacio Real)'을 지었다. 마드리드에 가면 볼 수 있는 흰색 대리석으로 된 거대한 왕궁이다. 후안 카를로스 1세의 할아버지인 알폰소 13세가 1931년까지 이곳에 머물렀다. 이 두 왕궁과 함께 왕들이 여름에 잠시 국사에서 벗어나 휴식을 취하던 별궁으로는 아란후에스 궁전과 라 그랑하 산 일데폰소 왕궁이 있다.

사자(死者)에게 바쳐진 요새, 엘 에스코리알

송동훈은 《그랜드 투어-지중해 편》에서 스페인과 펠리페 2세, 그리고 엘 에스코리알을 "세상의 문을 열었던 나라, 그 문을 스스로 걸어 잠그다."라고 표현했다. 펠리페 2세는 스페인을 '해가 지지 않는 나라'로 만들었던 왕이었지만, 장엄하고 엄격함이 배어 있는 엘 에스코리알 궁에 틀어박혀 세상으로 향하는 문을 걸어 잠근 왕이기도 했다.

펠리페 2세는 평생을 이곳에서 공문서와 싸우며 거대한 제국을 지키느라 피곤한 삶을 살았다. 그는 수도를 톨레도에서 마드리드로 옮긴 후, 마드리드에서 북서쪽으로 약 50킬로미터 떨어진 과다라마 산맥의 언저리에 수도원, 도서관, 역대 왕실의 묘, 궁전 등으로 이루어진 거대한 복합 시설을 건축했다. 바로 엘 에스코리알(El Escorial)이다.

이 건물은 스페인이 1557년에 프랑스와 벌인 생캉탱(Saint Quentin, 스페인어로는 산킨틴(San Quintín)) 전투의 승리를 기념하고 가톨릭 수호성인 성 로렌소를 기리기 위해 지어졌다. 생캉탱 전투는 1556년에 프랑스 군대가 스페인의 지배하에 있던 나폴리 왕국을 침략하자 펠리페 2세가 네덜란드 식민지에 주둔하고 있던 스페인 군대에 명령을 내려 프랑스를 침공, 승리로 이끈 전투였다.

수호성인 성 로렌소는 스페인 아라곤 출신으로 기독교 박해가 최고조에 달했던 258년에 로마에서 순교했다. 그는 석쇠 위에서 산 채로 화형당했다. 화형당하는 와중에도 "다 구워졌다. 내 몸을 돌려서 먹어라."라고 말했다고 한다.

1563년부터 짓기 시작한 엘 에스코리알은 1584년에 완공되었다. 거의 21년이 걸렸다. 펠리페 2세는 건축 당시, 궁전이 잘 보이는 곳의 바위에 걸터앉아 건축 과정을 지켜보았다고 한다.

이 건물은 처음에 왕궁의 수석 건축가였던 후안 바우티스타 데 톨레도(Juan Bautista de Toledo)가 맡았고, 그가 죽자 그의 문하생인 후안 데 에레라(Juan de Herrera)가 그의 뒤를 이었다. 특히 에레라는 엘 에스코리알에 자신의 이름을 딴 '에레라 양식'을 접목시켰다. 에레라 양식은 전체적인 균형미를 갖추면서 장식은 가급적 절제한 바로크 양식을 말한다. 이는 당시에 유행했던 장식적인 바로크 양식과 대비되었다.

이 궁전을 건축하기 위해서 주위의 산과 삼림은 마구 파헤쳐졌고 수많은 석공과 목수, 대장장이, 배관공이 동원되었다. 폭풍이 몰아치고 유혈사고가 일어났다. 이런 우여곡절 끝에 1584년 9월, 남북 207미터, 동서 162미터 규모의 엘 에스코리알이 완공되었다. 정원이 16개, 분수가 88개, 창문이 2,000개가 넘는 대형 건축물이었다.

펠리페 2세는 엘 에스코리알에 역대 왕들의 유해를 비롯해서 막대한 양의 유품을 수집했다. 유럽 각지로 파견된 특사들이 성인이나 순교자의 유골, 십자가와 면류관 등의 성물을 보내왔다. 이곳에는 펠리

수도원, 도서관, 역대 왕실의 묘, 궁전 등으로 이루어진 거대한 복합 시설인 엘 에스코리알.

페 2세의 아버지인 카를로스 1세를 포함해서 모두 26명의 왕과 왕비, 왕자, 공주 등이 묻혀 있다. 펠리페 2세는 "나뿐만 아니라 선조와 자손들을 위한 장례 미사는 언제나 이곳 엘 에스코리알에서 드려야 한다."라고 명했다.

이곳에 있는 대성당은 엘 에스코리알의 중심 역할을 한다. 대성당의 돔은 복잡하고 화려한 장식보다는 단순하고 수수한 장식이 특징이다. 펠리페 2세는 성당 북쪽에 있는 2층 규모의 작은 궁전에 기거했다. 지병으로 거동이 불편할 때를 대비해서 성당 쪽으로 창문을 내어 침실에서도 미사를 볼 수 있게 만들었다. 이곳에는 성당뿐만 아니라 도서관, 건축 박물관, 수도사들의 정원, 궁전 등이 있다. 건물의 남쪽에는 헤로니모 수도원이 있다.

엘 에스코리알은 죽은 자에게 바쳐진 요새이자 공동묘지이며 또 수도원이다. 스페인 시인 가르시아 로르카는 엘 에스코리알을 '이 세상의 모든 차가운 비가 내리는 슬픈 장소'라 부르기도 했다.

1849년에 《엘 에스코리알의 역사와 묘사》를 펴냈던 호세 케베도(José Quevedo)는 "국가적인 자부심으로 충만하지 않고는 그 누구도 엘 에스코리알을 볼 수 없다. (…) 엘 에스코리알은 16세기의 위대한 국가 스페인의 힘, 부유함, 문명, 풍부한 지식 등을 담고 있다. (…) 엘 에스코리알은 여전히 여러 나라의 찬사를 한 몸에 받고 있다."라고 엘 에스코리알의 역사적 가치와 의미를 평했다.

스페인 왕실의 상징, 팔라시오 레알

팔라시오 레알(Palacio Real)은 마드리드에 있는 왕궁이다. 흰 대리석으로 된 건물의 규모는 보는 이를 압도한다. 이곳은 원래 이슬람교도의 요새가 있던 곳이다. 1083년, 가톨릭 세력은 이슬람교도로부터 이곳을 탈환했다. 이후 왕들이 거주하면서 여러 차례 증축되었지만 1734년, 크리스마스 이브에 화재로 건물이 전소되었다.

당시 국왕이었던 펠리페 5세는 화재가 나기 전에 살았던 이 왕궁을 못마땅하게 여겼다. 건물이 오래되고 지나치게 단순했기 때문이다.

펠리페 5세는 베르사유 궁전에서 태어나고 자란 프랑스 부르봉 왕조 출신이었다. 이 왕궁이 성에 찰리 없었다. 그러던 차에 건물에서 화재가 나자 펠리페 5세는 이를 핑계로 베르사유 궁전과 비슷한 왕궁을 건립하라는 명을 내렸다.

왕궁은 1764년에 완공되었다. 이 왕궁에 처음으로 '입주'한 왕은 이 왕궁의 건축을 시작했던 펠리페 5세가 아닌 카를로스 3세였다. 그는 2014년 6월에 국왕 자리에서 물러난 후안 카를로스 1세의 할아버지다. 제 2공화국의 대통령이었던 마누엘 아사냐(Manuel Azaña)도 이 왕궁에서 살았다. 이 왕궁에 살았던 마지막 국가 지도자다. 그가 집무했던 곳은 '아사냐의 사무실(Despacho de Azaña)'이란 이름으로 지금도 남아 있다.

왕궁의 면적은 영국의 버킹검 궁이나 프랑스의 베르사유 궁의 두 배다. 방이 3,418개나 되지만 일반에게는 50개의 방만 공개하고 있다. 바로크 및 로코코 양식의 장식, 순은과 크리스털로 된 샹들리에, 12개의 대형 거울이 있어서 화려함을 더해 주는 '옥좌의 방', 로코코 양식으로 호화로움의 극치를 보여주는 '가스파리니의 방', 벽 전체가 황금 비단으로 꾸며져 있는 '황금의 방', 145명이 동시에 앉아서 식사할 수 있는 식탁을 갖춘 대연회장 등 스페인의 화려한 궁중 생활을 엿볼 수 있다.

또한 카를로스 1세, 펠리페 2세 등 스페인의 역대 왕이 소유했던 병기가 있는 병기 저장소(오스트리아 빈의 '제국 병기고'와 함께 세계에서 가

스페인의 화려한 궁중 생활을 엿볼 수 있는 마드리드의 팔라시오 레알. 현재는 왕의 거처가 아닌 국가의 중요한 행사를 치르는 장소로 사용되고 있다.

장 유명한 병기 저장고로 알려져 있다)와 왕실의 도서 및 지도, 각종 기록물을 보관하고 있는 왕실 도서관이 있다. 벨라스케스, 고야 등 거장의 작품, 이탈리아의 유명한 현악기 제작자인 안토니오 스트라디바리가 18세기에 만든 바이올린, 비올라, 첼로 등도 볼 수 있다.

왕궁의 외부에는 광장과 정원이 있다. 북쪽에는 왕실 마구간으로 사용되었던 사바티니 정원, 남쪽에는 무기고가 있었던 아르메리아 광장, 서쪽에는 캄포 델 모로(Campo del Moro)가 있다. 캄포 델 모로는 '무어인의 들판'이란 의미로 1190년에 이슬람 세력이 마드리드를 정복했을 때 이슬람 군대가 머물렀던 데서 유래한다.

현재 팔라시오 레알은 왕의 거처가 아니라 국가의 중요한 행사를 치르는 장소로 사용된다. 스페인 왕은 마드리드 교외에 있는 사르수엘라(Zarzuela) 궁에 거주하고 있다.

왕실의 여름 별궁, 아란후에스 궁전

마드리드의 아토차 역에서 기차를 타고 약 40분 정도 가면 아란후에스(Aranjuez)가 나온다. 아란후에스는 타호(Tajo) 강변에 자리 잡은 아담한 소도시다. 타호강은 아란후에스를 지나 고도(古都) 톨레도를 휘감아 돈 후 서쪽으로 흘러 포르투갈의 리스본을 거쳐 대서양으로 빠져나간다. 아란후에스는 고성과 성벽을 중심으로 한 좁은 길과 언덕으로 이루어진 아빌라나 톨레도, 세고비야와 같은 전통적인 스페인 도시들과 달리 넓고 평평한 대지 위에 조성된 도시다. 기차역에서 포플러 가로수 길을 따라 10분 정도 걸어가면 왕실의 여름 별궁인 아란후에스 궁전이 나온다.

이곳은 원래 카를로스 1세(재위 1516~1556)가 사냥터가 있는 거주지로 만들려고 했다. 이후 아들인 펠리페 2세(재위 1556~1598)는 이곳에 궁전 건축을 명했다. 이 궁전 건축은 엘 에스코리알 건축을 시작했던 후안 바우티스타 데 톨레도가 맡았다. 펠리페 2세가 수도를 톨레도에서 마드리드로 옮긴 즈음이었다.

이 궁전의 건축 과정은 엘 에스코리알의 그것과 같았다. 처음에는 후안 바우티스타 데 톨레도가 총책임자 역할을 맡았지만, 도중에 세

스페인 왕실의 여름 별궁인 아란후에스 궁전.

상을 뜨자 그의 문하생인 후안 데 에레라가 이어받았다. 도중에 공사가 중단되기도 했지만, 페르난도 6세(재위 1746~1759) 시대에 공사가 재개되어 카를로스 3세(재위 1759~1788) 때 지금의 모습을 갖추게 되었다.

이 궁전에는 총 27개의 방이 있는데 각 방은 색상이나 장식, 화려함 등에서 각각 다른 모습을 지닌다. 궁전에서 가장 주목받는 곳은 '도자기(타일)의 방'이다. 이 방의 천장과 벽체는 모두 도자기로 되어 있다. 하얀 타일 바탕에 녹색 나무덩굴이 사방으로 뻗어나간다. 물론 이 넝쿨들 역시 도자기로 만들어졌다. 이곳에 장식된 원숭이, 중국 의상을 입은 인형, 광대 또한 모두 도자기다. 천장에 매달린 샹들리에의 주변은 도자기로 만든 각양각색의 깃털로 장식되어 있다.

도자기의 방 이외에도 '거울의 방'과 '아랍풍의 방'이 볼 만하다. '거울의 방'은 벽이 모두 거울로 장식되어서 붙여진 이름이다. 카를로스 4세의 드레스 룸으로 사용된 곳이다. '아랍풍의 방'은 이사벨 2세의 명에 의해서 1847~1851년 사이에 만들어진 것으로 그라나다 알람브라 궁전의 두 자매의 방에서 볼 수 있는 아랍 양식으로 장식되어 있다.

궁전 뒤편으로는 섬의 정원, 왕자의 정원 등 제법 넓은 면적의 정원이 있다. 건조한 반도 중앙부 메세타 지역을 벗어나고자 조성한, 숲과 물이 있는 정원이어서 스페인 왕실에게 매우 소중한 장소였다.

이곳은 호아킨 로드리고(Joaquín Rodrigo)의 〈아란후에스 협주곡〉으로 세계적으로 유명해졌다. 스페인내전 말기인 1939년에 파리에서 작곡된 이 곡은 로드리고가 아란후에스 궁전에 있는 정원들을 회상하며 지은 작품이다. 로드리고는 그의 부인과 함께 아란후에스 공동묘지에 묻혀 있다.

아란후에스에는 봄과 가을, 4월 말부터 10월까지(7월과 8월 제외) 운행하는 특별열차가 있다. 바로 1984년부터 마드리드와 아란후에스 사이를 운행하는 '딸기 열차(Tren de fresa)'다. 1851년에 개통된 이 노선은 스페인에서 두 번째로 오래된 노선이다. 이 열차에서는 전통 의상을 입은 승무원들이 제공하는 아란후에스의 특산물인 딸기를 맛볼 수 있다.

스페인의 베르사유,
라 그랑하 데 산 일데폰소 왕궁

라 그랑하 데 산 일데폰소 왕궁(Palacio Real de la Granja de San Ilde-fonso)은 마드리드에서 80킬로미터, 세고비아에서 13킬로미터 떨어져 있다. 마드리드에서 그리 멀지 않은 곳에 있지만, 마드리드와는 8~9도의 온도차가 난다. 산 중턱에 위치해 있기 때문이다.

과다라마 북쪽 사면에 있는 이곳은 중세 시대부터 왕들의 사냥터였다. 펠리페 5세(재위 1700~1746) 역시 사냥을 하면서 이곳의 수려한 풍경에 매료되었다. 그는 이곳에 궁전을 짓기로 결정하고 주변의 토지와 수도원 소유의 농장을 사들였다. 이 왕궁의 이름은 이곳에 있던 산 일데폰소 예배당과 인근에 살던 헤로니모 수도사들이 자급자족했던 농장을 의미하는 '라 그랑하(La Granja)'가 합쳐져서 만들어졌다.

펠리페 5세는 1700년, 17세의 나이로 스페인 왕위에 올랐다. 그는 베르사유 궁전에서 태어나 그의 할아버지인 루이 14세에게 교육받으면서 성장했다. 스페인보다는 프랑스의 분위기를 그리워했던 그는 이 궁전을 프랑스의 베르사유 궁전처럼 만들고자 했다. '스페인의 베르

스페인에서 가장 아름다운 궁전으로 꼽히는 라 그랑하 데 산 일데폰소 왕궁.

사유 궁전'이라 불리는 이유가 바로 이 때문이다. 또한 펠리페 2세 시대에 건축된 엘 에스코리알에 버금가는 궁전이 되기를 원했다. 아마도 전 세계에 식민지를 갖고 있었던 펠리페 2세를 닮고 싶었는지도 모른다.

이 궁전은 광활한 숲, 우아한 분수, 아름다운 조각상, 호수가 있는 대정원 등으로 유명하다. 특히 분수에 물을 공급하기 위한 물 저장소가 8개이고 관의 길이가 13킬로미터에 달한다. 모든 분수에 물을 원활하게 공급하기 위해서 분수의 높낮이를 달리해서 배치하는 등 섬세한 조경으로 스페인에서 가장 아름다운 궁전으로 꼽힌다.

21

알타미라 동굴 벽화

스페인 예술의 원형

—

　스페인 미술 여행은 마드리드의 프라도 미술관(Museo Nacional del Prado)에서 시작된다고 해도 과언이 아니다. 미술 책에서나 보았음직한 엘 그레코, 벨라스케스, 고야 등의 작품을 직접 눈으로 만날 수 있는 곳이다. 이어 미술관 앞 프라도 가로수길을 건너 우측으로 약간 올라가면 티센-보르네미사 미술관(Museo Thyssen-Bornemisza)이 나오는데 이곳에서는 현대미술작품을 감상할 수 있다. 이 미술관을 나와 다시 가로수길을 따라 아토차 역 방향으로 가면 소피아왕비국립예술센터(Museo Nacional Centro de Arte Reina Sofía)가 나온다. 이곳에는 스페인내전의 참상을 고발한 피카소의 대작 〈게르니카〉가 전시되어 있다. 살바도르 달리와 호안 미로의 작품들도 감상할 수 있다.

　인도에 델리, 아그라, 자이푸르를 잇는 황금삼각지대가 있다면, 스페인에는 '마드리드의 황금(또는 예술) 삼각지대(Triángulo del Oro o Arte)'가 있다. 바로 이 세 미술관을 일컫는다. 이 미술관들을 지도상으로 연결하면 삼각형이 만들어진다고 해서 생긴 말이다. 각 미술관은 걸어서 30분 이내의 거리에 있을 정도로 매우 가깝다.

이 세 미술관과 함께 놓쳐서는 안 될 곳이 있다. 바로 '알타미라 동굴'이다. 대개 알타미라 동굴 벽화는 익히 들어 알고 있지만 이것이 스페인에 있다고 말하면 모두들 놀란다. 스페인 북부 칸타브리아 지방에 있는 이 동굴의 천장에는 수만 년 전에 살았던 인류의 조상이 그린 벽화가 있다. 동굴 속의 '자연미술관'이다. 인류의 예술이 시작된 곳이자 스페인 예술의 원형이 보존된 곳이다.

아빠, 소가 그려져 있어요!

1879년 어느 날, 어두운 동굴 안에서 한 남자가 램프를 들고 발밑을 비추면서 열심히 무엇인가를 찾고 있었다. 그의 옆에는 어린 딸이 있었다. 소녀는 아버지의 손놀림을 열심히 바라보고 있었지만, 곧 지루해져서 혼자서 동굴 안을 여기저기 뛰어다니면서 놀았다. 문득 소녀는 불빛에 비친 천장에서 무언가를 보았다. 달리거나 뛰어오르거나 웅크리고 있는 수많은 들소 그림이었다.

마리아 데 사우투올라(María de Sautuola)라는 이름의 8살 소녀는 자기도 모르게 "아빠, 보세요, 여기에 소가 그려져 있어요!"라고 외쳤다. 아버지 마르셀리노 산스 데 사우투올라(Marcelino Sanz de Sautuola)는 반신반의하며 램프를 딸이 가리키는 쪽으로 비췄다. 놀랍게도 천장에는 방금 그린 것처럼 색채가 선명해서 마치 살아 있는 듯한 들소 그림들이 있었다.

마르셀리노 산스 데 사우투올라는 바야돌리드 대학에서 법학을 전공했지만 부유한 가문의 아들로 식물학, 지질학, 선사시대의 역사 등에 관심을 갖고 주변 지역으로 답사를 다니다가 '2만 년 전의 시스티나 성당'이라 평가받는 알타미라 동굴을 발견했다.

알타미라 동굴 벽화는 구석기시대에 그려진 인류 최고(最古)의 회화로 평가받고 있다. 이 그림을 그린 구석기인들은 이곳 동굴에서 약 35,000년 전부터 13,000년 전까지 거주했던 것으로 추정된다. 수만 년의 세월이 흘렀지만 동굴 천장에 그려진 들소의 윤곽이 뚜렷하다. 그들은 동굴의 벽을 조각한 다음 광물이나 동물에서 채취한 염료로 채색했다. 색은 주로 빨강, 노랑, 황갈색, 검정 등이 사용되었다.

알타미라 동굴 벽화의 소 그림.

알타미라 동굴 벽화가 발견되고 대중에게 처음 공개된 때는 1917년이었다. 이후 많은 사람들이 이 '동굴 미술관'을 관람했다. 그러나 사람들이 내뿜는 이산화탄소는 벽화에 치명적이었다. 작품이 손상될 조짐이 나타나자 작

알타미라 박물관.

품 보호를 위해서 1977년에 폐쇄했다. 그 후 1982년에 연간 8,500명만 받는 조건으로 재개장되었지만 1985년에 유네스코 세계문화유산으로 지정되면서 방문객의 입장을 금지했다. 대신 2001년, 그 옆에 같은 크기의 동굴을 만들고 천장에 그림을 그린 박물관을 건립해 방문객을 맞고 있다.

Tip 스페인 미술관 여행 ————

프라도 미술관

'Not extensive but intensive!(광범위하지 않지만 가장 집약된!)'

프라도 미술관을 가장 잘 나타내는 말이다. 스페인 왕들의 주문에 의한 작품들이 대다수를 차지하고 있기 때문이다.

프라도 미술관은 1785년, 카를로스 3세가 자연사 박물관을 위한 목적으로 설립했다. 그러나 1819년 에 페르난도 7세가 왕가에서 수집한 약 9천여 점의 미술품을 관리하면서 이를 일반인에게 공개할 목적으로 이곳을 왕립 미술관으로 용도 변경 했다.

카를로스 1세의 궁정화가인 티치아노를 비롯해 펠리페 2세의 궁정화가 엘 그레코, 펠리페 4세의 궁정화가 벨라스케스, 카를로스 4세의 궁정화가 고야 등의 작품이 전시되어 있다.

국립소피아왕비예술센터

소피아 왕비는 현 스페인 국왕인 펠리페 6세의 어머니입니다. 프라도 미술관이 고야에서 끝난 다면, 국립소피아왕비예술센터(이하 소피아왕비 미술관)는 고야 이후, 특히 20세기 이후의 스 페인 주요 화가들의 작품이 전시되어 있다. 프라도 미술관이 스페인을 대표하는 고전 미술 의 보고라면, 소피아왕비 미술관은 20세기 현대 미술의 화려함, 다양성, 아름다움을 동시에 느낄 수 있는 곳이다. 마드리드 최초의 종합병원이었던 이 미술관은 1986년 소피아 왕비 의 이름을 따서 소피아왕비예술센터(Centro de Arte Reina Sofía)란 이름으로 개관했다. 그 후

1992년 9월 10일에는 국가가 직접 운영하는 국립소 피아왕비예술센터가 되어 대중에게 공개되었다.

이 미술관을 유명하게 한 것은 무엇보다도 피카소의 〈게르니카〉(1937)다. 프랑코의 독재가 계속되는 한 조 국과 화해할 수 없다는 피카소의 신념 때문에 1975년 프랑코가 죽고, 스페인의 민주화가 정착된 1981년이 되어서야 〈게르니카〉는 조국의 품에 안겼다. 프라도 미 술관에 소장되었다가, 보관상의 문제로 1992년 소피 아왕비 미술관으로 옮겨져 지금까지 전시되고 있다.

티센-보르네미사 미술관

한스 하인리히 티센 보르네미사 남작(1921~2002)의 이름을 딴 미술관이다. 티센 가문은 철강 산업, 엘리베이터와 에스컬레이터 제작 산업, 금융업 등을 통해서 부를 쌓았다. 한스 하인리히 남작은 자신의 아들에게 그동안 수집했던 많은 작품들을 물려주었다. 그의 아들 역시 새로운 작품들을 수집했다.

이 미술관 건물은 마드리드에서 가장 아름다운 신고전주의 건물로 알려진 비야에르모사 (Villahermosa) 궁전이다. 프라도 미술관에서 걸어서 5분도 채 걸리지 않는다. 티센-보르네미사 미술관에는 얀 반 아이크 등 초기 플랑드르(지금의 네덜란드와 벨기에 지역) 화가의 작품부터 피렌체와 베네치아, 독일 르네상스의 작품까지 다양한 작품들이 전시되어 있다.

빌바오 구겐하임 미술관

북쪽 바스크 지방의 중심 도시인 빌바오는 오랫동안 카스티야 지방의 양모와 바스크 지방의 철을 수출하면서 교역의 중심지가 되었다. 19세기와 20세기에는 스페인에서 바르셀로나 다음으로 산업 규모가 큰 도시였다. 주요 산

업은 조선업과 철강업이었다. 그러나 인구가 늘어나고 도시의 규모도 커지면서 빌바오는 공해와 폐수로 몸살을 앓게 되었다. 더욱이 이 두 산업이 점차 쇠퇴하면서 빌바오는 위기를 맞았다.

새로운 돌파구가 필요했던 빌바오는 1997년에 뉴욕의 구겐하임 미술관 분관을 유치했다.

이 미술관은 빌바오의 새로운 랜드마크가 되었다. 초기에는 유지비가 많이 들고 사람들의 관심을 끌지 못해서 어려움을 겪었지만, 시간이 지나면서 건물 자체가 사람들의 시선을 끌기 시작했다. 전시물도 수준 높은 작품들로 구성되어 전 세계 관광객의 필수 코스가 되었다. '빌바오 효과'라는 말이 생길 정도로 문화를 관광에 연계시킨 대표적 사례로 꼽힌다.

22

돈키호테
17세기 스페인의 자화상

대학교 2학년, 스페인 문학사 시간이었다.

"여러분, 로페 데 베가(Lope de Vega)라는 작가를 들어보셨나요?"

"…."

"그럼, 세르반테스는요?"

"네, 알아요."

"이 두 사람은 매우 다른 삶을 살았어요. 로페 데 베가는 무려 1,800편의 희곡 작품을 써서 살아생전 많은 부와 명예를 얻었지만, 세르반테스는 그와 반대로 살아 있을 때 전쟁에서 팔을 다치기도 하고, 오해를 받아 옥살이를 하는 등 지독히 운이 없었지요. 그런데 수백 년이 흐른 지금, 여러분은 로페 데 베가보다 세르반테스를 더 잘 알고 있잖아요. 자, 여러분은 이 두 사람 중 어떤 사람의 삶을 택하고 싶나요?"

지금 기억에 거의 모든 학생들이 이구동성으로 '로페 데 베가요!'라고 답한 것 같다. 두꺼운 안경과 약간 벗겨진 머리가 트레이드마크인 교수님 역시 우리의 말에 전적으로 동감하셨다. '현재'의 무게를 그 누구도 무시할 수 없기 때문이리라. 스페인 문학사에서 로페 데 베가도 세르반테스 그 이상으로 비중 있게 다뤄지는 작가지만 세계적인 지명도에 있어서는 세르반테스에 미치지 못한다.

스페인의 흥망을 함께한
세르반테스의 생애

세르반테스는 1547년, 마드리드 인근 대학도시 알칼라 데 에나레스(Alcalá de Henares)에서 태어났다. 지금도 많은 관광객들이 그의 생가를 방문하고 있다. 세르반테스는 1570년에 추기경을 따라 이탈리아로 가서 르네상스의 기운을 한껏 받았다. 이후 레판토 해전에 참전했으나 왼팔에 부상을 당했다. 전쟁 후 귀국길에 해적에게 잡혀 알제리에서 5년간 포로 생활을 하다가, 가까스로 풀려나서 마드리드로 돌아왔다. 이후 글을 쓰기 시작하여 1585년에 소설 《라 갈라테아》를 출판했으나 주목을 받지 못했다. 마드리드에서 세비야로 이주한

미겔 데 세르반테스.

박물관으로 무료 개방된 세르반테스의 생가. 산초 판사와 돈키호테의 동상이 있는 벤치는 줄을 서야 할 정도로 인기가 많은 촬영 장소다.

세르반테스는 세금 징수원으로 일하면서 공금 횡령 등의 혐의로 투옥당하기도 했다.

이런 어려운 상황 속에서도 세르반테스는 1605년에 《돈키호테》 1부를, 1615년에 《돈키호테》 2부를 완성했다. 《돈키호테》로 세상에 이름을 알렸지만 작품의 명성만큼 돈을 벌지는 못한 채, 이듬해인 1616년에 세상을 떠났다.

세르반테스의 생애는 공교롭게도 스페인 제국의 부침을 그대로 보여준다. 세르반테스는 이탈리아에서의 르네상스 경험, 스페인의 지중해 제패의 계기가 된 레판토 해전 참전, 알제리 포로 생활을 통한 이슬람 세계 체험, 무적함대를 위한 전쟁 물자 조달관 경험, 왕실 재정과 국민 경제의 파탄을 현장에서 목격한 세금 징수원 경력 등을 통해 16세기 말과 17세기 초에 걸친 스페인 제국의 흥망을 온몸으로 겪었다. 그런 의미에서 《돈키호테》는 당대 스페인 사람의 자화상이자, 스페인 사회의 표상이라 할 수 있다.

마드리드 한복판, 구시가의 중심 거리인 그란 비아(Gran Vía)가 시작되는 곳에 에스파냐 광장(Plaza de España)이 있다. 이곳에 《돈키호테》의 저자 세르반테스가 당시의 복장을 하고 오른손에 책을 들고 근엄한 표정으로 앉아 있다. 스페인 사람들이 《돈키호테》를 얼마나 소중하게 생각하는지를 알 수 있다.

에스파냐 광장에 있는 《돈키호테》 2부 출간 300주년 기념비.

세르반테스 앞에는 로시난테(Rocinante)를 타고 있는 돈키호테(Don Quijote)가 있고 그 옆에는 통통한 산초 판사(Sancho Panza)가 노새를 타고 있다. 돈키호테와 산초 양쪽으로는 두 명의 여인이 있다. 왼쪽은 돈키호테의 이상형 둘시네아(Dulcinea)이고, 오른쪽은 둘시네아의 현실 속 인물 알돈사 로렌소(Aldonza Lorenzo)다. 세르반테스 뒤의 높은 탑 위에는 5명이 책을 읽으면서 지구를 떠받치고 있다. 《돈키호테》를 전 세계의 모든 사람들이 읽고 있다는 의미다. 《돈키호테》의 보편성을 나타내는 상징이라 할 수 있다. 이 기념물은 모두 《돈키호테》 2부 출간(1615) 300주년을 기념하여 1915년에 제작되었다. 동상 주변의 올리브 나무들은 소설의 배경이 된 라만차(La Mancha) 지방에서 직접 가져와 심은 것이다.

《돈키호테》는 성경 다음으로 많이 번역된 작품이라고 한다. 지난 2002년 노르웨이 노벨 연구소와 북클럽스가 세계 50여 개의 영향력 있는 작가 100여 명에게 설문한 결과, 역사상 최고의 소설로 《돈키호테》가 꼽혔다. 그밖에도 '인류의 바이블'(생트 뵈브), '근대 소설의 효시'(알베르 티보데), "돈키호테 이후에 쓰인 소설은 돈키호테를 다시 쓴 것이거나 그 일부를 쓴 것"(르네 지라르), "전 세계를 뒤집어 봐도 돈키호테보다 더 숭고하고 박진감 있는 픽션은 없다"(도스토예프스키) 등 《돈키호테》에 대한 찬사는 끝이 없다.

그렇다면 왜 《돈키호테》인가?

이를 제대로 이해하기 위해서 당시의 시대 상황을 먼저 알아야 한다. 세르반테스가 살던 당시의 유럽은 구교인 가톨릭 교회의 엄격한 신앙 통제와 신교인 프로테스탄트 교회의 개인중심주의가 서로 맞서는 시기였다. 또한 중상주의(重商主義)가 나타나고, 과학과 철학 혁명 등으로 인해 새로운 사회 질서가 형성된 시기이기도 했다. 제도와 가치관에서는 낡은 것과 새로운 것이 극명하게 대립했다. 그러나 스페인 내부로 들어오면 얘기가 달라진다. 스페인은 외부 세계에 대해서 문을 걸어 잠근 채 구체제만을 필사적으로 고수하며 그 누구도 거스를 수 없는 역사의 흐름에 처절히 저항하고 있었다.

이러한 당대의 내적 모순을 통찰한 세르반테스는《돈키호테》를 통해 시대의 거대한 변화를 표현했다. 일반 백성부터 시골의 하급 귀족, 중앙 귀족, 국왕까지 17세기 스페인 사회에 만연된 정신적인 무력감을 선대의 망가진 갑옷과 투구, 오래된 창과 방패로 무장하고 병들어 말라빠진 로시난테를 타고 황량한 광야를 방랑하는 돈키호테의 모습으로 형상화했다.

《돈키호테》는 중세적 기독교 질서와 가치관에서 벗어나지 못하고, 근대의 물결을 맞이하는 스페인 사회의 참담한 좌절감만 묘사하고 있지는 않다. 돈키호테는 미치광이 기사지만 자유로운 정신과 정의감이 충만한 인물이다. 당시 중세의 가치관은 타고난 신분과 섭리에서 인간의 본성을 찾았다. 그러나 세르반테스는 이러한 뒤떨어진 중세의 가치관을 뛰어 넘어 '돈키호테'라는 인물을 통하여 인간의 덕성과 개인의 자유를 강조하는 근대적 휴머니즘을 보여주고자 했다.《돈키호테》는 신이나 신에 예속된 인간의 이야기가 아닌 인간 중심의 르네상스 시대를 살아가는 인간의 이야기다.

세르반테스는 돈키호테의 입을 빌려 "감히 이루어질 수 없는 사랑을 하고, 감히 닿을 수 없는 저 밤하늘의 별에 이른다는 것이 나의 순례요, 저 별을 따라가는 것이 나의 길이라오."라고 말한다. 이는 근대 사회에서 세상에 맞서 꿈을 실현하려는 한 개인의 숙명을 극명하게 보여준다. 《돈키호테》에는 약 600여 명에 달하는 인물들이 등장한다. 이들은 비록 소설 속 허구의 인물이지만 17세기에 살았던 스페인인들의 자화상이자 스페인 사회의 모습이기도 하다.

《돈키호테》는 시대에 따라 다양한 평가를 받았다. 출판 당시에는 웃음거리를 제공해 주는 재미있는 미치광이 이야기였으나, 낭만주의 시대에는 현실과 타협을 거부하는 이상주의 영웅의 이야기였다. 19세기 말과 20세기 초에 들어서 스페인의 지식인들은 돈키호테의 정신을 스페인 정신의 근본이라 생각했다. 20세기 중반의 실존주의자들은 돈키호테를 실존이 본질에 우선하는 실존주의자로 재해석하기도 했다.

19세기 러시아의 문호 투르게네프는 돈키호테와 햄릿을 대비시켰다. 돈키호테를 뚜렷한 신념과 결단력으로 희생적인 리더십을 발휘한 인물로 평했던 반면, 햄릿은 우유부단하고 비전과 리더십이 결핍된 인물로 평가하며 돈키호테의 손을 들어주었다.

루타 데 돈키호테

"운명이 우리가 기대했던 것보다 훨씬 더 좋은 길로 인도하는구나. 저기를 보아라, 산초 판사야. 서른 명이 좀 넘는 거인들이 있지 않느냐. 나는 저놈들과 싸워 모두 없앨 생각이다. 전리품으로 슬슬 재물도 얻을 것 같구나. 이것은 정당한 싸움이며, 이 땅에서 악의 씨를 뽑아버리는 것은 하느님을 극진히 섬기는 일이기도 하다."

"거인이라뇨?" 산초 판사가 물었다.

"저쪽에 보이는 팔이 긴 놈들 말이다." 그의 주인이 대답했다.

"어떤 놈들은 팔 길이가 2레구아(약 11미터)나 되는구나."

"저 주인님," 산초가 말했다.

"저기 보이는 것은 거인이 아니라 풍차인데요, 팔처럼 보이는 건 날개고요. 바람의 힘으로 돌아가면서 풍차의 맷돌을 움직이게 만들지요."

"그건 네가 이런 모험을 잘 몰라서 하는 소리다." 돈키호테가 말했다. "저놈들은 거인이야. 만약 무섭거든 저만큼 떨어져서 구경이나 하고 있거라. 나는 저놈들과 유례가 없는 치열한 일전을 벌이러 갈 테니까."

그러고는, 그가 지금 공격하려는 것은 풍차일 뿐 거인이 아니라고 소리치는 종자의 충고를 무시한 채 로시난테에게 박차를 가했다.

돈키호테가 풍차와 대결하는 장면이다. 《돈키호테》에서 가장 인상적인 이 장면의 배경은 마드리드 남쪽 라만차 지방의 캄포 데 크립타나(Campo de Criptana)다.

돈키호테와 풍차의 대결 장면 배경이 된 캄포 데 크립타나.

　이곳 외에도 돈키호테와 관련 있다고 주장하는 도시와 마을들이 많다. 푸에르토 라피세(Puerto Lápice)에는 벤타 델 키호테(Venta del Quijote)가 있다. 돈키호테가 여관 주인에게 기사 작위를 받았다는 여관이다. 현재는 레스토랑이며 돈키호테가 먹었다는 음식을 제공한다. 마당에는 돈키호테와 산초의 동상이 있다. 엘 토보소(El Toboso)는 돈키호테의 이상형 둘시네아가 살던 곳이다. 돈키호테가 둘시네아에게 무릎을 꿇고 있는 조각상이 있다.

　《돈키호테》의 원제목은《현명한 시골 귀족 만차 지방의 키호테 경》이다. 제목처럼 《돈키호테》의 주무대는 라만차 지방이다. 작품 속에서 돈키호테는 이곳 라만차 지방을 출발해서 북서쪽의 아라곤과 카탈루냐 지방까지 갔다.

편력 기사 돈키호테가 지났던 길은 '돈키호테의 길'이란 의미의 '루타 데 돈키호테(Ruta de Don Quijote)'가 되었다. 작품 속에 언급된 장소들을 주변에 산재해 있는 관광 명소와 한데 묶어 조성했다. 비록 이 길이 실제 문학작품 속의 장소와 일치하는가에 대한 반론은 많지

루타 데 돈키호테 이정표.

만, 이 길을 따라 걸으면서 《돈키호테》에 나오는 장소들을 직접 경험할 수 있다. 유럽의회는 2007년에 2,500킬로미터에 달하는 이 길을 '유럽 문화의 길(Itinerario Cultural Europeo)'로 제정했다. '카미노 데 산티아고'는 1987년에 스페인 최초로 '유럽 문화의 길'에 선정되었다.

23

돈 후안과 카르멘

불온한 사랑의 아이콘

—

스페인에는 '불온한 사랑'을 대표하는 두 명의 인물이 있다. 바로 돈 후안과 카르멘이다. 이들은 모두 문학 작품 속에 등장하는 허구의 인물이다. 이 두 인물은 전혀 다른 사회 계층에 속해 있다. 돈 후안은 남성 귀족으로 유럽 사회의 전통적 지배계층이고, 카르멘은 집시로 사회의 아웃사이더인 담배 공장 여공이다. 그러나 이들은 정열적인 사랑과 자유의 상징이자 시공간을 초월하여 가장 원초적인 인간의 욕망과 자유에 대한 갈망의 표상이었다. 도덕적으로 타락한 삶을 살았지만 사회적 질서와 도덕 이전에 존재하는 사랑과 죽음의 원형을 보여주었다.

이들은 많은 예술가들에게 영감을 주었고 오페라와 영화로 재탄생했다. 비제의 〈카르멘〉은 세계에서 가장 많이 공연되는 걸작 오페라다. 국내에서도 한 해 최소 2~3차례 무대에 오르는 인기 작품이며, 2012년 창단 50주년을 맞은 국립오페라단의 설문 조사 결과 가장 보고 싶은 오페라 1위를 차지했다. 응답자 1,282명 중 697명(54%)이

〈카르멘〉을 선택했다. 2위는 푸치니의 〈나비 부인〉, 3위는 모차르트의 〈마술 피리〉였다. 니체는 오페라 〈카르멘〉에 "이보다 더 고통스럽도록 비극적인 느낌의 곡조가 무대에서 흘러나오는 것을 일찍이 들어본 적이 있는가? 얼마나 성공적으로 만든 곡조인가! 겉치레로 꾸며대지 않고 속임수가 전혀 없으며, 거창한 양식의 환상이 담겨 있지도 않은 곡조이니 말이다!"라고 찬사를 보냈다.

돈 후안은 모차르트의 오페라 〈돈 조반니〉로 태어났다. 가장 모차르트적이라는 평을 듣는 작품으로 전 세계인의 사랑을 받고 있다. 〈돈 조반니〉에 대해서 '우리가 오페라에 대해 품을 수 있는 최고의 욕망'(괴테), '셰익스피어의 비극을 뛰어 넘는 최고의 음악적 전율'(차이코프스키) 등의 극찬이 이어진다. 이처럼 〈돈 조반니〉는 고도의 은유와 풍자가 담긴 작품으로 귀족 바람둥이 돈 조반니(돈 후안의 이탈리아식 이름)를 통해 유혹과 격정, 그리고 불멸 등 인간 심성의 근원을 파헤치고 있다.

이 두 인물의 주요 무대는 스페인 남부 안달루시아의 세비야다. 세비야의 무리요 공원에는 돈 후안의 동상이 있고, 지금의 세비야 대학 건물이 카르멘의 일터였던 담배 공장이다.

죄악의 화신, 돈 후안

이탈리아에 카사노바가 있다면 스페인에는 돈 후안이 있다. 모두 희대의 난봉꾼들이지만 카사노바가 18세기에 유럽을 떠돌아다녔던 실존 인물인 반면, 돈 후안은 문학 작품에 나오는 가상의 인물이다. 참고로 돈 후안의 '돈(Don)'은 남자의 이름 앞에 붙이는 경칭이다. 돈 키호테(Don Quijote)의 '돈(Don)'도 이와 마찬가지다.

돈 후안은 아랍에서 유래해 스페인 남부 안달루시아 지방에 전해 내려오는 인물이다. 이를 극작가 티르소 데 몰리나(Tirso de Molina)가 《세비야의 바람둥이와 석상의 초대객》이란 작품으로 만들었다. 이 작품은 결혼을 미끼로 여성을 유혹해 성관계를 맺은 후 뒤도 안 돌아보고 줄행랑 치고 또 다른 유혹의 대상을 찾는다는 이야기다.

그는 나폴리의 공작부인을 유혹하려다 실패하고 스페인으로 피신한다. 스페인 동부 해안 타라고나에서는 어부 처녀와 사랑을 나눈 후 그녀를 배신하고 달아나면서 "이 세상에서 가장 큰 즐거움이 있다면 여자를 농락하고 명예를 빼앗은 후 저버리는 것이다."라고 큰소리친다. 세비야에서는 친구의 애인인 아나 데 우요아(Ana de Ulloa)를 유혹한다. 그러나 그녀의 아버지인 기사단장 곤살로 데 우요아(Gonzalo de Ulloa)에게 들킨다. 이에 돈 후안은 곤살로와 결투를 벌여 그를 살해하고 도망친다. 이후 그는 다른 지역에서 또 다른 여자를 농락한 후 세비야로 돌아온다.

어느 날 교회당에 들른 돈 후안은 대리석 무덤 위에 있던 석상을 보게 된다. 그 석상의 주인공은 바로 자신이 결투 끝에 죽였던 기사단장 곤살로였다. 돈 후안은 석상을 자신의 만찬에 초대한다. 초대받은 석상은 저녁이 되자 돈 후안의 집을 방문한다. 죽은 사람이 살아 있는 사람을 방문하는 초자연적인 방문이다. 석상을 마주한 하인들은 겁에 질렸지만, 돈 후안은 침착하게 석상을 맞이한다. 둘은 만찬이 끝나고 교회의 무덤에서 다시 만날 것을 약속한다.

세비야에 있는 돈 후안 동상.

이후 무덤 옆에서 기사단장과 다시 만찬을 즐긴다. 전갈과 독사 요리, 쓸개주과 식초주, 손톱 양념 등을 검은 옷을 입은 두 명의 시종이 나른다. 음산하고 괴이한 만찬이다. 만찬을 끝내고 석상은 돈 후안에게 손을 내민다. 석상의 손을 잡은 돈 후안은 곧바로 지옥의 불길로 떨어진다. 신의 정의에 도전하고 도덕적으로 타락한 패륜아 돈 후안에 대한 심판이다.

예술이 교회의 이념에 봉사해야 했던 17세기 스페인에서 돈 후안의 이러한 행위는 용납할 수 없는 일이었다. 한마디로 돈 후안은 죄악의 화신이었던 것이다. 극작가이자 사제이기도 했던 티르소 데 몰리나는 이 작품을 통해 인간이 하늘의 뜻을 가볍게 여기고 방종한 삶을 살 때 신의 심판을 피할 수 없음을 보여주려 했다. 즉 가톨릭이 중심인 스페인에서 신앙의 힘으로 무질서와 타락을 단죄할 수 있다는 사실을 만천하에 알리려 했다.

바람둥이의 대명사가 된 돈 후안은 몰리에르의 《동 쥐앙 : 또는 석상의 잔치》, 모차르트의 〈돈 조반니〉 등을 비롯해서 바이런, 푸쉬킨, 알렉산더 뒤마, 리스트, 보들레르, 버나드 쇼 등 국경과 장르를 초월한 수많은 예술가와 작가들에게 영감을 주었다.

탐욕의 화신, 카르멘

카르멘은 야만적인 매력을 지닌 집시 여인이다. 넘치는 관능미로 남성을 파멸의 구렁텅이에 빠뜨리는 '팜므 파탈'이다. 그래서 사람들은 검은 머리, 검은 눈을 가진 스페인 여인을 보면 카르멘을 연상한다. 이 여인이 주인공으로 등장하는 《카르멘》은 프랑스 작가 프로스페르 메리메(Prosper Mérimée)의 소설이다.

메리메는 26년 동안 프랑스 문화재 위원회 조사관으로 이탈리아, 그리스, 스페인을 탐방했다. 1845년 작품을 출간할 당시에도 메리메는 스페인을 답사할 정도로 스페인에 대한 이해가 깊은 작가였다. 비제는 이 작품을 오페라 〈카르멘〉으로 만들었고, 지금은 소설보다 오페라가 더 잘 알려져 있다.

오페라 〈카르멘〉은 그 누구에게도 마음을 주지 않는 집시 여인 카르멘과 카르멘에게서 헤어나지 못하는 돈 호세의 이야기다. 이야기는 세비야의 담배 공장에서 시작된다. 지금의 세비야 대학 건물이다. 어느 날 담배 공장에서 한바탕 싸움이 벌어진다. 그 싸움에는 카르멘이 연루되어 있었다. 위병인 돈 호세는 카르멘을 체포했지만 카르멘의 유혹에 넘어가 카르멘을 풀어주고 대신 감옥살이를 한다.

오페라 〈카르멘〉.

출소 후 돈 호세는 카르멘과 자유를 찾아 떠난다. 두 사람은 밀수꾼들을 따라 산으로 들어갔지만 돈 호세는 힘든 산중 생활과 어머니에 대한 그리움으로 카르멘과 헤어지고 자신을 찾아온 약혼녀와 함께 산에서 내려온다. 돈 호세가 떠난 뒤, 카르멘은 투우사 에스카미요와 새로운 사랑에 빠진다. 다시 나타난 돈 호세는 자신과 함께 다시 새로운 삶을 시작할 것을 애원했지만 카르멘은 단호하게 거절한다.

돈 호세의 카르멘에 대한 집착과 광기는 깊어 갔지만 카르멘은 요지부동이었다. 그녀는 타인이 바꿀 수 있는 사람이 아니었다. 지치지 않고 끊임없이 타오르는 불꽃이고 그 불꽃을 꺼뜨리지 않으려고 끊임없이 탐욕을 추구하는 집시 여인이었다. 이에 돈 호세는 배신과 절망감에 빠져 카르멘을 칼로 찔러 죽인 후 자신도 목숨을 끊는다.

카르멘은 이처럼 부르면 오지 않고 안 부르면 오는 고양이였다. 돈 호세는 카르멘을 소유하고자 했지만 그녀는 그 누구에게도 얽매이지 않는 자유로운 영혼이었다. 니체의 말처럼 〈카르멘〉은 '사랑의 본질을 이루는 비극적 정서가 그 어떤 작품보다 격렬하게 표현'된 작품이다. 《카르멘》은 찰리 채플린을 위시해서 장 뤽 고다르, 카를로스 사우라 등 유명 감독들에 의해서 영화로 제작되기도 했다.

팜므 파탈 '카르멘'이 남미 칠레에서는 와인으로 태어났다. '카르멘'은 칠레에서 1850년에 설립된 가장 오래된 와이너리(포도주 양조장)다. 여기서 '카르멘'은 사랑에 빠진 한 남자의 일생을 망친 집시 여인이 아니라 설립자의 아내 이름이다. 그러나 사람들은 이를 집시 여인 카르멘이라 생각하고 싶어 한다. 이 와인을 마실 때 죽음에 이르게 할 정도로 관능적인 여인 카르멘을 떠올리고 싶기 때문이리라. 그래서 이 '카르멘 와인'을 '킬러의 와인'이라고도 부른다.

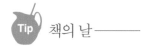 Tip 책의 날 ———

'책의 날'은 1926년, 당시 스페인 국왕이었던 알폰소 13세의 칙령에 의해 정식으로 시작되었다. 4월 23일이 책의 날이 된 것은 세르반테스와 셰익스피어가 1616년 4월 23일 같은 날에 세상을 떠난 것을 기리기 위함이라고 알려져 있다. 그러나 엄밀히 말하면 두 작가의 사망일은 다르다. 스페인은 그레고리력을, 영국은 율리우스력을 사용했기 때문이다. 비록 날짜가 정확히 일치하지는 않지만, 1930년부터 4월 23일은 책의 날로 기념되고 있다.

이날에는 스페인에서 두 가지 특별한 이벤트가 열린다. 하나는 세르반테스 상 시상식이고, 다른 하나는 '돈키호테 읽기 마라톤' 행사다. 세르반테스 상은 스페인어권 작가에게 주어지는 문학상이다. 세르반테스가 태어난 곳인 알칼라 데 에나레스의 대학교에서 열리는데 이 시상식에 스페인 국왕 부처가 참석할 정도로 매우 권위 있는 상이다. '돈키호테 읽기 마라톤'은 말 그대로 《돈키호테》를 한 줄도 빠짐없이 읽는 행사다. 이 행사에는 왕족, 유력 정치인, 세르반테스 문학상 수상자, 한림원 회원, 유명 축구 선수, 투우사, 인기 연예인 등 유명 인사부터 초등학생, 가정주부, 택시 운전사 등 일반인까지 각계각층의 사람들이 참여한다.

24

프라도 미술관 3인방

엘 그레코, 벨라스케스, 고야

―

《히스패닉 세계》에서 조나단 브라운은 "스페인 미술가들이 유럽 미술에 이렇다 할 기여를 하지 못했다는 왜곡된 결론은 사람들의 무지와 경멸에서 비롯되었다."고 지적했다. 또한 "르네상스에서 계몽주의 시대에 이르는 미술사의 흐름이 이탈리아와 프랑스에 의해 결정되었고 이들 나라 밖에서 활동했던 미술가들은 지방색이 짙은 아류로 취급되고 있다."라고 주장했다. 스페인 미술을 '유럽 중심주의'도 아닌 '이탈리아와 프랑스 중심주의'의 시각으로 바라보는 것에 대한 그의 불편한 심기를 보여주는 대목이다.

그러나 북유럽에 전혀 가본 적도 없는 스페인 미술가들은 15세기에 북유럽 미술의 영향을 받았고 이 북유럽의 예술을 독창적으로 해석했다. 여기서 북유럽은 오늘날의 네덜란드와 벨기에인 플랑드르 지역과 부르고뉴 및 라인강 주변을 말한다. 이후 카를로스 1세가 이탈리아 베네치아 출신의 티치아노를 궁정화가로 발탁하였고, 펠리페 2세 역시 티치아노를 적극 후원했다. 펠리페 2세가 수도를 마드리드로

정하면서 스페인 예술은 눈에 띄게 발전했다. 이후 이탈리아의 영향을 받아 스페인 미술은 한 단계 더 도약했다.

16세기부터 19세기까지, 스페인을 대표하는 화가로는 엘 그레코(El Greco), 벨라스케스(Velázquez), 고야(Goya)가 있다. 엘 그레코는 비록 스페인 태생은 아니지만, 대부분의 생을 스페인에서 작품 활동을 하며 보냈기 때문에 포함시켰다.

엘 그레코

엘 그레코(1541~1614)는 프라도 미술관의 스페인 3인방 중 가장 앞선 시대의 화가다. 엘 그레코는 '그리스 사람'이란 뜻이다. 그는 실제로 크레타 섬 출신이다. 지금은 그리스에 속해 있지만 당시에는 베네치아 공국의 영토였다. 그는 이탈리아 베네치아로 건너가 티치아노의 제자가 되었다. 티치아노는 이탈리아 르네상스의 전성기를 이끈 베네치아 역사상 가장 위대한 화가로 꼽히는 인물이다.

엘 그레코는 1570년에 로마에서 작품 활동을 시작했다. 그는 비록 큰 성공을 거두지는 못했지만 티치아노의 르네상스 양식과 틴토레토의 매너리즘 화풍을 익혔다. 매너리즘은 16세기 초 레오나르도 다빈치, 미켈란젤로, 라파엘로 등 르네상스 거장들의 방식을 모방하는 경향을 의미한다. 이는 당시 화가들이 이 거장들을 넘어설 수 없다고 생각했기 때문에 나온 예술 사조다. 초기에는 거장들의 아류로 평가받았다. 그러나 시간이 지나면서 그에 대한 평가는 달라졌다. 특히 20세기 초 비평가들은 엘 그레코를 근대 회화의 아버지로 칭송하면서 매너리즘이 초현실주의의 탄생에 중요한 역할을 했다고 평가했다.

1576년, 엘 그레코는 톨레도로 이주하면서 화가로서의 삶에 큰 전환점을 맞이했다. 당시 톨레도는 반종교개혁(종교개혁으로 프로테스탄트가 성립되고, 그 세력이 커지자 16~17세기 로마 가톨릭 교회의 내부로부터 일어난 개혁 운동)의 아성이자 문화의 중심지였다. 그는 성당의 제단화를 주문받아 자신의 역량을 한껏 보여주었으나 작품 가격과 관련된 소송에 휘말렸다. 이로 인해서 엘 그레코는 대성당이라는 중요한 후원자를 잃게 되었다. 이후 그는 펠리페 2세로부터 엘 에스코리알 궁전의 제단화를 의뢰받았다.

엘 그레코는 2년이나 걸려 〈성 마우리시오와 테베 군의 순교〉를 완성했다. 그러나 펠리페 2세는 이 그림이 마음에 들지 않았다. 순교 장면이 부각되는 전통적인 회화와 달리 순교 장면은 뒤로 밀려나고 군인들이 전면에 부각되었기 때문이다.

엘 그레코는 궁정의 후원을 기대할 수 없게 되자 다시 톨레도로 돌아갔다. 엘 그레코는 1614년에 죽을 때까지 톨레도에 머물며 그림을 그리고 당대의 지식인들과 교류를 쌓았다. 그는 이탈리아에서 공부한 유학파로 인정받아 교회, 수도원, 귀족으로부터 그림을 주문받았다.

엘 그레코를 거장으로 인정받게 한 작품은 〈오르가스 백작의 매장〉이었다. 14세기, 오르가스 지역의 영주 돈 곤살로 루이스는 신앙심이

산토 토메 성당에 전시된 엘 그레코의 대표작 〈오르가스 백작의 매장〉.

매우 깊었다. 그는 매년 오르가스에서 거둬들인 소출의 일부를 톨레도의 산토 토메 성당에 기부한다는 유언을 남겼다. 1560년대 들어 오르가스의 주민들은 산토 토메 성당에 대한 기부를 중단했다. 이는 주민과 성당 사이의 소송으로 이어졌고, 소송은 산토 토메 성당의 승리로 끝났다.

성당은 돈 곤살로의 선행을 길이 남기기 위해 엘 그레코에게 작품을 의뢰했다. 엘 그레코는 기독교계에서 존경받는 교부인 산 아우구스티누스와 최초의 순교자 성 스테파노가 죽은 오르가스 백작을 묻는 장면을 그렸다. 그림은 천상의 세계와 지상의 세계로 양분되

산토 토메 성당 입구.

어 있다. 아래쪽에는 오르가스 백작의 장례식 모습이, 위쪽에는 신비로운 분위기 속의 예수와 성인들이 묘사되어 있다. 천국과 지상의 세계가 자연스럽게 연결되면서 인간과 신이 공존하는 모습이다.

이 작품은 집단 초상화와 종교화를 결합시켰다는 평을 받으면서 화제를 불러일으켰다. 이 그림의 왼쪽 아래에는 횃불을 들고 정면을 응시하는 소년이 있다. 이 소년은 감상자를 오르가스 백작을 매장하는 장면으로 인도하고 있다. 이 소년이 바로 엘 그레코의 아들이다. 엘 그레코의 아들에 대한 애정을 느낄 수 있는 장면이다. 이 작품은 현재 톨레도의 산토 토메 교회에 전시되어 있다.

엘 그레코는 세잔이나 피카소뿐만 아니라 릴케나 니코스 카잔차키스 등 많은 예술가와 작가에게 예술혼을 불러 일으켰다. 특히 《그리스인 조르바》를 쓴 그리스의 시인이자 소설가인 니코스 카잔차키스는 "엘 그레코와 꿈속에서 대화를 나누고 그의 삶을 깊이 있게 이해

했다."고 말할 정도로 그의 예술 세계와 삶의 열정을 존경했다.

벨라스케스

높이 318, 너비 276센티미터. 벨라스케스(1599~1660)의 〈라스 메니나스(Las Meninas)〉다. 〈시녀들〉이란 제목으로도 알려진 작품이다. 일단 그림의 크기가 보는 이를 압도한다. 시야를 꽉 채운다. 미술책에서 보았던 그 그림이 아니다. 그림이 커서 프라도 미술관 1층 가운데 천장이 높은 방에 전시되어 있다. 관광객들에게 가장 인기 있는 곳이다. '메니나(menina)'는 '궁정에서 왕족의 시중을 드는 소녀'를 의미한다. 그림의 가장 앞부분에 시녀 두 명이 등장하기 때문에 붙여진 이름이다.

그림을 살펴보자. 왕과 왕비가 초상화의 모델이 되기 위해 왕궁의 방에 서 있다. 벨라스케스는 이들을 그리기 위해 캔버스 앞에 붓과 팔레트를 들고 서 있다. 그리고 앞에는 궁정의 어릿광대와 개, 마르가리타 공주가 있다. 관람객이 보는 것은 왕과 왕비에게 인사하려는 공주의 모습이다. 관람객이 서 있는 자리가 왕과 왕비가 서 있는 바로 그 자리다. 그래서 그림 속의 모든 등장인물들은 관람객을 바라보고 있는 셈이 된다.

이는 관람객 자신이 왕궁의 방 안에 들어와 있는 것 같은 느낌을 갖게 한다. 또 그림 속에 등장하는 화가로 인해서 화가가 그리고자 하는 대상이 혹시 이 그림을 보고 있는 내가 아닐까 하는 생각을 들게 한다.

《스페인 미술관 산책》에서 최경화는 "벨라스케스가 구현한 공간감은 너무나 감쪽같아서 그림을 보는 내내 우리는 공주와 화가가 있는 공간이 그림 전체 높이의 반에도 채 못 미친다는 것을 눈치채지 못한다. 그래서 〈시녀

벨라스케스의 〈라스 메니나스, Las Meninas〉.

들〉이 지금보다 작은 방에 걸려 있던 시절에, 한 프랑스의 시인이 '도대체 그림이 어디 있단 말인가?'라고 감탄했을 정도다."라고 말하며 벨라스케스의 뛰어난 공간 감각을 언급하고 있다.

궁정에서의 일상적 순간을 스냅사진처럼 포착한 〈시녀들〉은 비록 350여 년 전의 작품이지만 많은 예술가나 작가에게 영감을 주었다. 피카소는 16세 때 프라도 미술관에서 이 그림을 처음 보고 이 그림의 '리메이크' 작품을 50여 점이 넘게 그렸다고 한다. 라헐 판 코에이는 소설《바르톨로메는 개가 아니다》에서 〈라스 메니나스〉를 바탕으로 자신의 창의성과 상상력을 한껏 발휘했다. 고야는 "나의 스승은 자연과 벨라스케스와 렘브란트다."라고 할 정도로 벨라스케스를 존경했

다. 19세기에 프라도 미술관을 방문한 모네 역시 벨라스케스를 '화가 중의 화가'라고 극찬했다. 벨라스케스는 모네를 비롯한 인상주의 화가들에게 큰 영향을 주었다.

이렇게 양파 같은 매력의 작품을 그린 벨라스케스는 1599년, 스페인 세비야에서 태어났다. 세비야에서는 주로 부엌 살림을 그린 정물화인 '보데곤(bodegón)'이라는 분야에서 두각을 나타냈다. 평범한 서민과 일상적인 정물의 모습을 사실적으로 표현했다. 이후 그는 〈펠리페 4세의 초상〉을 계기로 궁정화가로 발탁되었다. 펠리페 4세는 "내 모습은 벨라스케스만 그려야 한다."고 할 정도로 벨라스케스를 절대적으로 신임했다.

벨라스케스는 당시 마드리드 궁정에 머물렀던 루벤스의 도움으로 이탈리아를 여행하면서 이탈리아 르네상스의 명작들을 접하고 이탈리아 바로크의 거장들과 만나면서 화가로서의 역량을 키웠다. 당시 스페인 미술계는 '벨라스케스와 벨라스케스가 아닌 화가로 나뉘어져 있다'고 말할 정도로 벨라스케스는 스페인 미술과 유럽 미술에 지대한 영향을 끼쳤다.

이처럼 국왕의 총애를 받아 화가로서 승승장구했지만 벨라스케스는 귀족이 되고 싶어 했다. 스페인에서 화가는 전통적으로 천한 육체노동자였고, 그림과 조각은 단순한 물건에 지나지 않았다. 화가에 대한 편견이 해소된 이탈리아와는 달랐다. 벨라스케스는 귀족이 되고 싶은 자신의 마음을 〈라스 메니나스〉에 표현했다. 화가의 작업실을 몸소 찾은 왕과 왕비를 그림 속에 포함시켰다. 이는 화가의 지위가 그만큼 높다는 사실을 의도적으로 표현한 것이다.

그림 속 벨라스케스의 가슴에 그려진 산티아고 기사단 표시 역시 귀족이 되고자 했던 그의 열망을 잘 나타내고 있다. 벨라스케스는 실제로 1659년에 산티아고 기사단에 입단했다. 산티아고 기사단은 이슬람교도에게 정복당했을 당시 나라를 구하려고 모였던 가톨릭 기사단이었다. 이 기사단 입단은 귀족이 되었다는 의미였다. 자신이 단순히 손재주만 있는 육체노동자가 아닌 상류층 귀족임을 그림 속에서 은연중에 드러낸 것이다.

프란시스코 데 고야

이탈리아의 미술사가인 리오넬로 벤투리(Lionello Venturi)는 "고대 시가 호머에서 출발하듯이 현대 회화는 고야에서 시작한다."고 말했다. 고야(1746~1828)가 스페인 근대 회화의 출발점이라는 말이다. 프라도 미술관에서 벨라스케스의 〈라스 메니나스〉와 쌍벽을 이루는 작품은 바로 고야의 〈옷을 벗은 마하〉와 〈옷을 입은 마하〉다. '마하(maja)'는 '옷을 잘 차려 입고 생김새에는 신경 썼지만 귀족은 아닌 마드리드 여자'를 의미한다.

그동안 서양 회화에서 그려진 누드화의 주인공은 주로 그리스 로마 신화의 여신들이었지만, 고야의 〈옷 벗은 마하〉의 주인공은 추측

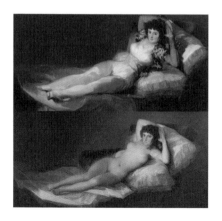

고야의 〈옷을 입은 마하〉(위), 〈옷을 벗은 마하〉(아래).

만 난무할 뿐 확실한 것은 밝혀지지 않았다. 누구인지 알 수 없는 여인을 누드로 그렸을 뿐이다. 당시로서는 파격이자 종교재판의 검열 대상이었지만 당대 권력의 핵심이었던 마누엘 고도이(Manuel Godoy)가 주문한 작품이었기 때문에 큰 문제 없이 지나갈 수 있었다.

고야는 1746년, 아라곤의 작은 마을에서 태어났다. 그는 아라곤 지방의 사라고사에서 미술 수업을 받다가 스승의 여동생과 결혼했다. 이후 마드리드의 산 페르난도 왕립 미술 아카데미에 들어가려 했으나 수차례 낙방했다. 이탈리아 여행 후 왕립 태피스트리(장식용과 보온용으로 벽에 거는 카펫) 제작소에서 태피스트리의 밑그림을 그리는 화가로 고용되었다. 이 일을 하면서 고야는 당시의 지식인이나 귀족들의 초상화를 그렸다. 이후 재능을 인정받은 고야는 1789년에 궁정화가가 되었다.

고야의 대표작으로는 〈카를로스 4세 가족〉이 있는데 국왕과 왕비를 포함한 대부분의 인물을 냉소적인 시각으로 희화화하여 왕실에 대한 불만을 표출했다. 프랑스의 미술비평가 테오필 고티에(Theophile

Gautier)는 이 그림에서 '복권에 당첨된 빵집 주인 일가족' 같은 인상을 받았다고 말했다. 윈스턴 처칠 수상은 "이렇게 아름다운 의상을 걸치고 금은보화로 치장하고 있으면서도 이토록 우둔하고 저질인 인간 군상을 일찍이 본 적이 없다."라고도 했다. 이 그림의 왼편의 큰 캔버스 앞에 있는 인물은 바로 고야 자신이다. 벨라스케스의 〈라스 메니나스〉의 영향이다.

1808년, 나폴레옹의 스페인 침공은 고야의 삶과 그림에 전환점을 가져왔다. 초기에는 스페인 왕가의 부패에 염증을 느껴 나폴레옹의 자유사상에 기대를 했지만 프랑스 군대의 잔학 행위를 보고는 마음을 바꿨다. 그는 〈1808년 5월 2일〉과 〈1808년 5월 3일〉을 통해서 그들의 만행을 고발했다. 특히 〈1808년 5월 3일〉은 타인의 고통을 바라보는 인간의 시선이 얼마나 폭력적일 수 있는지를 소름끼치게 형상화해 낸 그림이라는 평가를 받는다. 피카소는 고야의 이 두 작품에 나오는 고통스러워하는 말, 거꾸로 쓰러지는 사람, 아기를 안고 있는 어머니 등을 〈게르니카〉의 모티프로

고야의 〈카를로스 4세 가족〉.

고야의 〈1808년 5월 3일〉.

삼았다고 말했다.

고야는 〈전쟁의 참사〉라는 에칭 연작물도 만들었다. 그는 이 작품을 통해서 전쟁의 잔인함을 고발했다. 고야는 그림만 그리는 평범한 화가가 아니었다. 인간의 이성, 죽음, 광기, 야수성에 항상 관심을 갖고 작품 활동을 했다.

고야는 46세 때 심한 열병을 앓은 후 청력을 잃었다. 청각을 상실한 고야는 1819년에 마드리드 외곽에 있는 '귀머거리의 집'이라는 곳에 거주하면서 실내 벽화를 그렸다. 벽화들은 검은색이 주를 이루었기 때문에 '검은 그림들'이라 불렸다. 페르난도 7세의 폭정과 스페인의 폐쇄적이고 적대적인 삶에 대한 염증을 반영한 작품이다.

그의 비극적인 말년의 삶을 보여주는 작품이기도 한 이 14점의 그림들 중 가장 눈에 띄는 작품은 〈자식을 잡아먹는 사투르누스〉다. 티탄의 왕인 사투르누스는 자기 자식이 자신을 죽이고 왕위를 차지하리라는 저주를 받았다. 그래서 갓 태어난 친자식을 먹어치웠다. 여기서 고야는 자신을 사투르누스로 묘사했다고 한다. 부인과의 사이에 아이가 많이 있었지만 대부분 사산되거나 태어나더

고야의 〈자식을 잡아먹는 사투르누스〉.

라도 일찍 죽었기 때문에 성인이 된 자식은 단 한 명뿐이었다. 나이가 들어 자신의 잘못 때문에 죽게 된 아이들을 생각하며, 또 자신을 책망하며 사투르누스를 그렸다는 것이다.

고야는 1828년에 82세의 일기로 망명지 프랑스의 보르도에서 세상을 떠났다.

25

스페인의 근현대 미술

피카소, 달리, 미로

—

　20세기 초반 스페인 미술은 뜨거웠다. 세계 미술계의 주목을 받은 파블로 피카소(Pablo Picasso)를 비롯해 살바도르 달리(Salvador Dalí), 호안 미로(Joan Miró)가 등장했기 때문이다.

　피카소는 파리를 석권했고, 달리는 천재적이고 놀라운 발상으로 초현실주의의 세계를 보여주었다. 미로 역시 파리에서 활동하면서 야수파, 큐비즘의 그늘에서 벗어나 자신만의 초현실주의 화풍으로 사람들의 이목을 끌었다.

파블로 피카소

　피카소는 1881년, 스페인 남부 안달루시아 지방의 말라가에서 태어났다. 미술 교사인 아버지를 따라 북부 라코루냐를 거쳐 바르셀로나로 갔다. 피카소는 바르셀로나의 라론하 미술학교에 입학하려고 했지만 당시 겨우 14세로 시험을 치르기에는 너무 어린 나이였다. 그러나 피카소의 고집에 못 이겨 학교 측은 입학시험에 응시할 자격을 주었다. 입학시험 과제는 보통 한 달의 기한을 주는데, 개구쟁이 피카소는 이를 일주일 만에, 그것도 완벽한 기교와 정확성으로 완성하여 제출했다. 미술학교에서는 이 천재 소년을 거절할 이유가 없었다.

2년 후인 16세 때, 피카소의 아버지는 피카소를 마드리드의 산 페르난도 왕립 미술 아카데미로 보내 스페인 최고의 미술 아카데미에서 엘리트 코스를 밟게 했다. 그러나 피카소는 아카데미의 교육 방식과 분위기에 싫증을 느껴 학교보다는 프라도 미술관에서 시간을 더 많이 보냈다. 이때 피카소는 엘 그레코의 길게 그려진 팔다리, 매력적인 색감, 신비로운 얼굴 등에 강렬한 인상을 받았다.

피카소는 19세 때인 1900년에 파리 몽마르트로 갔다. 비록 프랑스어는 한마디도 할 줄 몰랐고 배를 굶주리며 그림을 그렸지만, 피카소는 파리에 완전히 매료되었다. 이때 그는 청색을 통해 세계와 사물을 보았다. 이 시기가 '청색이야말로 색 중의 색'이라 생각했던 피카소의 '청색 시대'다.

이후 피카소는 1904년에 바르셀로나와 영원히 작별하고 파리에 정착했다. 페르낭드 올리비에와 사랑에 빠지면서 청색 대신 장밋빛을 사용했다. 그의 '장밋빛 시대'는 1906년까지 계속되었다.

피카소는 또 다른 변화를 추구했다. 1907년 파리의 민속박물관에서 흑인 예술을 본 직후였다. 그는 흑인의 조각품과 가면에서 마술적인 힘에 매료되었다. 아프리카 예술에서 발견한 명확하고 단순하며 기하학적인 형태를 바탕으로 입체주의를 만들었다.

피카소는 1907년에 100여 개에 가까운 데생과 준비 작업을 거쳐 완성한 대작을 공개했다. 〈아비뇽의 처녀들〉이었다. 20세기 예술에서 가장 중요한 미술사조 중의 하나인 입체주의의 태동을 알리는 작품이었다.

1914년부터는 다시 사실주의적인 그림을 그리기 시작했다. "피카소가 입체주의를 저버렸다."라는 주위의 비판을 피카소는 "나는 무엇인가 말하고 싶은 것이 있으면 그것이 꼭 그렇게밖에 표현될 수 없다고 느끼는 방법에 따라 있는 그대로 표현한다."라는 말로 일축했다.

피카소를 세계에 알린 대표적인 작품은 바로 〈게르니카〉다. 1937년 4월 26일 오후 4시 30분경, 바스크 지방의 작은 마을인 게르니카에 폭탄이 떨어졌다. 프랑코의 요청으로 히틀러가 전투기를 보내 엄청난 양의 폭탄을 투하했다. 이 폭격으로 수많은 게르니카 주민이 사망하거나 부상당했다. 분노한 피카소는 그림을 그리기 시작했다. 그림을 통해서 게르니카의 참상을 전 세계에 알리고자 했다.

피카소는 이 작품에 수많은 역사, 이야기, 전설, 비극, 은유를 담았다. 죽은 아이를 안고 우는 어머니, 쓰러진 사람들, 황소, 말, 불타는 건물 등 여러 요소들을 배치했다. 작품의 맨 왼쪽에 위치한 도상은 성모 마리아가 죽은 예수를 안고 있는 피에타 상을 연상시키며, 중앙의 램프를 든 여인은 자유의 여신상을 나타낸다. 그리스 신화에 등장하는 인간의 몸과 황소 머리를 한 반인반수인 미노타우로스가 등장하기도 한다.

피카소는 이 작품을 흑백으로 그렸다. 형태에 어떤 의미를 더하지 않기 위해서다. 즉, 다양한 색을 사용하면 표현하고자 하는 주제가 흐려질 수 있기 때문이었다. 피카소는 "무슨 색을 사용할지 잘 모르겠다면 검은색을 선택하라."고 말하기도 했다. 〈게르니카〉를 구성하는 모티프들에 대한 다양한 해석에 대해서 피카소는 "황소는 황소고, 말은 말이다."라고 답했다. 더 이상의 해석이 필요 없다는 의미다.

피카소는 회화와 조각 외에도 말년에는 도자기를 제작해 호평을 받았다. 그의 작품들은 스페인의 말라가, 마드리드, 바르셀로나를 비롯하여, 프랑스의 파리, 리비에라 해안 안티베스, 독일의 뮌스터, 스위스 바이엘러 재단 등에서 만날 수 있다.

바르셀로나의 피카소 미술관에는 피카소 초기의 작품부터 1904년까지의 청색 시기 작품들이 많이 소장되어 있다. 파리의 피카소 미술관에는 입체주의 시기와 그 이후의 시기에 제작된 작품들이 전시되어 있다. 그는 미술가로서의 삶 외에도 올리비에, 에바, 올가, 마리 테레즈, 도라 마르, 자클린 로크 등 수많은 여성과 숱한 염문을 남겼다.

2015년에 발간된 예술시장동향 보고서(Art Market Trends Report)에 따르면, 피카소는 경매 시장을 기준으로 최상위에 랭크되었다. 또 2012년 예술품 분실 기록에는 피카소의 작품 1,147점이 도난당한 것으로 기록되어 있다. 피카소의 가치가 얼마나 큰지를 알 수 있다.

살바도르 달리

달리의 작품 중에서 '시계가 흐물흐물 녹아내리는' 그림이 있다. 〈기억의 영속〉이라는 작품이다. 달리는 이 그림에 대해서 "은행원이 수표를 먹어치우지 않는 것이 나를 놀라게 하는 것처럼, 그 어떤 화가도 나에 앞서서 흐물흐물 녹아내리는 시계를 그리지 않았다는 것 역시 나를 놀라게 한다."라고 말하면서, 자신의 별난 예술 행동을 비난하는 사람들에게 일침을 가했다.

달리는 쇼맨십이 매우 강한 화가였다. 벨라스케스의 콧수염을 본 딴 수염을 평생 동안 하고 다녔다. 복장 역시 독특했다. 또한 달리는 전방위 예술가였다. 회화, 조각, 설치, 영화, 무용, 무대장치, 의상과 보석 디자인, 심지어는 화장품에 이르기까지 그의 창조적 광기가 뻗치지 않은 곳이 없었다. 의식의 세계를 다루던 기존의 미술에 무의식의 세계를 최초로 도입하기도 했다.

2002년 7월 31일자 〈르몽드〉지는 "인간 달리를 미워할 수는 있다. 그러나 우리는 이제 원하든 원하지 않든 달리를 빼놓고 20세기의 얼굴과 색깔을 상상할 수 없다."라고 말했다.

그의 작품들은 카탈루냐 북부의 피게레스에 있는 미술관에서 감상할 수 있다. 1971년에 스스로 설계하여 건립한 이 미술관에는 달리의 창의적이고 상상력이 풍부한 작품들이 전시되어 있다.

달리는 1904년, 카탈루냐 동북부 소도시 피게레스(Figueres)에서 태어났다. 그림에 관심과 재능이 출중해서 마드리드의 산 페르난도 왕

카탈루냐 피게레스에 위치한 달리 미술관(위)과 그의 작품 〈여인의 얼굴〉(아래).

립 아카데미에 입학했다. 그는 마드리드의 학생 기숙사에서 시인 가르시아 로르카, 영화감독 루이스 부뉴엘 등과 교류하면서 폭넓은 경험을 쌓았다. 비록 개성이 강한 예술가들끼리의 만남이어서 갈등이 적지 않았지만, 달리에게는 잊지 못할 시간이었다. 달리는 부뉴엘과 영화 〈안달루시아의 개〉를 제작하여 자신의 초현실주의적 세계관을 보여 주었다.

달리는 1926년에 아카데미에서 최종 시험 직전에 퇴학당했다. 자신을 테스트할 수 있는 사람은 아무도 없다고 공언했기 때문이었다. 이후 파리에서는 호안 미로의 소개로 피카소와 친분을 쌓았고 파리의 초현실주의자들과 교류하였다. 초현실주의자들은 계산하고 측정하며 눈에 보이는 것을 재현하는 기존의 방식에 반대하고, 예술가의 무의식 세계를 표현하고자 했다.

달리 역시 프로이드의 무의식 세계의 영향을 많이 받아 초현실주의에 입각해서 작품 활동을 했다. 그는 고전적인 주제를 완전히 다시 풀어서 표현했다. 꿈의 세계와 무의식의 세계를 그렸지만 정교한 화법으로 진짜처럼 표현했기 때문에 꿈과 실제 세계 사이의 경계가 분명치 않았다.

그는 아홉 살 연상의 여인 갈라(Gala)와의 사랑으로도 유명하다. 갈라는 달리에게 여인, 어머니, 동지, 뮤즈, 매니저 그리고 '현실'이었다. 러시아 태생인 갈라는 프랑스 시인 폴 엘뤼아르와의 사이에 딸이 하나 있었지만, 모성애라곤 전혀 없는 독특한 개성의 소유자였다. 달리를 만나기 전에는 남편 엘뤼아르의 묵인 아래 독일 화가 막스 에른스트와의 연인 관계를 공공연히 드러내기도 했다. 그러나 1929년, 그녀는 달리를 만나면서 모든 연인 관계를 청산했다. 그녀는 오로지 달리의 정신분열증적 광기를 긍정적이고 창조적인 천재성으로 승화시키려 노력했다.

1930년대에 갈라는 달리의 모든 사회적 교류, 계약, 작품의 판매, 홍보, 경제 문제 등을 전담하였다. 달리는 갈라 덕분에 작품 활동에만 몰두할 수 있었다. 미국에서 큰 성공을 거둔 달리는 갈라를 위해서 헤로나 근처에 푸볼(Pubol) 성을 구입했다. 자신을 광기에서 구해낸 갈라에 대한 감사와 사랑의 표현이었다. 비록 갈라의 성적 방종과 회춘에의 욕구(그녀는 수차례에 걸쳐 주름 제거수술을 받았다고 한다)에 견딜 수 없을 정도로 괴로워했지만, 달리는 모든 것을 용서해 주었다.

죽음이 두 사람을 갈라놓을 때까지 그들의 사랑은 치열하고 격정적이었다. 1982년, 갈라가 세상을 떠난 이후 달리는 창작 행위를 멈추고 거의 식물인간이 되다시피 살다가 7년 후에 갈라의 뒤를 따라 세상을 떠났다.

호안 미로

호안 미로는 1893년에 바르셀로나에서 태어났다. 1918년 초까지는 야수파 화가인 세잔느, 반 고흐, 마티스의 영향을 받아 일체의 환

람블라스 거리에 있는 호안 미로의 모자이크 작품.

상을 배제하고 사실주의적인 방법으로 지중해의 정경, 정물, 초상화 등을 그렸다.

그러나 1920년, 파리에 가서 피카소와 다다그룹(1차 세계대전을 초래한 전통적인 서구 문명을 부정하고 기성의 모든 사회적, 도덕적 속박에서 정신을 해방시켜 개인의 진정한 근원적 욕구에 충실하고자 한 그룹)을 알게 되었다. 1924년에는 초현실주의 선언에 서명하면서 본격적으로 초현실주의 그림을 그렸다.

그는 인간의 무의식에 집중했다. 괴팍하고 심각해 보이는 그림을 그렸던 다른 초현실주의자들과는 달리 어린이가 그린 것 같은 천진

난만한 스타일의 그림을 그렸다. 그는 또한 카탈루냐의 민족성과 정체성에도 관심을 갖고 작품 활동을 했다.

미로는 1930년대 이래 많은 인터뷰나 글에서 "회화의 전통적인 방식을 살해하고 암살하거나 위반한다."라는 말로 전통 회화에 반하는 반회화적, 반미학적인 태도를 취했다. 그는 기존의 그림들과는 다른 그림을 그리고자 했다. 콜라주, 조각, 석판화 등도 제작했다. 이는 자기 자신만의 초현실주의를 펼치려는 의지의 표명이었다.

그가 주로 그린 대상은 여인, 하늘, 새, 별이다. 새는 하늘과 인간 세상의 중개자이고, 별은 하늘나라와 상상의 세계를 상징한다. 그는 직선만이 아닌 곡선과 직선을 조화롭게 사용했다. 그는 또한 도자기나 조각 외에도 공공건물의 장식을 여러 차례 맡았다. 마드리드의 산티아고 베르나베우 축구장 맞은편에 위치한 팔라시오 데 콩그레소(Palacio de Congreso) 건물의 벽, 람블라스 거리의 바닥에 조성된 모자이크 타일 장식 등이 그의 작품이다.

그가 맡았던 가장 큰 프로젝트 중의 하나는 1975년, 바르셀로나에 미로 재단을 설립한 것이었다. 이곳에는 자신이 기증한 회화와 조각품 등 약 300여 점이 전시되어 있다. 그의 작품은 이곳뿐만 아니라 팔마 데 마요르카의 필라르 이 호안 미로(Pilar i Joan Miró) 재단, 마드리드의 소피아왕비 미술관, 파리의 퐁피두센터, 뉴욕의 현대미술관(MOMA) 등에도 전시되어 있다. 그는 1983년에 팔마 데 마요르카의 자택에서 심부전증으로 세상을 떠났다.

26

세고비아
클래식 기타의 거장

———

    스페인 사람은 보통 전체보다는 개인을 중시하는 성향을 갖고 있어서 '신' 다음으로 위대한 존재는 '자기 자신'이라고 생각한다고들 한다. 이는 신대륙을 식민지로 삼았던 때, 아니 그 이전부터 가졌던 '높은 긍지'나 '체면'과도 깊은 관련이 있다. 스페인 사람이 하나의 일을 여러 사람과 함께 수행하는 것에 서툴다는 평을 받는 이유다. 교향곡보다는 독주곡에서, 합창보다는 독창에서 보여주는 뛰어난 결과가 이를 증명한다.

    스페인을 대표하는 음악 장르를 꼽으라면 먼저 클래식 기타를 들 수 있다. 프란시스코 타레가(Francisco Tarrega)의 〈알람브라 궁전의 추억〉, 호아킨 로드리고(Joaquín Rodrigo)의 〈아란후에스 협주곡〉, 이삭 알베니스(Isaac Albéniz)의 〈아스투리아스-전설〉 등은 한 번 들어보면 '아하! 이 음악!'이라고 할 정도로 우리에게 익숙한 기타 음악이다. 광고 음악이나 영화의 배경음악으로도 자주 등장하는 곡들이다.

    기타와 관련된 스페인 출신의 음악가 중에서 가장 대표적인 사람

기타 음악의 수준을 한 단계 격상시킨 안드레스 세고비아.

을 꼽으라면 안드레스 세고비아(Andrés Segovia)일 것이다. 그는 기타를 '거리의 악기'에서 '콘서트장의 악기'로 만들었다. 기타 음악의 수준을 한 단계 격상시킨 장본인이다.

세고비아는 1893년, 남부 안달루시아의 하엔(Jaén) 지방에서 태어났다. 그는 어릴 때부터 기타의 선율을 좋아해서 독학으로 기타를 공부했다. 1916년, 마드리드에서 정식 데뷔한 이래 전 세계로 연주 여행을 다녔다. 그는 기타의 약점인 작은 소리를 극복하기 위하여 손톱과 살을 적절히 사용하는 주법을 개발하였고, 기타를 연주회용 독주뿐만 아니라 중주, 협주 악기에 적합한 악기로 만들었다.

20세기 기타리스트 중에 세고비아의 영향을 받지 않은 사람이 없을 정도로 그의 영향력은 매우 컸다. 대부분의 유명 연주자들이 세고비아에게 배운 경험이 있다는 사실이 이를 증명해 준다.

세고비아는 연주 활동뿐만 아니라 기존의 음악을 기타에 맞춰 편곡하기도 했다. 그는 원곡을 살리면서 기타의 분위기에 맞도록 재구성하는 능력이 뛰어났다. 그의 뛰어난 편곡으로 기타 음악의 레퍼토리가 넓어졌고, 많은 작곡가들은 그로부터 영감을 얻었다. 〈사랑의 기쁨〉, 〈사랑의 슬픔〉으로 유명한 바이올린 연주자이자 작곡자인 크라이슬러는 "세계에는 참으로 위대한 현악주자가 두 명 있는데 스페인 출신의 첼리스트 카잘스와 기타의 거장 세고비아다."라고 말할 정도였다. "사람들을 놀라게 하는 것보다 감동을 주는 것이 더 좋다."라고 했던 세고비아. 그는 스페인, 더 나아가 전 세계 클래식 기타 음악 발전에 큰 공헌을 한 인물이다.

세고비아와 함께 스페인 기타 음악에서 빼놓을 수 없는 인물은 호아킨 로드리고다. 그는 〈아란후에스 협주곡(Concierto de Aranjuez)〉을 작곡했다. 이 곡은 기타뿐만 아니라 다양한 악기로도 연주되었으며, 많은 가수와 성악가들이 가사를 붙여 노래하기도 했다.

그는 1901년, 발렌시아의 사군토(Sagunto)에서 태어났다. 3살 때 디프테리아로 인해 시력을 잃었다. 하지만 그는 "자신을 음악의 길로 이끈 것은 바로 실명(失明)이었다."고 말할 정도로 자신의 장애를 오히려 영감의 원천으로 삼아 활발한 음악 활동을 펼쳤다.

1927년부터 5년 동안 파리에서의 공부는 그의 음악 인생에 또 다른 전환기가 되었다. 그는 당대의 유명한 음악가들과 교류하면서 자신의 음악 세계를 넓혀갔다. 특히 파리에서는 죽을 때까지 자신의 눈이 되었던 반려자를 만났다. 터키 출신의 피아니스트 빅토리아 카미(Victoria Kamhi)였다.

로드리고는 1939년에 〈아란후에스 협주곡〉을 작곡했는데, 이 곡으로 세계적인 명성을 얻었다. 아란후에스는 마드리드에서 약 50킬로미터 떨어진 곳으로 이곳에는 아란후에스 궁전이 있다. 넓고 아름다운 정원이 있는 스페인 왕실 소유의 여름 별궁이다. 〈아란후에스 협주곡〉은 3악장으로 된 기타와 오케스트라를 위한 곡이다.

그동안 기타는 다양한 음색에 비해 작은 음역과 음량으로 인해서 주로 소품을 연주하는 악기였다. 그러나 이 곡은 기타와 오케스트라와의 협연이 불가능할 것이라는 고정관념을 깨고 기타를 오케스트라와 함께 연주할 수 있는 악기로 자리매김하는 데 결정적 역할을 했다.

특히 이 곡의 2악장은 많은 음악가뿐만 아니라 예술가들의 영감을 불러 일으켰다. 〈Aranjuez Mon Amour〉, 〈En Aranjuez con tu amor〉, 〈Follow me〉 등으로 성악가뿐만 아니라 팝 가수들도 〈아란후에스 협주곡〉의 2악장을 편곡해서 불렀다. 아마 이 곡의 2악장만큼 편곡과 형태를 달리해서 재탄생된 작품은 거의 없을 것이다.

세고비아의 부인 카미는 자서전에서 "〈아란후에스 협주곡〉의 2악장에는 신혼여행의 행복한 시간에 대한 회상과 자신의 유산(流産)으로 인한 고통이 표현되어 있다."라고 말했다. 로드리고 자신은 2악장을 '기타와 잉글리시 호른이 나누는 애수의 대화'라고 평했다. 미국 출신의 재즈 음악가인 마일스 데이비스(Miles Davis)는 "2악장의 멜로디는 너무나 인상적이어서 부드럽게 연주하면 할수록 더 강렬해지고, 힘차게 연주하면 할수록 더 약해진다."라고 말하기도 했다.

이 곡에 얽힌 에피소드 한 가지. 〈아란후에스 협주곡〉은 마드리드 왕립음악원의 교수이자 당대 최고의 기타 연주자인 레히노 사인스 데 라 마사(Regino Sainz de la Maza)에게 헌정되었다. 이 곡이 자신에게 헌정되지 않은 것에 대해 세고비아는 크게 화를 내고 앞으로 로드리고의 곡을 연주하지 않겠다고 공언했다. 이에 로드리고는 대가를 존경하고 위로하는 마음으로 1954년에 〈어느 귀인을 위한 환상곡(Fantasía para un Gentilhombre)〉을 작곡하여 세고비아에게 헌정했다.

27

플라시도 도밍고와
호세 카레라스

세상에서 가장 아름다운 목소리

—

1990~2000년대를 풍미한 세계 3대 테너는 루치아노 파바로티(Luciano Pavarotti), 플라시도 도밍고(Plácido Domingo), 호세 카레라스(José Carreras)다. 이 중에서 파바로티를 제외한 두 사람이 스페인 출신이다. 합창보다 독창에 뛰어난 스페인 사람들의 자질을 잘 보여주는 사례다. 이들은 1990년 로마 월드컵 결승전 전야제 공연 때 처음 등장했다. 이후 세계 3대 테너라는 타이틀을 달고 전 세계 순회 연주를 다니면서 많은 인기를 얻었다. 2001년 6월에는 서울에서 공연을 하기도 했다.

3대 테너 중의 한 명은 플라시도 도밍고다. 러시아 출신의 세계적인 첼리스트인 로스트로포비치는 "어떤 첼로도 도밍고의 목소리만큼 아름다운 소리를 낼 수 없을 것이다."라고 그를 극찬한 바 있다.

1941년, 마드리드에서 태어난 플라시도 도밍고는 6세 때 스페인의 전통 오페라인 사르수엘라(Zarzuela) 가수였던 부모를 따라 멕시코로 이주했다. 학창 시절에는 '엘 그라나도(El Granado)'라는 별명으로 불렸다. 학교 행사 때마다 멕시코 출신의 작곡가인 아구스틴 라라 (Agustín Lara)의 '그라나다(Granada)'를 고정 레퍼토리로 불렀기 때문이다. 그는 17세 때 같이 음악원에 다니던 18세의 소녀와 결혼한 적이 있었다. 딸까지 낳았지만 결혼 생활은 그리 오래 가지 못했다.

20대에 데뷔하여 세계의 정상에 오른 도밍고는 이후 40년 이상 세계 수많은 음악 팬들의 사랑을 받고 있다. 특히 도밍고는 뛰어난 미성과 출중한 외모로 인기를 얻었다. 그는 로마의 라 스칼라, 바이에른의 슈타츠 오퍼, 뉴욕의 메트로폴리탄, 런던의 코벤트 가든을 비롯한 세계의 유명한 오페라 극장에서 공연을 하는 등 현대 오페라계의 총아로 군림하고 있다. 2016년 10월에는 서울에서 공연하기도 했다.

그는 1985년 멕시코 대지진 때 삼촌, 숙모, 조카, 사촌의 어린 아들 등 많은 가족을 잃었다. 이후 자선음악회를 열어 희생자를 돕는 데 적극 나섰다. 플라시도 도밍고는 현재 가수, 지휘자, 프로듀서, 작곡자로 활동하고 있다.

3대 테너 중 또 한 사람은 바로 호세 카레라스다. 그는 1946년, 바르셀로나에서 태어났다. 6살 때 이탈리아 나폴리 출신의 전설적인 성악가 엔리코 카루소(Enrico Caruso)에 대한 영화에 나오는 아리아들을 쉼 없이 따라 불렀을 정도로 어렸을 때부터 음악에 남다른 재능과 열정을 보였다. 8살 때에는 라디오에 출연하여 리골레토의 〈여자의 마음〉을 부르기도 했다.

카레라스는 11살 때 바르셀로나의 리세우 대극장에서 마누엘 데

플라시도 도밍고(좌)와 호세 카레라스(우).

파야(Manuel de Falla)의 오페라에 나오는 보이 소프라노 역을 맡으면서 이름을 알렸다. 이 역할은 소년이 부르기에는 너무 어려워 성인 메조소프라노가 부르는 것이 일반적이었으나 카레라스는 어린 나이에 이 역을 훌륭하게 소화했다.

호세 카레라스는 24살 때 바르셀로나에서 정식으로 데뷔했다. 이후 미국, 영국, 오스트리아, 아르헨티나 등 전 세계에서 여러 작품의 주연을 맡아 공연했다. 그런데 기량이 절정기에 달했던 1987년 백혈병에 걸렸다. 카레라스 자신은 물론이고 전 세계 음악 팬들에게 날벼락 같은 소식이었다. 의사들은 생존 가능성이 거의 없다고 했다. 그러나 카레라스는 의사의 말을 비웃기나 한 듯 1년의 투병 끝에 완치 판정을 받아 무대에 다시 섰다. 재기에 성공한 이후 활발하게 음악 활동을 해왔다.

카레라스는 1988년에 백혈병 퇴치 재단을 설립했다. 이 재단은 백혈병 치료 연구 개발, 골수 이식 캠페인, 개발도상국의 의학 인프라 구축, 백혈병 환자와 그 가족을 위한 사회적인 서비스 제공 등 다양한 활동을 하고 있다.

2017년 3월, 47년의 음악 인생을 마무리하는 세계 투어의 일환으로 서울을 찾은 카레라스는 공연 전 인터뷰에서 플라시도 도밍고의 말을 빌려 "신이 노래할 수 있는 목소리를 남겨주시는 한 노래를 계속할 것이다."라고 말했다. 그의 음악에 대한 열정을 알 수 있는 대목이다. 카레라스는 갈라쇼를 통해서 재단 운영을 위한 기금을 모으는 등 자선 활동에도 앞장서고 있다.

Part 4

올라! 에스파냐!

사회와 문화

28
스페인어
하나의 국가, 네 개의 언어

―

사람들은 스페인에서 스페인어를 쓴다는 사실을 당연하게 여긴다. '스페인 사람들이 사용하는 언어는 뭐죠?'라는 질문은 하지 않는다. 그래서 스페인에는 지역에 따라 각각 다른 언어가 존재한다고 말하면 모두들 놀란다. "그래요? 모두 몇 개나 되는데요?" "네 개의 언어가 공식적으로 사용되고 있어요." 내 대답에 한 번 더 놀란다. "하나도 아니고 두 개도 아니고 네 개씩이나 된다구요?"

그렇다. 스페인에는 카스티야(Castilla)어, 카탈루냐(Cataluña)어, 바스크(País Vasco)어, 갈리시아(Galicia)어 이렇게 총 네 개의 언어가 사용되고 있다. 이들 네 언어는 1978년 공포된 헌법에 스페인의 공식 언어로 인정되었다.

보통 스페인어라고 하면 카스티야 지방에서 사용되는 카스티야어를 지칭한다. 카스티야는 마드리드를 중심으로 스페인 중앙부에 위치한 지역이다. 다른 지역에 비해서 면적이 가장 넓다. 정치적인 영향력 또한 가장 큰 곳이다. 카탈루냐어는 반도의 북동부에 위치한 카탈루

세 개의 언어로 쓰여 있는 바르셀로나 공항 안내판(맨 위부터 카탈루냐어, 영어, 스페인어).

냐 지방에서 사용되는 말로 바르셀로나가 그 중심 도시다. 바스크어는 반도의 북부에 있는 바스크 지방의 말로 빌바오, 산세바스티안을 중심으로 사용된다. 갈리시아어는 반도의 북서부에 있는 갈리시아 지방의 말이다. 중심 도시는 바로 산티아고 순례길의 종착지인 산티아고 데 콤포스텔라다.

카탈루냐, 바스크, 갈리시아 지방을 여행하다 보면 지금도 스페인어(카스티야어)가 아닌 해당 지방의 언어로 쓰여진 간판이나 표지판을 볼 수 있는데 이는 바로 각 지역의 고유 언어가 여전히 사용되고 있다는 반증이다.

그렇다면 왜 한 나라에 네 개의 언어가 존재하게 됐을까?

로마 제국은 이베리아반도를 기원전 218년부터 409년까지 약 600년 동안 통치하면서 언어, 법, 종교, 예술, 건축 등 거의 모든 분야에 큰 영향을 끼쳤다. 반도의 로마화다. 로마 제국 지배하에서 스페인은 지금의 언어(스페인어)와 종교(가톨릭)의 틀을 갖추었다. 스페인의 원형(原型)이 만들어진 것이다.

로마 제국의 붕괴 이후, 스페인에는 서고트족과 이슬람교도들이 잇달아 들어왔다. 그러나 로마 제국의 언어인 라틴어는 이들 민족의 영향을 거의 받지 않았다. 라틴어는 일반 서민들 사이에 의사소통의 수단으로 계속 사용되었다. 서민들이 사용한 라틴어를 '통속(通俗) 라틴어'라고 하는데, 지금의 스페인어가 바로 이 통속 라틴어에서 파생되었다. 프랑스어, 포르투갈어, 이탈리아어, 루마니아어 등도 여기에 해당된다.

10세기 이후, 이슬람교도에 의해서 북쪽으로 밀려나 있던 반도 내의 여러 가톨릭 왕국들이 힘을 합쳐 세력을 키워나갔다. 이들 가톨릭 왕국에서 사용되던 통속 라틴어는 해당 지역에서 개별적으로 발전되었다. 가장 대표적인 언어가 앞에서 언급한 카스티야어, 카탈루냐어, 바스크어, 갈리시아어 등 네 개의 언어다.

갈리시아어(위)와 바스크어(아래) 간판.

설명을 듣고 나면 "그럼 이들 지역에 가면 스페인어가 통하지 않나요?"라는 질문이 이어진다. 결론적으로 의사소통에는 문제가 전혀 없다. 각 지역에서는 자기 지역의 언어뿐만 아니라 스페인어, 즉 카스티아어도 함께 사용하기 때문이다.

 Tip 가사가 없는 스페인 국가(國歌) ────────

월드컵 경기 시작 전에 국가를 부를 때 스페인 축구대표 선수들은 입을 닫은 채 먼 곳만 멀뚱멀뚱 쳐다보고 있다. 스페인 국가에는 가사가 없기 때문이다. 스페인 국가의 정식 명칭은 '왕실 행진곡(마르차 레알 Marcha Real)'이다. 왕이나 여왕이 참석하는 공식 행사에서 자주 연주되어 붙여진 이름이다. 행진곡이기 때문에 당연히 가사가 없다. 1770년에 카를로스 3세는 이 곡을 공식 행사에서 사용했다. 이후 이사벨 2세가 정식으로 스페인 국가로 채택하여 지금에 이르고 있다.

그동안 이 곡에 가사를 붙이려는 시도가 있었다. 2008년 1월, 스페인올림픽위원회가 공모를 거쳐 가사를 선정하고, 이 가사의 사용을 정부에 공식 요청했다. 그러나 선정된 노랫말인 '스페인이여 영원하라', '조국을 사랑하라'가 프랑코 독재 정권의 국가주의를 떠올리게 한다는 스페인 좌파 정치인들의 반발로 인해 무산되었다. 이념적으로, 지역적으로 긴장 상태를 유지하고 있는 스페인에서 국가에 가사를 붙이는 것이 쉽지 않아 보인다.

29

엘 클라시코
총성 없는 전쟁

—

　몇 년 전 마드리드에서 바르셀로나로 가는 고속열차 아베(AVE)에서 한 스페인 젊은이와 대화할 기회가 있었다. 이런저런 이야기를 나누다가 어느덧 화제는 축구로 이어졌다.

　"너, 축구 좋아하니?"

　"물론이지, 축구는 나의 인생이야. 축구가 없다면 글쎄…. 공기 없는 세상이랄까?"

　어느 정도는 예상했던 대답이었지만, '축구가 인생'이라니? 이건 너무 오버 아닌가 싶어 재차 물었다.

　"축구가 네 인생이라고?"

　"당연하지."

　이어서 그는 기다렸다는 듯이 축구에 대한 자신의 사랑과 철학 등을 쏟아냈다. 덕분에 세 시간 남짓의 기차 여행이 지루하지 않았다.

　그러나 모든 스페인 사람들이 이 청년처럼 축구에 열광하는 것은 아니다. 그동안 내가 만난 스페인 사람들은 공교롭게도 대부분 축구

FC 바르셀로나의 홈구장인 캄 노우 경기장.

를 싫어하거나 축구에 관심이 없었다. 그들은 특정한 것에 대한 광적인 태도, 스페인과 축구를 동일시하는 생각이 싫다고 했다. 스페인을 정열, 태양, 플라멩코, 투우, 축구와 무조건 연관시키는 것이 얼마나 편협한 태도인지를 다시 한 번 생각하게 한다.

그 청년과 헤어지면서 '스페인 사람에게 축구는 어떤 의미를 갖는가?' '그들은 왜 축구에 열광하는가?'라는 화두를 안고, FC 바르셀로나의 홈구장인 캄 노우(Camp Nou) 경기장으로 갔다. FC 바르셀로나와 말라가의 경기가 열리는 날이었다. 경기장은 벌써 축구 팬들로 가득차 있었다.

스페인 축구의 시작

스페인 축구는 1889년, 스페인 남부 우엘바(Huelva)의 한 광산에서 일했던 스코틀랜드 출신의 노동자들에 의해서 시작되었다. 그들이 만든 우엘바 레크리에이션 클럽(Huelva Recreation Club)을 시작으로 각 지역에 축구 클럽이 창단되었다.

1899년에는 바르셀로나에 FC 바르셀로나가, 1902년에는 마드리드에 레알 마드리드가 출범했다. 이로써 스페인에서 축구가 본격적으로 자리를 잡기 시작했다. 1902년에 국왕배(Copa del Rey) 경기가 처음으로 열렸다. 스페인에서 축구는 왕의 스포츠다. 일부 축구팀에 '국왕의'라는 의미를 지닌 '레알(Real)'이란 명칭의 사용을 허락했기 때문이다. 팀의 엠블럼에 왕관이 포함되어 있는 레알 마드리드, 레알 소시에다드, 레알 베티스, 비야레알 등이 여기에 해당된다. 스페인 축구의 수준이 한 단계 더 높아진 계기는 바로 1929년에 시작된 프리메라 리가(Primera Liga)다.

프리메라 리가

스페인 축구는 프리메라 리가를 빼놓고 얘기할 수 없다. 프리메라 리가는 '첫 번째'를 뜻하는 '프리메라(Primera)'와 '리그'를 의미하는 '리가(Liga)'로 이루어진 말이다. 줄여서 라 리가(La Liga)라고도 한다. 영국의 프리미어리그, 이탈리아의 세리에 A, 독일의 분데스리가와 함께 유럽을 대표하는 리그다. 라 리가에서는 모두 20개 팀이 경쟁하며, 매년 하위 두 팀은 2부 리그로 강등되고, 대신 2부 리그 1, 2위 팀이 라 리가로 승격된다.

라 리가는 경제 지표의 구실도 한다. 1부 리그 팀의 보유 여부로 해당 도시나 지역의 경제적인 규모나 수준을 쉽게 알 수 있다. 마드리드, 바르셀로나, 발렌시아, 바스크 지방 같이 경제 활동이 활발한 지역은 항상 1~2개의 1부 리그 팀을 보유하고 있다.

하지만 별다른 생산 시설이 없는 엑스트레마두라(Extremadura)나 바다호스(Badajoz) 지역은 1부 리그 팀이 없다. 1부 리그로 올라온다 하더라도 얼마 안 가서 2부 리그로 강등되는 경우가 많다. 좋은 선수를 영입하기 위해서는 많은 자본이 필요한데 이들 지역은 별다른 재원 마련의 수단을 갖고 있지 못하기 때문이다.

1929년, 프리메라 리가가 처음 시작된 이래 2016~2017시즌까지

레알 마드리드의 홈구장인 산티아고 베르나베우 경기장.

레알 마드리드가 33회, FC 바르셀로나가 24회 리그 우승을 할 정도로 각 팀마다, 각 지역마다 편차가 매우 크다. 이 두 팀이 라 리가를 이끈다 해도 과언이 아니다.

레알 마드리드와 FC 바르셀로나

아토차(Atocha) 역과 함께 마드리드의 대표적인 기차역인 차마르틴 (Chamartín) 역에서 지하철로 두 정거장 거리에는 산티아고 베르나베 우(Santiago Bernabéu) 역이 있다. 이 역에서 내리면 레알 마드리드 전 용구장인 산티아고 베르나베우 경기장이 나온다. 산티아고 베르나베 우는 1943년에 취임한 레알 마드리드 회장의 이름이다. 1947년에 개 장한 이 경기장은 약 81,000명의 수용 인원을 자랑한다.

레알 마드리드가 1902년 창단할 때의 명칭은 마드리드 축구 클럽 (Madrid Football Club)이었다. 이후 1920년에 알폰소 13세로부터 '레 알(Real)'이란 명칭을 하사받아 지금의 레알 마드리드가 되었다. 팀의 공식 엠블럼에 있는 왕관도 이때 추가되었다. 1931년, 제 2공화정이 들어서면서 이름이 다시 마드리드 FC가 되고 로고에서 왕관이 제거 되었다. 스페인내전이 끝난 후에 다시 레알 마드리드라는 명칭을 되 찾고 로고에 왕관이 다시 포함되었다. 레알 마드리드 축구팀 명칭의 변천사는 곧 왕정, 공화정, 왕정이 반복된 스페인 현대사라 해도 과언 이 아니다.

FC 바르셀로나 경기장은 캄 노우(Camp Nou)다. '새로운 경기장'이 란 뜻의 카탈루냐어다. 1957년에 개장한 이 경기장의 수용 인원은 약 10만 명이다. 세계에서 두 번째, 유럽에서는 가장 큰 경기장이다.

레알 마드리드와 쌍벽을 이루는 FC 바르셀로나는 카탈루냐의 자 존심이다. 보통 스포츠 구단은 스폰서로부터 후원을 받아 운영된다.

그러나 FC 바르셀로나는 130만 명의 시민 후원으로 운영되는, 세계에서 가장 성공한 시민 구단으로 정평이 나 있다.

거의 100년 동안 기업의 후원을 받지 않던 FC 바르셀로나는 2006년부터 유니세프와 후원 계약을 맺었다. 돈을 받는 후원이 아니라 수익의 일부분을 기부하는 형태의 계약이다. 그러다가 2014년부터는 대기업과 스폰서 계약을 체결하여 후원을 받고 있다. 유니폼 앞면에 후원 기업의 로고를 넣었지만 뒷면의 유니세프 로고는 여전히 고집하고 있다.

엘 클라시코

엘 클라시코(El Clásico)는 레알 마드리드와 FC 바르셀로나의 경기를 말한다. 전 세계인의 이목을 집중시키고 축구 팬을 설레게 하는 빅매치다.

스페인에서 축구는 정치의 또 다른 표현이다. 이는 엘 클라시코에서 여실히 입증된다. 레알 마드리드가 축구에 대한 사랑으로 출발했다면, FC 바르셀로나는 정치적 반감, 지역주의, 카탈루냐에 대한 자긍심에서 시작되었다. 특히 FC 바르셀로나는 마드리드 중심의 중앙집권적 통치 체제에 반대하는 지역 주민들의 정서를 담아내는 팀으로 거듭났다. 이는 FC 바르셀로나 팀에 대한 견제와 감시의 빌미를 제공한 계기가 되기도 했다.

FC 바르셀로나와 레알 마드리드의 축구 경기인 '엘 클라시코'는
양팀의 정치적 자존심이 걸린 전쟁이다.

1920년대 스페인을 통치한 독재자 프리모 데 리베라 장군은 바르셀로나 관중이 스페인 국가(國歌)인 마르차 레알(Marcha Real)이 연주되는 동안 야유를 보냈다는 이유로 FC 바르셀로나 팀의 경기장을 6개월 동안 폐쇄하고, 창립자 한스 감페르(Hans Gamper)의 사임까지 요구했다. 중앙집권 통치를 추구하는 카스티야가 축구팀을 빌미로 지방 자치를 주장하는 카탈루냐를 탄압한 것이다.

스페인내전(1936~1939) 중에는 프랑코 측의 군인들이 정당 대표이자 FC 바르셀로나의 구단주인 조세프 수뇰(Josep Sunyol)을 살해했다. 이 사건은 바르셀로나 사람들에게 자신의 카탈루냐 정체성과 FC 바르셀로나 축구팀의 의미를 생각해 보는 결정적인 계기가 되었다. 스페인내전이 끝난 후 정권을 잡은 독재자 프랑코는 마드리드가 위치한 카스티야 지방에 대해서는 전폭적인 지원을 한 반면, 바르셀로나가 있는 카탈루냐 지방에 대해서는 탄압을 멈추지 않았다. 이것이 바로 레알 마드리드와 FC 바르셀로나 간의 경기인 '엘 클라시코'가 총성 없는 전쟁이 된 이유다.

'엘 클라시코'는 단순히 축구 경기가 아니다. 스페인 전체의 민족주의(레알 마드리드)와 카탈루냐의 민족주의(FC 바르셀로나)로 대표되는 두 팀 간의 정치적인 자존심 싸움이다.

30

플라멩코
집시들의 고통과 슬픔

―

　재즈가 백인에 의해서 착취당하는 흑인의 한풀이에서 시작되었다면, 플라멩코는 억압받는 집시의 고통과 슬픔에서 출발했다. 플라멩코는 스페인을 거쳐간 다양한 민족의 문화를 토대로 하여 집시들이 완성한 음악이자 춤이다.

　스페인의 집시들은 스페인 고유의 토착음악, 가톨릭과 유대인의 예배의식에서 불렀던 노래, 스페인을 지배했던 이슬람교도의 음악 등에 자신의 방랑 문화와 음악적 재능을 녹여서 플라멩코를 만들었다. 플라멩코는 스페인을 거쳐간 여러 문화들이 혼합되어서 만들어진 결정체다. 지금의 플라멩코는 한정된 지역의 음악에서 벗어나 스페인 전체의 이미지를 상징하는 문화가 되었다.

　플라멩코 하면 보통 남녀 무희가 음악에 맞춰 박수를 치고 발을 구르면서 추는 춤으로만 인식되어 있다. 그러나 플라멩코는 춤(baile)과 함께 노래(cante)와 기타 연주(toque)가 한데 어우러지는 예술이다. 이 세 가지 항목이 각각 때에 따라 주역을 달리하면서 등장한다. 악보 없

집시들의 열정과 애환, 그리고 예술혼이 담긴 플라멩코.

이 각자의 기량이나 감수성에 의해 즉흥적으로 이루어진다.

악보 없이 연주되는 플라멩코 리듬은 매우 불규칙적으로 보이지만 그 속에는 60가지 이상의 리듬이 들어 있다. 리듬은 캐스터네츠, 손바닥, 발 등을 각각 활용해서 맞추거나, 이 세 가지를 동시에 사용하면서 창조해 나간다.

영국 출신의 의사이자 작가인 헤이블록 엘리스(Havelock Ellis)는 자신의 저서 《스페인의 혼(The Soul of Spain)》에서 플라멩코를 다음과 같이 평했다. "무용에는 발의 움직임을 주로 하는 것이 있다. 이것은 유럽에서 많이 볼 수 있다. 손의 움직임을 특히 중요시하는 것은 동아시아에서 흔히 볼 수 있다. 허리 등 몸의 중심부를 주로 움직이는 것은 아프리카나 서아시아에 많다. 그런데 위의 세 가지 요소를 모두 완성된 틀 속에 갖추고 이루어지는 것이 바로 스페인의 춤 플라멩코다."

이처럼 플라멩코는 외형적으로 화려한 자태를 뽐내지만 내면적으로는 살아 있는 혼을 담고 있다. 구슬프게 노래를 불러 혼을 부른 다음, 구두 뒤축으로 바닥을 구르면서 사람들의 혼을 빼앗아간다. 판소리를 연상케 하는 플라멩코 음악은 '한'을 풀어낸다. 존재의 슬픔, 사랑의 아픔을 노래한다. 흥분의 절정에서 절망의 늪까지, 쾌락에서 분노까지, 인간의 모든 내밀한 감정을 드러낸다. 그래서 플라멩코는 '인생'이다.

상시적인 플라멩코 공연을 위해서 19세기 후반에 일종의 라이브 카페인 카페 칸탄테(Café Cantante)가 등장했다. 비록 카페 칸탄테가 플라멩코의 본질을 왜곡한다는 비판은 일부 있었지만, 이곳을 통해서 플라멩코는 차별받는 집시만의 음악이 아니라 일반 대중의 음악으로 변신했다.

1950년대부터는 타블라오(Tablao)가 생겼다. 카페 칸탄테보다 규모가 더 큰 전문 공연장이다. 이곳에서는 플라멩코를 현대적으로 재구성한 오페라 플라멩카(Ópera flamenca)가 공연되었다. 다수의 관객이 식사를 하면서 이 새로운 개념의 플라멩코 공연을 감상했다.

1960년대 들어 스페인의 관광 산업이 비약적으로 성장하면서 이제 플라멩코는 세계적으로 인정받는 음악 장르가 되었다.

31

투우
죽음을 감수한 위험한 예술

─

1990년대 초, 멕시코시티의 플라자 데 토로스 모누멘탈 데 메히코
(Plaza de toros Monumental de México) 투우장. 집채만 한 황소가 피를
흘리며 쓰러진다. 투우장에는 피 냄새가 진동한다. 사람들은 투우사
의 '멋진 살생 행위'에 갈채를 보낸다.

"올레!(¡Olé!)"

투우사는 만면에 미소를 지으며 모자를 벗고 관중에게 답례한다.

처음 보는 투우 경기에 경악을 금치 못하면서 옆에 있는 청년에게
물었다. "왜 소를 저렇게 죽이는 거니?" 그는 엄지손가락을 치켜세우
며 나의 물음을 단 한마디로 일축한다.

"아르떼!(Arte, 예술)"

우리에게 소는 어떤 존재인가? 짐을 나르고 밭을 갈고 때로는 사람
을 태웠던 재산 목록 1호였다. 한때 소 한 마리 팔아 그 돈으로 자식
을 대학에 보낸다 하여 대학을 '우골탑'이라고도 부르지 않았던가?
그만큼 우리나라 사람에게 없어서는 안 될 존재인 소가 스페인을 비

롯해서 포르투갈, 남프랑스 일부, 멕시코, 콜롬비아 등지에서는 유희의 수단으로 이용되고 있었다.

시간이 지나면서 '전통'이란 이름으로 살아 있는 생명에게 정당한 이유 없이 폭력을 가하는 투우 경기에 대한 비난 여론이 갈수록 들끓었다. 2013년에 동물보호단체인 '휴메인 소사이어티 인터내셔널(Humane Society International)'의 설문조사에서 응답자의 76%가 투우 산업 지원을 위한 세금의 사용에 반대했고, 29%만이 투우를 지지한다고 답했다. 투우에 대한 인식이 많이 변화되었음을 알 수 있다.

그러나 문화는 서로 우열을 가릴 수 있는 게 아니다. 서로 다른 문화를 이해하기 위해서 그 문화권 사람의 입장에서 생각하고 바라봐야 한다. 투우는 엄숙함과 흥겨움, 삶과 죽음이 함께 있는 의식이다. '반드시 죽음이 따르는' 투우를 국기(國技)로 하는 데서 스페인 사람의 기질을 엿볼 수 있다.

스페인의 철학자 오르테가 이 가세트(Ortega y Gasset)는 "투우를 배제하고 스페인 역사를 안다는 것은 생각할 수 없다."라고 말했다. 그만큼 투우는 스페인 사람의 삶이자 역사이다.

투우의 기원

투우는 본래 목축업의 번성을 기원하면서 황소를 제물로 바치는 의식에서 유래했다. 이후 17세기 말까지는 오직 귀족만이 여성과 부하늘 앞에서 자신의 남성미를 뽐내기 위해서 투우를 했다. 18세기 들어서 투우는 귀족의 전유물에서 일반 대중이 즐기는 스포츠가 되었다. 이때부터 투우사가 말을 타고 하던 형식에서 투우사가 땅으로 내려와 소와 직접 대결하는 형식으로 바뀌었다.

여기에는 스페인 남부 론다 출신의 투우사인 프란시스코 로메로(Francisco Romero), 후안 로메로(Juan Romero), 페드로 로메로(Pedro Romero) 등 3대에 걸친 투우사의 역할이 컸다. 프란시스코 로메로는 투우사가 사용하는 붉은 색 천인 물레타(muleta)를 처음 고안하여 황소와 일대일 정면 대결을 벌인 사람이다. 그의 손자인 페드로 로메로는 투우사로 활동하는 동안 6천여 마리의 소를 죽였다고 전해진다. 이는 매일 한 마리씩 죽여도 17년 가까이 걸리는 어마어마한 숫자다.

스페인을 대표하는 투우장으로는 마드리드의 라스 벤타스(Las Ventas), 세비야의 마에스트란사(Maestranza), 론다의 플라자 데 토로스(Plaza de Toros)가 있다. 특히 1754~1784년 사이에 지어진 론다 투우장은 스페인에서 가장 오래되었으며 투우 경기만을 위해 지어진 최초의 투우장이다. 이 투우장은 현재 둥근 형태의 모습을 갖춘 투우장의 유래가 되었다. 1785년에 이곳에서 지금과 같은 형태의 투우 경기가 처음 시작되었다.

스페인에서 투우 경기는 보통 4월 남부 안달루시아의 세비야 축제에서 시작하여 10월 북부 사라고사의 필라르 축제에서 끝난다.

투우의 경기 방식

멕시코의 대표적인 지식인 카를로스 푸엔테스(Carlos Fuentes)는 "미사와 투우, 이 두 행위 모두 희생이라는 공통의 의미를 가지고 있지만 미사는 아침에 빛나는 태양 아래, 투우는 석양이 질 무렵 행해지는 빛과 그림자의 미사다."라고 투우 경기를 기독교의 미사에 비유했다.

투우 경기는 보통 아직 해가 남아 있는 오후 6시(또는 7시)에 시작된다. 좌석은 세 가지로 처음부터 뜨거운 태양을 피할 수 있는 '그늘' 좌석인 솜브라(sombra), 처음에는 태양이 비추다가 그늘로 바뀌는 '태양과 그늘' 좌석인 솔 이 솜브라(sol y sombra), 경기가 끝날 때까지 계속 태양을 마주해야만 하는 '태양' 좌석인 솔(sol)로 구분된다. 물론 가격은 솜브라가 가장 비싸고, 솔이 가장 싸다.

투우 경기는 투우사들이 경쾌한 파소도블레(pasodoble)에 맞춰 입장하면서 시작된다. '더블 스텝'이란 의미를 지닌 이 음악은 투우장에서 주로 연주되는 빠른 8분의 6박자 행진곡으로 투우사의 동작에서 힌트를 얻어 만들어졌다. 길게 늘여서 연주하는 트럼펫 소리는 스페인 음악의 상징이 되었다.

주관자(Presidente)의 지시에 따라 투우장에 음악이 울리면 황소 한 마리가 경기장에 등장한다. 흥분한 소는 경기장 안에서 미친 듯이 날뛴다. 뿔로 벽을 박기도 한다. 이 과정에서 투우사들은 소의 특성을 살피기도 하고, 관중들은 소의 문제점을 관찰하여 문제가 있으면 야유나 휘파람으로 새로운 소로 교체하라고 요구하기도 한다.

경기는 보통 한 팀당 각각 소 두 마리씩 상대한다. 모두 여섯 마리의 소가 투우 경기에 나온다. 한 팀에는 역할이 다른 세 투우사, 즉 피카도르(Picador), 반데리예로(Banderillero), 마타도르(Matador)로 구성되어 있다.

'찌르는 사람'이라는 뜻의 피카도르는 처음에 나오는 사람이다. 보호대로 감싼 말을 타고 긴 창으로 소에게 상처를 입혀 소의 역량을 시험해 보고 소의 힘을 약화시키는 역할을 한다. 이어 '단창잡이'란 의미의 반데리예로가 나온다. 두 개의 짧은 창을 가지고 날렵하게 소

소와 사람의 생사를 건 결투가 펼쳐지는 투우 경기.

의 등에 창을 찔러 소를 흥분시킨다.

마지막으로 '죽이는 사람'인 마타도르가 나온다. 화려한 옷을 입은 투우사는 붉은 천의 물레타 속에 긴 칼을 숨기고 나와 소와 목숨 건 정면 대결을 펼친다. 경기의 하이라이트다. 경기의 성패는 마타도르가 소의 뿔에 얼마나 가까이 접근해서 단 한 번에 소를 죽이느냐에 달려 있다. 따라서 마타도르는 '죽이지 않으면 죽는다'라는 결연함으로 경기에 임한다. 관중들은 투우사의 멋진 동작에 '올레!(Olé)'라고 외치면서 흥을 돋운다.

멋진 경기를 펼친 투우사들은 심판관의 판정에 따라 소의 귀 한 개, 또는 두 개를 전리품으로 받는다. 최고의 경기를 펼친 투우사는 귀 두 개와 꼬리까지 받는다. 경기는 소 한 마리당 보통 20분 내외가 걸리기 때문에 전체적으로 대략 두 시간 반 정도 소요된다.

속임과 깨달음

헤밍웨이는 투우를 "예술가가 죽음의 위험을 만날 수 있는 유일한 예술이다."라고 했다. 투우 경기는 죽음을 동반하는 예술이다. 단순한 구경거리가 아닌 삶과 죽음을 생각하게 하는 예술적인 의식(儀式)이다.

이 의식에는 속임과 깨달음의 미학이 있다. 투우사는 소를 멋지게 속인다. 관중들은 그러한 속임을 보고 즐거워한다. 그러나 이 속임에는 엄숙한 죽음이 동반된다. 투우사는 짧은 순간에 투우를 속여야만 살 수 있다. 반면에 투우는 투우사에게 속으면서 죽어간다. 죽어가는 소를 보고 관중들은 자신의 실존을 생각한다. 속임과 깨달음의 절묘한 조합이다.

투우는 많은 문학가나 예술가에게 영감을 불어넣었다. 투우와 관련된 가장 대표적인 인물은 스페인 출신의 화가 피카소다. 그는 자신이 그린 투우 경기 그림들을 팔아 번 돈으로 입장료를 낼 만큼 열렬한 투우광이었다. 투우사와 황소는 그의 주된 관심사였다. 그가 그린 많은 작품에는 투우사나 황소가 어김없이 등장한다. 스페인내전 당시 게르니카의 참상을 고발한 〈게르니카〉에도 여지없이 황소가 등장한다. 〈게르니카〉의 황소에는 고대 그리스 신화의 반인반수인 미노타우로스의 이미지가 들어 있다.

스페인내전 때 불행하게 세상을 떠난 시인 페데리코 가르시아 로르카(Federico García Lorca) 역시 투우 애호가였다. "투우는 세계에서 가장 세련된 축제다. 스페인 사람이 가장 슬퍼할 수도 있고, 가장 분노할 수도 있는 순수한 드라마다. 투우장이야말로 모호한 아름다움으로 둘러싸인 죽음을 안전하게 볼 수 있는 유일한 장소다."라고 말했다.

스페인 사람은 아니지만 투우를 사랑했던 작가가 있다. 바로 헤밍웨이다. 그는 《태양은 다시 떠오른다》라는 작품에서 투우를 묘사했다. "(…) 로메로는 옛 방식을 그대로 유지하고 최대한 위험에 몸을 노출시켜 순수한 선을 유지하면서 황소에게는 도저히 잡힐 수 없는 적수임을 깨닫게 했다. 그는 황소를 완전히 제압하며 죽일 준비를 했다. (…)" 헤밍웨이는 황소와 정면으로 맞서는 투우사 로메로를 통해 절체절명의 위기 속에서도 위험을 피하지 않고 그 위험을 오히려 극대화했던 인간의 관능적인 매력을 묘사했다.

쇼핑센터로 변신한 투우장

스페인을 대표하는 배우 하비에르 바르뎀(Javier Bardem)의 초기작인 〈하몽 하몽〉에는 산 위에 우뚝 솟은 검은 황소가 그려진 입간판이 나온다. 이는 1956년, 브랜디 회사인 오스보르네 그룹(Grupo Osborne)의 광고용 간판이었다. 자연경관을 해친다는 비판에 정부는 이 입간판을 모두 없애려 했다. 그러나 국민들은 스페인의 대표적인 아이콘이 사라지는 것을 원치 않았다. 정부는 국민들의 뜻을 받아들여 상업적인 성격을 없애는 조건으로 입간판의 존속을 허용했다.

동물 학대 논란으로 경기 횟수가 많이 줄었지만 스페인에서 투우는 여전히 스포츠가 아닌 문화로 인식되고 있다. 그러나 2012년 1월부터 바르셀로나를 주도로 하는 카탈루냐 지방에서는 투우가 금지되었다. 동물 학대와 잔인함이 그 이유였다. 이에 따라 바르셀로나에 있는 두 개의 투우장은 그 기능을 잃었다. 에스파냐 광장에 있는 투우장은 거대한 쇼핑센터로 변신했다. '라 아레나(La Arena)'라는 이름의 쇼핑센터에서는 피 흘리는 투우 대신 피 튀기는 자본주의를 볼 수 있다.

쇼핑센터로 변신한 바르셀로나의 투우 경기장.

　현재 스페인에서 투우가 금지된 지역은 카나리아 자치주와 카탈루냐 자치주, 두 곳이다. 브리지트 바르도처럼 동물 애호가 편에 서서 비판할 것인지, 아니면 투우 경기의 애호가 편에 서서 투우의 미학을 찬양할 것인지, 스페인 사람들의 투우 경기에 대한 선택이 앞으로 어떻게 전개될지 전 세계인의 이목이 집중되고 있다.

Tip 산 페르민 축제 ─────

산 페르민 축제는 스페인 북부 팜플로나에서 매년 7월 6일부터 7월 14일까지 열린다. 팜플로나는 인구가 약 20만 명에 불과한 소도시다. 그러나 축제 기간에는 백만 명 이상의 관광객이 전 세계에서 몰려온다. 우리에게도 잘 알려진 '소몰이' 축제가 바로 이 기간에 열리기 때문이다.

사람들은 거리를 질주하는 거대한 소와 한데 뒤엉켜 달린다. 소의 뿔에 받혀 공중으로 튀어 오르거나 소의 발에 짓밟혀도 즐거워한다. 도대체 왜 저런 위험한 놀이를 할까?

예전에는 투우 경기가 있는 날에는 목동들이 황소들을 시내의 투우장까지 몰고 갔다. 이때 시민도 목동들을 도와 몽둥이를 들고 고함을 치면서 황소들을 투우장 우리로 몰아넣었다. 소를 모는 과정에서 소의 앞이나 뒤에서 뛰거나 소의 꼬리와 뿔을 잡으면서 놀이처럼 즐기는 모습이 보는 이들에게 많은 즐거움을 주었다. 이것이 '엔시에로(encierro)'라는 소몰이 축제가 되었다. '엔시에로'는 '가두기'라는 의미다.

첫 번째 총성이 울리면 소 우리의 문이 열린다. 우리 안에는 경기에 참가하는 500~600킬로그램의 소 여섯 마리가 갇혀 있다. 두 번째 총성이 울리면 이 소들은 투우장으로 향하는 길로 유도된다. 흰색 옷에 빨간 스카프를 맨 참가자들은 이 소들과 함께 거리를 질주한다.

소가 달리는 길이는 825미터에 불과하다. 소 우리에서 투우장까지의 거리다. 소요 시간이 3분도 채 안 된다. 그래서 더 짜릿하다. 참가자들은 거대한 황소와 함께 달리면서 삶과 죽음의 경계를 만끽한다. 숨 막히는 긴장감 속에서 죽음을 느낄 수 있다. 죽음이 곧 삶이란 사실을 깨닫는 순간이다.

이 축제는《노인과 바다》,《누구를 위하여 종은 울리나》등을 쓴 노벨문학상 수상 작가 헤밍웨이와 밀접한 관련이 있다. 그는 이 축제에 열광했다. 이 축제를 통해서 삶과 죽음의 경계를 경험했고, 그는 이 경험을 바탕으로《태양은 다시 떠오른다》를 썼다. 투우장 입구에 있는 헤밍웨이의 흉상이 그와 팜플로나와의 관계를 말해 준다.

32

토마티나
놀이로 재탄생한 토마토 전투

—

스페인의 축제에 대한 이야기 중에서 빠지지 않고 등장하는 우스 갯소리가 있다. 스페인 왕이 사형수에게 마지막 소원을 들어줄 테니 말해 보라고 했다. 사형수는 "이 나라에서 축제가 열리지 않는 날 저를 죽게 해주세요."라고 말했다. 왕은 사형 집행을 할 수 없었다. 왜냐하면 스페인에서는 1년 365일 축제가 안 열리는 날이 없었기 때문이다. 당연히 그 사형수는 죽지 않고 풀려났다. 이렇듯 축제는 스페인에서 일 년 내내 열리는 일상이다.

이영미는 《토마토》에서 "토마토 없는 세상은 바이올린 빠진 현악 사중주!"라고 말했다. 토마토소스가 없는 피자나 스파게티, 토마토 조각이 빠진 햄버거, 토마토케첩이 없는 감자튀김은 상상도 할 수 없다. 그만큼 토마토는 우리의 일상에서 없어서는 안 될 식재료가 되었다.

그런데 "오! 성숙한 토마토여, 그대는 세상의 기쁨…, 그대는 빛나는 태양계, 여성의 자궁이요, 대지의 두뇌로다."라고 칭송받아왔던 그 토마토가 싸움의 수단이 된 곳이 있다. 바로 스페인 발렌시아 지방의

싸움에서 놀이가 된 토마토 전투. 1시간가량 진행되는 싸움에 사용되는 토마토의 양은 약 150톤이다.

소도시 부뇰(Buñol)이다. 이곳에서는 '토마티나(La Tomatina)'라고 불리는 토마토 축제가 열린다. 매년 8월 마지막 주 수요일, 여전히 뜨거운 태양이 비추는 여름의 한가운데에 열리는 축제다.

이 축제는 오전 10시경 '팔로 하본(palo jabón)' 행사로 시작된다. 이는 '비누칠한 기둥'을 의미하는데, 요즘에는 기둥에 비누 대신 올리브 기름을 발라놓고 기둥의 맨 꼭대기에 하몽을 매단다. 누군가 이 하몽을 잡아 떨어트리면(보통 오전 11시쯤이 된다) 폭죽이나 총성이 울리고 본격적인 토마토 전투가 시작된다.

이때 약 150톤의 토마토를 실은 트럭이 군중 사이로 천천히 들어온다. 트럭에 탄 사람들은 군중에게 토마토를 던지거나 트럭 밖으로 토마토를 쏟아낸다. 군중은 트럭에서 쏟아진 토마토를 가지고 주변 사람들에게 던지기 시작한다. 이 '토마토 전투'는 딱 한 시간 동안만 진행된다. 전투가 끝나면 바닥은 토마토 '국물'로 강을 이루고, 참가한 사람들과 주변의 건물들은 붉게 물든다. 이어 살수차가 등장하여 주변 건물과 참가자들을 깨끗하게 청소하면서 축제는 끝난다.

이 축제의 유래에는 여러 가지 설이 있다. 그중에서 토마티나의 공식 홈페이지에 의하면 광장에서 우연히 벌어진 패싸움에서 시작되었다고 한다. 시민들은 광장에서 '히간테 이 카베수도(Gigantes y Cabezudos, 괴기스러운 머리를 가진 거인들이 벌이는 가장행렬)'를 구경하고 있었다. 일단의 젊은이들이 이 행렬에 참여하고 싶어 했다. 그 과정에서 행렬에 참가한 시청 관계자들과 젊은이들 간에 패싸움이 일어났고, 축제 행렬은 순식간에 아수라장이 되었다. 일부 격분한 사람들은 인근 좌판에 진열되어 있던 야채를 서로에게 던졌다. 경찰의 개입으로 싸움이 중단되었고 싸움에 참가한 사람들에

거인 머리를 한 가장행렬인 히간테 이 카베수도.

게는 벌금형이 구형되었다.

이런 제재에도 불구하고 이듬해 축제 기간에도 똑같은 일이 벌어졌다. 이번에는 주변 좌판의 채소를 던지는 대신, 집에서 토마토를 직접 가져와 던졌다. 이 역시 경찰에 의해서 제지되었지만, 시민들은 토마토 던지는 행위에 열광했다. '패싸움'이 아니라 '놀이'가 된 것이다. 이후 해가 갈수록 토마토 던지기는 전통이 되었다.

시당국은 토마토 던지기가 주변 사람에게 피해를 준다고 판단해서 이를 공식적으로 금지했다. 그러나 시민들은 이에 아랑곳하지 않았다. 1955년에는 각계각층의 시민들이 시당국의 금지 조치에 항의를 표하기 위해 토마토를 관에 넣고 행진하기까지 했다. '토마토 장례식(entierro de tomates)'이었다. 결국 시당국은 시민들의 반발에 굴복하여 정해진 시간 내에 토마토를 던진다는 규칙을 정하고 이 '싸움'을 허용했다. 이후 1959년에 토마티나는 시의 공식적인 축제가 되었다. 이 축제는 영국의 〈텔레그래프〉지가 2013년 8월에 발표한 세상에서 가장 기이하고 특이한 음식 관련 축제 Top 10 중 1위를 차지할 정도로 전 세계적으로 유명해졌다.

축제에서 사용되는 토마토는 한동안 성당에서 구입하여 제공했으나, 1980년부터는 시청에서 직접 구입해 '싸움꾼'들에게 제공하고 있다. 발렌시아 인근의 카스테욘(Castellón) 주에서 생산되는 토마토 중에서 주로 시장성이 떨어져 잘 팔리지 않는 것을 구입해서 축제에 활용한다. 이는 농부들에게도 도움이 되고 또 축제를 통해서 관광 수익

을 얻을 수 있기 때문에 그야말로 일거양득이다. 인구 만 명 남짓의
소도시인 부뇰은 일 년에 한 번 이 축제로 인해서 전 세계인의 주목
을 받는다. 부뇰 시의 입장에서는 토마티나가 최고의 홍보대사인 셈
이다.

다음은 토미티나를 즐기기 위한 안전 수칙이다.

눈을 보호할 수 있는 안경(물안경이나 잠수부 안경) 사용, 카메라의
방수에 신경 쓰기, 축제 후 버릴 수 있는 낡은 옷 착용, 토마토 운반
트럭 조심, 던지기 전 토마토는 반드시 납작하게, 타인에게 해를 끼칠
수 있는 물체 투척 금지(Only tomato!), 두 번째 총성이 울리면 토마토
던지기 중지!

 Tip 스페인의 축제들 ————

라스 파야스(Las Fallas)

라스 파야스는 3월 중순(3월 15~19일)에 스페인 동부 발렌
시아에서 열리는 축제다. '파야(falla)'는 원래 망루의 꼭대
기에 설치된 '횃불'을 의미하는 말이지만, 축제를 위해 만
든 각양각색의 형상인 니놋(Ninot), 또는 이들을 태우는 행
위를 뜻한다. 파야는 3~4미터짜리부터 20~30미터짜리
의 빌딩 높이까지 그 규모가 다양하다. 2001년에는 높이
33미터의 파야가 만들어지기도 했다.

축제의 유래 중에서 가장 널리 알려진 설은 중세로 거슬러 올라간다. 발렌시아의 목수들이
겨울의 긴긴 밤, 작업을 할 때 등불을 사용했다. 이 등불을 지탱하기 위해서 '파롯(parots)'

이라는 나무판을 사용했다. 봄이 오면서 낮이 길어짐에 따라 이것은 더 이상 필요 없게 되어 작업장 밖에서 태웠다. 더 잘 태우기 위해서 목수들은 이웃에서 오래된 폐기물 등을 얻어와 함께 태웠다. 이후 파롯을 평범한 사람의 형상으로 만들었고, 이것이 더 발전되어 동화나 영화 속의 주인공, 유명 인사의 형상으로 제작되기에 이르렀다.

일 년 동안 공들여 제작한 형상들은 일반인의 투표를 통해 최우수 형상을 선정한다. 최우수 형상은 박물관에 영구 보존하고, 나머지 형상들은 축제 마지막 날인 3월 19일에 모두 태운다. 사람들은 이러한 행위를 통해서 풍요를 기원한다. 이는 대나무 기둥에 짚, 솔가지 등을 덮어 만든 달집을 태우며 풍년과 가족의 건강을 빌었던 우리의 정월 대보름을 연상시킨다.

라스 파야스는 불의 축제다. 불은 인간의 삶에서 없어서는 안 될 존재일 뿐만 아니라 부정한 것, 불순한 것, 잊고 싶은 것을 태워 없애버림으로써 심리적 위안을 주는 존재이기도 하다. 라스 파야스는 이러한 불을 중심 테마로 하는 축제들 중에서 가장 화려하고 규모가 크다.

세비야의 4월 축제

매년 4월이 되면 세비야는 술렁거린다. 4월의 축제 때문이다. 겨울과 사순절(부활절 전까지 6번의 일요일을 제외한 40일 동안의 기간으로 부활절을 기다리면서 그리스도의 삶, 십자가의 고난, 부활 등을 생각하며 근신하고 회개하는 시기)이 끝나고 봄이 온 것을 축하하는 축제다.

축제는 세마나 산타(Semana Santa)가 끝나고 3주 후에 열린다. 세마나 산타는 '성주간'이라고도 하는데 부활절 전 일요일인 성지주일로부터 일주일의 기간으로 이 기간 동안에 로마군에 잡혀 빌라도에게 재판을 받고 십자가에 처형된 예수의 고난을 추념한다.

1847년에 공식적으로 시작된 이 축제는 원래 쇠퇴해 가는 농축산업을 다시 일으키는 것을 목적으로 삼았다. 그러나 시간이 지나면서 시민들이 마음껏 먹고 즐기는 축제로 변모했다. 이 축제에는 산 페르민의 소몰이, 토마티나의 토마토 던지기, 라스 파야스의 인형 태우기처럼 인상적인 이벤트는 없지만, 가족, 친지, 친구와 춤추고 마시면서 일상의 따분함을 벗어날 수 있는 편안함이 있다.

축제는 월요일 자정에 세비야 시장이 점등 버튼을 누르는 알룸브라오(Alumbrao) 행사로 시작된다. 축제장의 출입문과 거리에 설치된 수만 개의 전등이 켜지고 이어 카세타(천막)에 설치된 전등이 차례로 점등된다. 이후 세비야 대학 정문의 등이 켜지면서 점등 행사가 마무리된다.

축제기간 중에는 매일 정오에 전통 복장을 한 시민들의 마차 행렬이 펼쳐진다. 축제장에는 일반 차량의 운행이 금지된다. 유일한 교통수단은 마차다. 축제의 마지막 날, 모든 전등이 꺼진 후 불꽃놀이로 대미를 장식한다.

인간탑 쌓기, 카스텔

여러 층으로 쌓은 인간탑을 '카스텔(Castell)' 이라고 한다. 카스텔은 '성(城)'이란 뜻의 카탈루냐어. 이 축제는 누가 더 높이 그리고 더 독창적으로 인간탑을 만드느냐에 중점을 두고 진행된다. 이 축제는 18세기부터 타라고나에서 시작된 이후, 카탈루냐 전역으로 퍼져나갔다. 1980년대에 여성이 참여하면서 명실상부한 공동체의 축제가 되었다.

인간탑의 가장 아래쪽은 덩치가 크고 건장한 남자들이, 위로 올라갈수록 가벼운 사람들로 구성된다. 가장 꼭대기에는 보통 6살 전후의 여자아이가 올라간다. 경기는 이 아이가 팔을 뻗어 탑이 완성된 것을 알린 후, 탑을 해체하며 마지막 한 명이 땅에 내려서는 순간에 끝난다.

인간탑 쌓기는 아무런 장비도 없이 오직 서로의 육체만을 의지하여 쌓아올리는 경기다. 한 명만 균형을 잃어도 탑이 무너져 내리기 때문에 개개인뿐 아니라 서로 돕고 끌어주는 협동정신이 필요하다. 위에 있는 사람도, 아래에서 버팀이 되어주는 사람도 서로 신뢰하지 못하면 탑은 무너진다. 그렇기에 인간탑 쌓기는 서로 경쟁하는 시합이 아니라 서로를 신뢰하는 문화를 만들어가는 행위다. 지역 주민의 소통 수단이자 공동체의 결속력을 다져주는 축제다.

인간탑 쌓기의 모토는 '힘, 균형, 용기, 그리고 신중함'이다. 카스텔을 위해서 남녀노소를 불문한 모든 지역민들은 자발적으로 기금을 마련하고 매주 체육관에서 연습한다. 이를 통해서 공동체 정신을 함양한다. 인간탑은 '신뢰가 만든 최고의 건축물'이다. 인간탑 쌓기는 다른 스페인 지역과 구별되는 카탈루냐만의 민족적 자긍심이 포함된 행위다.

이 축제는 보통 4월에서 11월에 열린다. 주로 카탈루냐와 발렌시아 지방을 중심으로 돌아가면서 열린다. 특히 타라고나 시에서 열리는 대회가 유명하다. 바르셀로나 시에서는 9월 수호성인을 기념하는 메르세 축제 기간에 열린다. 이 축제는 2010년 유네스코 무형문화유산으로 지정되었다.

33

스패니쉬 스타일 1
스페인 사람들의 일상생활

———

　카미노 북쪽길을 걷다가 갈리시아 지방에 있는 루고(Lugo)에 들렀다. 루고는 로마 시대의 성이 도시 전체를 감싸고 있는 유서 깊은 도시다. 시내 구경을 위해 버스 터미널 내에 있는 수화물 보관소에 배낭을 맡겼다. 시내 구경을 마치고 짐을 찾기 위해 다시 보관소로 돌아왔다. 그런데 보관소의 문은 굳게 닫혀 있었다. '이건 뭐지?' 주위에 앉아 있던 스페인 사람들은 나의 당황해하는 표정이 재미있다는 듯 바라보고 있었다. "조금 기다려. 커피 마시러 갔으니까, 곧 올 거야." 묻지도 않았는데 마음씨 좋아 보이는 아주머니가 나를 안심시킨다.

　시간은 오전 11시. '아! 그렇지!' 점심 먹기 전의 간식 타임이었다. 한 십 분 지났을까? 그 아주머니 말대로 보관소 직원이 동료와 수다를 떨며 나타났다. 그는 아침 식사와 오후 2시 점심 식사 사이의 간식 시간을 성실히 '수행'하고 돌아온 것이다. 보통 2시에 여는 스페인의 식당 역시 12시나 1시에 점심 식사 습관이 있는 우리에게는 살짝 곤혹스러운 스패니쉬 스타일이다.

이런 단순한 경험만으로 스페인 사람의 일상을 '스패니쉬 스타일'로 규정 짓기에는 무리가 있지만, 바르(bar), 식사 문화, 시에스타, 복권 등은 엄연히 그들만의 삶의 스타일을 보여주는 것들이다.

바르와 팁

영국 사람에게는 펍(Pub)이, 프랑스 사람에게는 카페가 삶의 중심이라면, 스페인 사람에게 바르('바(bar)'의 스페인어 발음)는 삶, 그 자체다. 스페인에는 인구 1,000명당 6개(영국은 3개, 독일은 4개)의 바르가 있다고 한다. 좀 더 과장하면, 길을 가다 10초에 한 번씩 만나는 곳이다.

스페인 사람에게 바르는 '술만 파는 어두컴컴한 곳'이 아니다. '집과 직장을 제외하고 시간을 가장 많이 보내는 곳'이다. 동네의 모든 정보가 모이는 사랑방이자, 중요한 축구 경기가 있는 날이면 모든 동네 사람들이 함께 모여 마시면서 응원하는 곳이기도 하다. 그만큼 바르는 스페인 사람들에게는 떼려야 뗄 수 없는 공간이다.

스페인 사람들은 하루에 다섯 끼를 먹는다. 아침, 점심, 저녁 식사는 물론이고 아침과 점심 식사 사이, 점심과 저녁 식사 사이에 간단히 먹는다. 이러한 모든 끼니를 해결할 수 있는 곳 역시 바르다.

바르의 문을 열고 들어가면 '바라(barra)'라고 하는 긴 카운터 안에서 주인이나 바텐더가 손님을 맞이한다. 손님은 커피나 맥주 또는 타파스 등을 주문할 수 있다. 긴 카운터 앞에 서서 함께 온 동료와, 혼자

스페인 사람들이 대부분의 시간을 보내는 바르(Bar).

왔으면 주인이나 옆에 있는 사람과 이야기를 나눈다. 물론 홀 안의 테이블에 앉아서 마시거나 먹을 수도 있지만 비용을 더 지불해야 한다. 종업원이 식탁으로 직접 서빙해야 하기 때문이다.

스페인에서 오후 2시부터 4시까지는 점심시간이어서 본격적인 식사를 하려 한다면 종업원의 안내를 받아 바 안쪽의 식당으로 들어가면 된다. 레스토랑의 형태를 갖추고 있는 공간이다. 저녁 식사는 보통 9시 이후에 가능하다.

스페인에서 팁은 의무가 아니다. 그러나 스페인 사람들은 기분 좋은 대접을 받은 후 계산하고 남은 잔돈을 남겨놓고 유유히 나간다. 비록 얼마 안 되는 동전 몇 개지만 자신을 한껏 높이는 행위라 생각한다. 이는 한때 세계를 주름잡았다는 자부심과, 현실은 비록 어렵지만 자신은 귀족 출신이라는 생각이 바탕에 깔려 있기 때문일 것이다.

식사 문화

스페인 사람들은 아침 출근길에 종종걸음으로 카페테리아에 모여든다. 에스프레소 한 잔을 마시거나 커피와 크루아상으로 아침을 해결하고 출근한다. 그래서 아침의 카페테리아는 늘 만원이다.

11시쯤이 되면 카페테리아는 또다시 정장 차림의 사람들로 북적인다. 일종의 밀크 커피인 카페 콘 레체(café con leche), 에스프레소에 우유를 약간 탄 커피인 코르타도(cortado), 오렌지 주스 등과 함께 크루아상이나 스페인식 샌드위치인 보카디요(bocadillo)로 요기를 한다. '출근한 지 얼마나 되었다고 또 카페테리아야! 이 사람들은 일도 안 하고 매일 먹고 마시기만 하나?'라고 핀잔을 들을 만한 생활 패턴이다. 그러나 오랫동안 이어져온 스페인 사람들의 삶이 그러한데 어찌하랴!

오후 2시가 되면 점심 식사 시간이다. 또 먹는다. 그러나 스페인에서의 점심은 커피나 빵으로 그냥 때우는 식사가 아니다. 거의 두 시간에 걸쳐 전채요리부터 후식과 커피까지 풀코스로 먹는다. 우리나라에서는 아침 식사를 왕처럼 먹으라고 하지만, 스페인에서는 점심 식사가 이에 해당한다.

요즘 들어 직장인들 중에서는 패스
트푸드로 점심을 해결하는 경향도 있
지만, 일반적으로 오후 2시부터 4시
까지 상점 주인들은 문을 닫고, 직장
인들은 직장을 벗어나 인근 레스토
랑에서 식사를 한다. 10~15유로 내
외의 '오늘의 요리'인 메뉴 델 디아
(Menú del día)를 주로 먹는다. 이후
카페에 앉아 커피를 마시면서 수다를

레스토랑 입구에 있는 '메누 델 디아' 안
내판.

떤다. 상점 주인들은 집이 가까우면 집에서 점심을 해결한 후 달콤한
낮잠을 즐기기도 한다.

오후 6시경이 되면 간식인 메리엔다(merienda) 시간이다. 에스프레
소 한 잔 또는 따뜻한 초콜라테 한 잔에 크루아상을 곁들인다.

저녁 식사는 보통 9시나 10시부터 시작된다. 9시에 레스토랑에 들
어가면 첫 손님일 가능성이 크다. 스페인 사람들은 저녁 먹기 전에 올
리브나 안초비 등과 함께 가볍게 맥주를 마시기 때문이다. 그만큼 저
녁 식사 시간이 늦어진다. 집에서 저녁 식사를 하는 경우에는 간단한
스프나 토르티야 한 조각으로 해결하는 경우가 많다.

시에스타

'시에스타(siesta)'는 '낮잠'이란 의미다. 시에스타는 '여섯 번째 시간'을 의미하는 라틴어 'hora sexta'에서 유래되었다. 이 시간은 동틀 무렵부터 여섯 번째 시간, 즉 낮 12시 또는 오후 2시를 지칭한다. 휴식을 통해서 에너지를 다시 얻고자 하던 일을 멈춘 시간이었다. 이때 스페인 사람들은 점심 식사를 한 후 보통 20~30분 정도 낮잠을 잔다.

이러한 시에스타 문화는 스페인뿐만 아니라 포르투갈, 이탈리아, 그리스 등 남부 유럽, 라틴아메리카와 북아프리카 일부 국가에 아직도 존재한다. 상점 주인들은 문을 닫고 가까운 집에 가서 휴식을 취하거나 짧은 낮잠을 잔다. 스페인의 낮잠 문화는 그 어느 나라보다 뜨거운 태양 때문이다. 이 시간대를 피해 낮잠을 잔 후, 다시 일을 시작한다. 그래서 저녁 식사가 늦을 수밖에 없다.

뜨거운 태양을 피해 시에스타를 즐기는 상인.

그런데 수백 년 동안 계속되어 온 시에스타 문화를 정부가 앞장서서 폐지하려는 움직임이 있다. '긴 점심시간 때문에 다른 유럽 국가들과 비즈니스 스케줄을 맞추기 어려워 수출입에 많은 문제가 발생하고 있다'는 게 그 이유다.

오후 2~4시였던 점심시간을

다른 유럽 나라들과 똑같이 오후 12~1시로 바꾸려는 시도도 있다. 스페인의 한 경제 단체는 "스페인의 긴 점심시간은 하루를 도막 내어 일의 효율성을 떨어뜨린다. 이는 전체 국내총생산의 8%에 해당하는 손실을 가져온다."고 주장하면서 정부의 시에스타 폐지 정책에 힘을 보탰다.

하지만 오랫동안 이어져 온 시에스타 문화가 정부의 일방적인 정책으로 변화될지는 미지수다. 일부 시민들은 "긴 점심시간은 인간관계를 다지는 주요 수단이다. 한 시간 남짓의 점심시간에 무슨 의미 있는 일을 할 수 있을지 의문이다."는 부정적 의견을 밝혔다. '복종하되 행하지 않는다.'는 기질을 가진 스페인 사람들이 낮잠 폐지 정책에 어떤 반응을 보일지 주목된다.

복권

매년 12월 22일에 스페인 사람들은 꿈을 꾼다. 우리말로 '대박'에 해당하는 '엘 고르도(El Gordo)' 복권 추첨이 있는 날이기 때문이다. '뚱뚱한'이란 의미를 가진 '고르도' 복권은 매년 7월 첫째 주부터 12월 21일까지 스페인 전역에서 판매된다. 특히 12월이 되면 광장이나 거리에서 이 복권을 목에 걸거나 좌판에 늘어놓고 파는 사람들을 많이 볼 수 있다.

이 복권은 크리스마스 특별 복권으로 1812년에 정부 주관하에 처음 발행되었다. 복권 추첨은 스페인 전역에 생중계된다. 공정성 확보를 위해서 추첨에 아이들을 참여시킨다. 총발행 매수는 1억 5,725만 장으로 스페인 국민의 세 배가 넘는 수다. 한 해를 마무리하는 시기에 스페인 사람들의 마음을 설레게 하는 초특급 이벤트다.

1월 6일 동방박사의 날을 위해서는 엘 니뇨(El Niño) 복권이 발행된다. 이 복권은 당첨 확률이 35%로 다른 복권들 중에서 가장 높다. 동방박사의 날은 예수가 탄생했을 때, 동방박사 세 명이 동쪽에서 출발하여 베들레헴에 와서 아기 예수에게 경배하고 선물을 바친 날이다. 1월 5일 저녁에는 형형색색의 차량을 이용한 가장행렬이 도시 전역에서 펼쳐진다. 차에 탄 사람들은 행렬을 구경하는 어린아이들에게 사탕을 던져준다. 가족과 함께 하는 크리스마스와는 달리, 동방박사의 날은 이웃과 함께 즐기는 축제다.

축구의 나라 스페인에는 축구와 관련된 복권도 있다. 바로 키니엘라(Quiniela)다. 이는 스페인 프리메라 리가의 경기 결과를 토대로 한다. 다른 복권들처럼 운이 아니라 팀 전력이나 상대 팀과의 관계 등에 대한 심층적인 분석을 바탕으로 결과를 예측하여 베팅한다.

나눔과 실천의 복권도 있다. 스페인 시각장애인협회가 발행하는 복권인 온세(ONCE)다. 이 복권의 수익금은 장애인 복지 관련 기금으로 사용된다. 스페인의 거리를 걷다 보면 'ONCE'라고 쓰인 부스를 심심치 않게 볼 수 있는데 바로 시각장애인들이 복권을 파는 곳이다. 이 복권은 판매 당일에 결과를 바로 발표하는 방식으로 운영된다.

스페인 시각장애인협회가 발행하는 나눔과 실천의 복권 온세(ONCE).

스페인에서 복권은 하나의 문화다. 매년 국민의 70% 이상이 정기적으로 복권을 구입한다. 이는 스페인 사람들이 복권을 사서 당첨되면 자신이 돈을 벌고, 그렇지 않으면 남을 도울 수 있다는 생각을 갖고 있기 때문이다. 스페인의 복권 사업이 성공할 수밖에 없는 이유다.

광장

스페인의 광장에는 없는 것 빼고 다 있다. 건물로 둘러싸인 광장에는 가족과 함께 나들이 나온 아이들이 비둘기들에게 먹이를 주거나 이리저리 뛰어다니는 모습을 볼 수 있다. 광장의 가장자리에는 노천 카페가 있다. 이곳에서 친구끼리, 가족끼리, 또는 연인끼리 커피나 맥주를 마시며 담소를 나눈다. 광장 한 켠에는 거리의 화가, 음악가들도 있다. 정치적인 의견을 공유하거나 잘못된 정책에 집단으로 항의하는 사람들 역시 광장의 단골손님이다.

광장은 넓은 곳이다. 이 넓은 곳에 사람들이 자연스럽게 모여들면서 식료품을 비롯한 다양한 물건을 팔고 사는 공간이 되었다. 투우 경기뿐만 아니라 성인의 시복식, 국왕의 대관식 등 국가적인 행사가 열리기도 했다. 중세에는 광장에서 이교도를 고문하거나 화형에 처하는 종교재판이 열렸다. 이처럼 광장은 마을, 도시, 국가의 행사가 열린 곳이어서 사람을 모으는 구심점 역할을 했다.

광장은 스페인어로 '쁠라싸'(plaza)다. 서울 시청 앞에 있는 플라자 호텔의 플라자가 바로 이 'plaza'다. 이는 '넓은 길'을 의미하는 그리스어에서 온 말이다. 스페인의 각 도시에 형성된 광장의 이름 중에는 '쁠라싸 마요르(Plaza Mayor)'가 가장 많다. '중요한 광장' 또는 '중심이 되는 광장'이라는 의미다. 세비야나 살라망카에도 같은 이름의 광장이 있다. 그만큼 광장은 도시의 중심이자 중요한 역할을 하는 장소다.

쁠라싸 마요르라는 이름 이외에 유명인의 이름이나 지명을 붙이는 경우도 있다. 신대륙을 발견한 콜럼버스의 이름을 딴 마드리드의 콜론 광장(Plaza de Colón), 해당 지역의 이름을 딴 바르셀로나의 카탈루냐 광장(Plaza de Cataluña)이 바로 그것이다.

스페인의 광장을 이해하려면 먼저 역사와 건축 문화를 알아야 한

콜럼버스의 이름을 딴 마드리드의 콜론 광장.

다. 스페인의 도시는 작고 오밀조밀한 블록으로 되어 있다. 각 건물에
는 파티오(patio)라고 하는 안뜰이 있다. 각 건물 사이에는 좁은 길이
있다. 이는 스페인뿐만 아니라 프랑스나 이탈리아와 같은 라틴 국가
에 있는 도시 구성의 특성이다.

　건물로 둘러싸인 이러한 구조는 폐쇄적이기 때문에 다른 건물과
소통하기가 어렵다. 이웃과의 관계 형성에 걸림돌이 되고 도시 전체
가 '자폐적'으로 변하기 쉽다. 그래서 사람들은 모두가 만날 수 있는,
모두에게 '개방된' 공간을 원했다. '광장'의 필요성을 인식한 것이다.

　'아무것도 없는 텅 빈 광장'은 국왕과 같은 권력자에 의해서, 때로
는 가톨릭 교단의 지엄함으로 탄생되었다. 광장으로 인해서 스페인의

도시들은 더 이상 닫힌 공간이 아닌 열린 공간이 되었다. 그래서 좁은 골목길을 헤매다가 갑자기 나타난 광장은 여행자가 모든 것을 경험할 수 있는 드라마틱한 공간이기도 하다.

시장

바르셀로나에서 가장 인파가 많은 곳을 꼽으라면 람블라스 거리일 것이다. 이 거리에는 스페인뿐만 아니라 유럽에서 유명한 시장이 하나 있다. 바로 보케리아 시장이다. 시장 입구에는 'Mercat de Sant Josep, La Boquería(산 호세의 시장, 라 보케리아)'라고 적혀 있다. 약 300개의 가게가 있는 이 시장에서는 다양한 식재료들을 구입할 수 있어서 바르셀로나 시민뿐만 아니라 많은 관광객들이 방문하는 곳이다.

보케리아의 기원은 11세기로 거슬러 올라간다. 보케리아는 카탈루냐어로 '고기를 파는 광장'이라는 뜻이다. 바르셀로나의 성벽 앞으로 고기 파는 상인들이 하나 둘 모여 들어 바르셀로나에 있는 모든 고기 상인의 집결지가 되었다.

17세기에 도시가 커지면서 성벽을 무너뜨리고 시장 옆의 작은 개울을 메워 길을 만들었다. 이것이 바로 람블라스 거리다. 이 길이 생기고 난 뒤 육류뿐만 아니라 해산물, 야채, 과일, 치즈 등을 파는 지금의 보케리아 시장이 되었다.

'보케리아에서 구할 수 없는 식재료는 그 어디에서도 구할 수 없다'

'유럽의 주방'이라 불리는 바르셀로나의 보케리아 시장.

라는 말이 있다. 이 시장에 대한 바르셀로나 사람들의 자부심이 얼마나 큰지 알 수 있는 말이다.

바르셀로나에 보케리아 시장이 있다면 마드리드에는 유럽 최대의 벼룩시장인 '라스트로(Rastro)'가 있다. 일요일이나 공휴일 오전 8~9시부터 오후 3~4시까지 열린다. 약 3,500개의 노점상들이 있는 이 시장에는 다양한 중고품뿐만 아니라 신상품도 판매된다. 많은 앤틱 가게들 역시 문을 열고 고객을 맞이한다.

라스트로는 500년의 역사를 자랑한다. 1561년에 펠리페 2세가 수도를 톨레도에서 마드리드로 옮긴 후 노점상이 급증했다. 그들이 선호하는 곳은 마드리드의 중심지역인 마요르 광장과 푸에르타 델 솔(Puerta del Sol)이었다. 정부는 마드리드의 명성을 위해 거리나 광장에

마드리드의 벼룩시장 라스트로.

서 모든 상행위를 금지시켰다. 이로 인해 노점상들은 시외곽으로 밀려나 지금 벼룩시장이 열리는 라바피에스(Lavapiés) 지역에 자리 잡았다.

이 지역은 원래 도살장을 비롯해서 고기 파는 푸줏간과 동물의 가죽을 부드럽게 만드는 무두질 공장 등이 있었다. 가죽 산업의 번성과 함께 직물 짜는 사람, 구두 만드는 사람, 옷 만드는 사람 등이 정착하면서 이곳의 경제 규모는 점점 커졌다. 도살장에서 무두질 공장까지 죽은 동물을 끌고 운반하는 과정에서 울퉁불퉁한 길 위에 동물 피의 흔적(rastro)이 남았다. 이 벼룩시장의 이름이 '흔적'을 뜻하는 '라스트로'라 불리게 된 이유다.

이후 2000년부터 시당국은 관련법을 제정하여 노점의 수와 규모, 노점의 장소 등을 규제하고 있다. 노점에서는 살아 있는 동물과 음식을 파는 행위가 금지되어 있다. 라스트로에는 거리의 악사들이 연주하는 음악과 인형극, 마술 등 다양한 퍼포먼스가 열려 구경꾼들의 눈과 귀를 사로잡는다.

엘 코르테 잉글레스

　엘 코르테 잉글레스(El Corte Inglés)는 스페인의 토종 기업이다. 스페인의 내수시장에서 큰 비중을 차지한다. 엘 코르테 잉글레스는 마드리드의 작은 양복점에서 시작해서 지금의 대기업이 되었다. 마드리드에 본사가 있으며 철저히 가족 중심으로 운영되는 회사다. 2017년 현재 스페인에 95개, 포르투갈에 2개 등 총 97개의 백화점을 운영하고 있다.

　이 기업의 주력 업종은 백화점이지만, 식료품과 생필품 전문 백화점, 편의점, 옷과 액세서리 상점, 안경과 보청기 상점, 여행사, 보험사, 금융 관련 기업 등으로 업종이 다양해졌다.

엘 코르테 잉글레스 백화점.

엘 코르테 잉글레스의 모토는 '당신이 구매하려는 모든 물건이 구비된 상점'이다. 구매한 물건의 배달, 결혼 물품 구매, 옷 수선, 환불 등 각 분야별로 특화된 전문성을 통한 다양한 서비스가 다른 상점보다 월등히 앞서 있다.

특히 1968년에 도입된 엘 코르테 잉글레스의 구매 카드는 스페인 사람들에게 가장 인기를 끄는 것 중의 하나다. 이 카드만 가지고 있으면 그룹과 관련된 모든 상점에서 물건 구입이 가능하다. 3개월 무이자 할부, 2시간 무료 주차 등 우리나라에서는 당연시되지만 스페인에서는 매우 획기적인 서비스를 제공하며 꾸준히 다른 기업과의 차별화를 꾀하고 있다. 타의 추종을 불허하는 매출을 올리는 이유다.

엘 코르테 잉글레스의 광고는 스페인 주요 도시의 거리 곳곳에서 볼 수 있다. 텔레비전과 라디오에서도 광고의 비중이 크다. 이 백화점의 비닐 가방은 쇼핑을 마친 행인의 손에서뿐만 아니라 공원에 누워 있는 노숙인의 바닥깔개에서도 볼 수 있다. 그만큼 모든 이들에게 사랑받고 있다는 반증이다. 엘 코르테 잉글레스는 스페인 사람들이 가장 선호하는 직장이어서 직원들은 집에 갈 때도 백화점 가운을 벗지 않을 정도다.

34

스패니쉬 스타일 2
스페인의 음식 문화

—

　황수연은 '여유와 느림의 미학: 스페인의 음식 문화'라는 글에서 '스페인은 건강에 가장 중요한 쾌식, 쾌면, 쾌변의 조건을 갖춘 나라'라고 했다. 스페인 음식 문화의 풍요로움과 건강함을 절묘하게 표현한 말이다. 질 좋은 포도주와 올리브유, 풍족한 어패류, 신선한 과일과 채소 등은 유쾌한 식사의 원천이다(쾌식). 뜨거운 여름철을 피해 서늘한 곳에서 시에스타(낮잠)를 즐기는 습관이 있다(쾌면). 식물성 섬유질이 많은 과일은 상쾌한 배설에 큰 도움을 준다(쾌변). 3쾌 중에서 음식과 관련된 것이 두 가지나 될 만큼 스페인은 음식에 관한 한 천혜의 조건을 갖춘 나라다.

　역동적인 역사, 지정학적인 여건, 다양한 기후는 풍요로운 스페인 음식의 원천이다. 스페인은 페니키아, 그리스, 카르타고, 로마, 서고트, 이슬람교도 등 다양한 민족이 거쳐간 역사를 가지고 있다. 유럽과 아프리카를 연결하는 지중해와, 아메리카 대륙을 연결하는 대서양에 접해 있어 동서양의 식재료가 유입되는 데 매우 용이했다. 동양과 서양이 서로 만나서 다투고 화해하고 사랑하면서 그 누구도 흉내 내지 못할 스페인만의 독특한 음식이 탄생했다.

아메리카 대륙에서 유입된 감자, 고추, 토마토, 초콜릿, 커피, 설탕 역시 스페인 음식이 다양해지는 데 큰 역할을 했다. 대륙성 기후, 지중해성 기후 등 다양한 기후도 사람을 매료시키는 음식 탄생의 일등 공신이다. 그 어느 나라보다 지방색이 강해서 각 지역마다 오랜 전통을 지닌 음식이 남아 있기 때문에 "스페인을 대표할 만한 음식이 무엇이죠?"라는 질문이 곤혹스러울 뿐이다.

그래도 스페인에 가면 꼭 먹어봐야 하는 음식이 있다. 하몬, 타파스, 파에야, 그리고 올리브다.

하몬

스페인의 식당이나 바에 들어가면 천장에 걸려 있는 거대한 다리들을 볼 수 있다. 돼지 뒷다리인 하몬(jamón)이다. 유럽의 3대 고급 식재료라고 하면 보통 푸아그라(거위 간), 트뤼프(송로버섯), 캐비어(철갑상어 알)를 드는데, 스페인에서는 여기에 한 가지를 더 추가한다. 바로 하몬이다. 하몬을 빼고서 스페인을 논할 수 없다.

하몬은 이탈리아의 파르마 햄 또는 프로슈토(prosciutto)와 비슷하다. 그러나 돼지의 종(種)과 숙성 기간이 다르다. 하몬은 돼지 뒷다리를 염장 처리한 후 건조, 숙성시킨 일종의 햄이다. 유럽의 다른 나라의 것이 훈제 햄인데 반해 스페인의 하몬은 생 햄이다.

하몬은 보통 하몬 세라노(jamón serrano)와 하몬 이베리코(jamón ibérico), 두 종류로 나뉜다. 그중에서 하몬 이베리코를 더 높이 평가한다. 맛이 좋은 만큼 가격도 비싸다. 스페인 사람들은 "하몬 세라노를 매일 먹느니, 하몬 이베리코를 열흘에 한 번 먹겠다."라고 할 정도다.

하몬 이베리코 중에서도 하몬 이베리코 데 베요타(jamón ibérico de bellota)를 최고로 친다. 베요타는 '도토리'다. 주요 생산지는 안달루시아의 고도 600미터 지점에 위치한 하부고(Jabugo)다. 눈이 오지 않는 겨울, 덥지만 건조한 여름, 대서양에서 부는 바람 등으로 하몬 이베리

돼지 뒷다리를 소금에 절여 건조시켜 만든 하몬.

코 생산의 최적지로 꼽힌다. 이곳에서는 토종 흑돼지를 15개월 동안 방목해서 키운다. 도축하기 3개월 전부터는 도토리와 허브만 집중적으로 먹인다. 다른 돼지보다 불포화지방이 많아지고 마블링 상태가 좋아진다. 물론 도축 후에 절이는 소금은 천일염이다. 2~3개월 동안 대서양에서 불어오는 바람에 말린 고기를 약 3년 동안 숙성시킨다.

좋은 하몬을 만들기 위해서는 소금, 바람, 시간의 삼박자가 맞아야 한다. 이 삼박자가 맞으면 육포처럼 쫄깃하지만 치즈처럼 부드럽고 짜지 않다. 하몬의 맛에 매료될 수밖에 없다.

천장에 매달린 수많은 하몬 중에서 발톱이 검은색이면 하몬 이베리코다. 흑돼지를 사용하기 때문이다. 반면에 '산맥(시에라) 또는 산지(山地)의 하몬'을 뜻하는 하몬 세라노는 흑색 돼지가 아닌 흰색 돼지를 사용한다. 아무래도 하몬 이베리코보다는 맛이 떨어지기 때문에 가격도 저렴하다.

하몬은 보통 집의 천장이나 지하실 등 선선한 곳에 걸어둔다. 바깥부분은 초로 얇은 막을 만들어 파리나 곤충의 접근을 막는다. 등급을 매길 때 호텔은 별(★)을 사용하지만, 하몬은 Jamón의 앞글자인 J(호타)를 한 개부터 다섯 개까지 사용한다. 좋은 하몬은 특유의 향이 나야 하고, 손가락으로 하얀 지방을 잡는 순간 손가락 온도 때문에 녹아야 한다.

하몬의 맛은 제조 과정뿐만 아니라 '어떤 방식으로, 어떤 방향으로 자르느냐'에 따라 달라진다. 기계로 자르는 것보다 사람의 손이 닿아야 더 맛있다는 뜻이다. 손맛에 따라 김치 맛이 달라지듯이 하몬 역시 하몬을 자르는 사람에 따라 그 맛이 달라진다. 이것이 바로 하몬 자르는 장인 '하몬 마에스트로(jamón maestro)'라는 직업이 생겨난 이유이기도 한다.

하몬은 본래 전쟁터에서 먹는 비상식량이었다. 불을 피워 요리하지 않고도 간편하게 단백질을 공급받을 수 있기 때문이다. 대항해 시대에 전 세계로 뻗어나가던 스페인 군대에게는 최고의 전투식량이었다. 콜럼버스의 신대륙 발견이 하몬 덕분에 가능했다는 말은 결코 과장이 아니다.

스페인 거리 곳곳에는 하몬 전문점이 많다. 스페인 사람들은 하몬 몇 조각과 빵, 와인 한 잔으로 끼니를 때운다. 주식은 아니지만 빵과 함께 먹으면 한 끼 식사로도 충분하다. 스페인의 식탁에서 하몬이 빠지는 일은 상상할 수 없다.

타파스

'타파스(tapas)'는 토르티야, 치즈, 하몬, 초리소, 오징어 링 튀김, 멸치절임, 정어리 구이, 멜론에 얹힌 하몬 등으로 구성된 소량의 음식을 말한다. '타파(tapa)'는 원래 '덮개'라는 의미다. 이 음식이 생긴 데에는 여러 가지 설이 있다.

먼저 소풍과 관련된 설이다. 안달루시아 지방은 날씨가 좋아 주로

한 번에 먹을 수 있는 소량의 음식 타파스.

밖에서 식사를 많이 한다. 셰리주(酒)로 알려진 헤레스(jerez)를 음식과 함께 먹을 때 달콤한 헤레스의 향을 좇아 벌레들이 모여 들었다. 벌레로부터 술잔을 보호하기 위해서 음식이 담긴 작은 접시로 술잔을 덮었다고 한다.

황제 다이어트 설도 있다. 스페인의 왕 중에서 '현왕'으로 꼽히는 알폰소 10세가 병이 들었다. 주치의는 왕에게 소량의 음식을 섭취할 것을 권유했다. 전담 요리사는 고민하다가 맛있는 음식을 적은 양으로 다양하게 준비해서 왕에게 제공했다고 한다. 당연히 왕의 건강은 호전되었다.

알폰소 10세와 관련된 또 다른 설이 있다. 전쟁에 나갈 군인들이 안주 없이 와인만 마시는 바람에 군사력이 저하되었다는 보고를 받은 알폰소 10세는 스페인의 모든 식당과 바에 간단한 안주를 와인 잔 위에 덮어놓으라는 명을 내렸다. 안주를 먼저 먹고 와인을 마시게 하려는 배려(?)였다. 이후 군사력이 증대되어 모든 전쟁에서 승리했다고 한다.

타파스는 빌바오, 산세바스티안 등 북부 지방에서는 명칭이 '핀초(pincho)'로 바뀐다. 잘게 썬 빵 위에 얹은 음식이 허물어지지 않도록 이쑤시개와 흡사한 나무꼬챙이인 핀초(pincho)로 찔러 고정시킨 데서 나온 이름이다.

핀초 바에서의 계산은 이 핀초의 개수대로 한다. 음식을 다 먹고 핀초를 종업원이 헤아려 계산한다. 가끔씩 자신이 먹은 나무꼬챙이 몇 개를 슬쩍 주머니에 넣고 싶은 유혹을 느낄 정도로 종업원들은 손님에게 전혀 신경 쓰지 않는다. 손님의 양심을 전적으로 믿는다.

각 지역에서는 매년 타파스(또는 핀초) 대회를 연다. 자기만의 맛과 개성을 지닌 타파스 바가 많기 때문이다. 가장 대표적인 대회로는 스페인 중부의 바야돌리드(Valladolid)에서 열리는 전국 타파스와 핀초 대회가 있다. 2017년에 13회째를 맞는 이 대회에는 약 500명의 지원자가 참가하여 이 중에서 타파스 장인 45명이 뽑혔다.

타파스는 흔히 '신을 위한 음식'이라고 한다. 서두르지 않고 맛있게 먹으며 피로를 풀 수 있는 음식이기 때문이다. 이 대회에서 뽑힌 타파스 장인(匠人)들은 타파스를 '신을 위한 음식'의 경지에 올려놓은 일등공신이다.

파에야

파에야(paella)는 쌀에 샤프란, 토마토, 마늘을 넣고 닭이나 토끼, 또는 오리나 해산물 등과 함께 프라이팬에 조리하는 요리다. 일종의 스페인식 볶음밥이다. 파에야는 쌀을 처음 재배했던 발렌시아 지방의 방언으로 '두 개의 손잡이가 달린 넓은 프라이팬'을 가리킨다.

스페인식 볶음밥 파에야.

스페인은 유럽에서 유일하게 한국 쌀처럼 찰기 있는 쌀을 재배하는 나라다. 이슬람교도가 지배할 당시 인도와 중국 쌀이 북아프리카를 통해 스페인으로 들어왔다. 그래서 쌀을 뜻하는 스페인어 '아로스(arroz)'는 아랍어에서 유래된 말이다. 음식 연구가인 루르드 마르치(Lourdes March)는 파에야를 "로마 문화와 아랍 문화가 혼합된 아름다운 결정체다."라고 평했다. 로마인이 프라이팬을 도입했고, 이슬람교도가 쌀을 재배했기 때문이다.

파에야는 원래 농부들이 밭을 일구다가 점심 때 시원한 나무 그늘에 모여서 함께 요리해 먹던 음식이었다. 처음에는 주변에서 쉽게 잡을 수 있는 뱀장어, 달팽이, 개구리, 토끼, 야생 오리 등을 쌀에 섞어 요리했으나, 시간이 지나면서 새우, 게, 홍합, 오징어 등 해물을 첨가한 형태로 발전했다.

파에야는 남자들이 손님을 초대해서 정원에서 만드는 음식이기도 하다. 시골 축제 때에는 마을 사람들 전체가 먹을 수 있을 만큼 큰 프라이팬에 조리한다.

바스크 지방의 산세바스티안 출신의 영화감독 훌리오 메뎀(Julio

Medem)은 〈루시아와 섹스(Lucía y el sexo)〉라는 영화에 파에야를 등장시킨다. 주인공 루시아는 사랑하는 사람을 잃은 슬픔에서 벗어나고자 지중해의 외딴 섬으로 떠난다. 그곳의 한 식당에서 파에야를 주문하지만 먹지 못한다. 파에야는 2인분이 기본이라 1인분은 주문할 수 없다는 웨이터의 말 때문이었다.

루시아는 울음을 참지 못하고 식당을 뛰쳐나온다. 파에야를 먹지 못해서뿐만 아니라 주위에서 식사를 하는 사람 모두 커플이고, 또 그들은 맛있게 파에야를 먹고 있었기 때문이다. 두 문화의 아름다운 결정체인 파에야는 영화에서처럼 애인 잃은 슬픔을 실감케 하는 음식이기도 하다.

올리브

하몬, 타파스, 파에야와 함께 스페인에서 '약방의 감초'처럼 항상 등장하는 것이 있다. 바로 올리브다. 올리브는 열매를 먹기도 하고 이를 이용해서 기름을 짜기도 한다. 샐러드에 사용되는 필수 식재료일 뿐만 아니라 올리브를 소금이나 생선 젓갈에 절여서 타파스로 만들기도 한다.

올리브는 로마 시대에 마늘과 함께 스페인에 들어왔다. 주요 재배지는 세비야, 코르도바, 하엔을 잇는 완만한 구릉지대로 남한의 5분의 1에 해당하는 면적에서 재배된다. 올리브 나무는 방해받는 것을 매우

올리브 타파스.

싫어한다. 그래서 나무 사이의 공간을 넓게 해주면서 평퍼짐하게 자라게 해야 한다.

안달루시아에서 재배된 올리브로 생산된 올리브유는 스페인 전체 생산량의 약 60%를 차지한다. 스페인은 유럽에서 올리브유를 가장 많이 생산하는 나라다. 올리브유는 화학작용이나 첨가물 없이 날 것으로 먹을 수 있는 유일한 기름이다.

최상의 올리브유를 얻기 위해서는 100% 완숙된 올리브 열매로만 짜야 한다. 와인의 맛이 기후, 토양, 지형, 채광, 인간의 노력 등에 절대적인 영향을 받는 것처럼 올리브유의 맛도 땅, 기후, 재배 방식, 생산 방법, 관리 등에 의해 크게 좌우된다.

올리브유는 엑스트라 버진 올리브유를 최고로 친다. 올리브 열매에서 올리브유를 짠 뒤 화학 처리를 하지 않고 여과만 한 자연 그대로의 오일 중에서 산도가 1% 이하로 낮은 것을 특별히 선별한 것이다. 우리나라에 수입된 대부분의 올리브유는 스페인산(産)이다.

스페인 각 지방의 음식 문화

"그다지 오래되지 않은 옛날, 이름까지 기억하고 싶지 않은 라만차 지방의 어느 마을에 창꽂이에 꽂혀 있는 창과 낡아빠진 방패, 야윈 말, 날렵한 사냥개 등을 가진 시골 귀족이 살고 있었다. 그는 양고기보다 쇠고기를 조금 더 넣어서 끓인 전골요리를 좋아했는데 밤에는 주로 살피콘 요리를, 토요일에는 기름에 튀긴 베이컨과 계란을, 금요일에는 완두콩을, 일요일에는 새끼 비둘기 요리를 먹느라 재산의 4분의 3을 소비했다…."

세르반테스의 《돈키호테》 1권의 첫 부분이다. 저자는 소설의 도입부에서 반도 중부 라만차(La Mancha) 지방의 음식 문화를 묘사하고 있다. 소설에서 언급된 전골요리는 남부 안달루시아 지방이나 북서부 카탈루냐 지방에서는 보기 힘들다. 각 지방마다 기후나 식재료가 다양하기 때문이다.

북부 지방은 해물을 삶아 먹는 음식 문화가 주를 이룬다. 대서양에 면해 있어서 해산물이 풍부하기 때문이다. 조개찜 요리, 갈리시아식 문어 요리, 대구 요리, 새끼 뱀장어(앙굴라) 요리 등이 여기에 해당한다.

중부 지방은 굽는 문화가 발달했다. 어린 양, 송아지, 새끼 돼지 등을 스튜로 만들거나 구워서 먹는 요리가 발달했다. 스페인식 베이컨인 토시노, 초리소, 이집트 콩을 넣어 끓인 코시도 마드릴레뇨(cocido madrileño), 마늘 스프인 소파 데 아호(sopa de ajo), 새끼 돼지 바비큐인 코치니요(cochinillo) 등이 유명하다.

남부 안달루시아 지방에서는 튀긴 음식을 많이 볼 수 있다. 생선에 밀가루를 입혀 기름에 튀기거나 소금에 버무려 올리브 오일에 담궈

장기 보관한다. 이는 이슬람 문화의 영향 때문이다. 이슬람교도가 반도로 들여온 고수 같은 향신료를 비롯해서 샤프란, 설탕, 쌀 등이 스페인 음식에 합류했다. 코르도바나 론다에서는 소꼬리찜이 유명하다. 소꼬리를 푹 삶은 다음 토마토와 달콤한 소스를 넣어 만든 요리다. 사이드 메뉴로 감자와 채소가 함께 나온다. 우리나라의 소갈비찜과 비슷하다.

동부 지중해 카탈루냐와 발렌시아 지방의 대표적인 음식으로는 스페인식 볶음밥인 파에야를 위시해서 랍스터, 아귀, 조개, 오징어 등을 토마토 소스로 끓인 사르수엘라(zarzuela), 일종의 대파구이인 칼솟 등이 있다.

"네가 무엇을 먹는지 내게 말해라. 그러면 나는 네가 누구인지 말할 것이다."라는 스페인 속담이 있을 정도로 각 지방의 다양한 음식을 통해서 그 지역 사람들의 의식 구조와 삶의 방식을 엿볼 수 있다.

코치니요

코치니요(cochinillo)는 새끼 돼지 통구이 요리다. 생후 3주 이전까지 어미 젖만 먹여 키우다가 몸무게가 5킬로그램 정도 된 새끼 돼지만을 사용한다. 화덕에서 잘 구워진 코치니요는 껍질은 바삭거리고 살코기는 부드럽다.

코치니요의 유래는 이슬람교도, 유대교도, 가톨릭교도가 이베리아반도에서 함께 어울려 살 때로 거슬러 올라간다. 가톨릭을 믿는 스페인 사람들은 돼지고기를 즐겨 먹었던 반면에 이슬람교도는 종교적인 이유로 돼지고기를 먹지 않았다. 그래서 스페인 사람들이 이교도를 반도에서 몰아내기 위해 만든 요리라는 설이 있다. 스페인에 남고 싶은 이교도는 가톨릭을 믿는 척하면서 돼지고기를 먹었다고 한다.

마드리드에 코치니요로 유명한 식당이 있다. 1725년에 오픈한 카사 보틴(Casa Botín)이다. 세계에서 가장 오래된 식당으로 기네스북에 오른 곳이다. 화덕은 300년째 계속 사용해 오고 있다고 한다. 헤밍웨이가 스페인에 머물 때 자주 들른 곳이기도 하다. 그의 소설《태양은 다시 떠오른다》에서 "우리는 보틴에서 식사를 했다. 이곳은 세상에서 가장 훌륭한 레스토랑 중의 하나다. 우리는 리오하 포도주와 함께 구운 코치니요를 먹었다."라는 내용이 나올 정도로 마드리드의 명소다.

세고비아 수도교 밑에 있는, 1786년에 개업한 칸디도(Cándido) 역시 유명한 코치니요 전문점이다. 이곳은 특히 코치니요를 손님 앞에 내온 후에 벌이는 이벤트로 명성을 떨치고 있다. 잘 구워진 코치니요를 사람 수에 맞

코치니요로 유명한 보틴 레스토랑.

춰 접시로 자른 후에 그 접시를 바닥에 던져 깨트리는 퍼포먼스다. 접시로 자를 수 있을 만큼 고기가 연하다는 사실을 증명함과 동시에 고기를 자른 접시가 진짜 접시임을 확인해 주는 제스처다.

가스파초

가스파초(gazpacho)는 한여름에 먹는 차가운 스프다. 40도를 넘나드는 여름에 안달루시아를 찾았다면 꼭 먹어야 한다. 가스파초는 토마토, 양파, 마늘 등을 잘게 간 후, 식초, 올리브유, 소금을 넣어 만든다. 안달루시아의 무더위를 가스파초 한 사발로 극복할 수 있다.

가스파초가 붉은 색이 된 것은 19세기에 토마토가 추가로 들어가면서부터다. 이후에는 토마토나 빵조각을 빼고 아보카도, 오이, 수박, 포도, 해산물 등 다양한 재료를 활용한 가스파초가 선보였다.

가스파초와 비슷한 살모레호(salmorejo) 역시 차가운 스프로 무더위를 한 방에 날려주는 안달루시아의 대표적인 음식이다. 재료는 가스파초와 거의 같지만 삶은 계란을 잘게 썰어 넣는다. 국물은 가스파초보다 더 걸쭉한 편이다.

칼솟

칼솟(calçot)은 스페인 카탈루냐 지방에서 생산되는 일종의 대파다. 장작불에 잘 태운 칼솟을 살비차다(salvixada)나 로메스쿠(romescu)라는 소스에 듬뿍 찍어 먹는다.

불에 구워서 먹는 칼솟.

칼솟을 먹게 된 이유는 약 백 년 전으로 거슬러 올라간다. 한 농부는 수확했던 칼솟이 약간 상했다는 사실을 알게 되었다. 그냥 버리기 아까워서 상한 칼솟을 불에 구웠는데 겉 부분이 너무 탔다. 그래서 타지 않은 속 부분만 빼서 먹었는데 예상외로 매우 맛있어서 주변에 알렸다. 칼솟을 구워서 먹은 사람들 역시 그 맛을 잊지 못하고 자주 찾게 되면서 대중화되었다.

칼솟은 "안달루시아 사람들은 기도하고, 카스티야 사람들은 꿈을 꾸며, 바스크 사람들은 일하고, 카탈루냐 사람들은 저축을 한다."는 말에 어울리는 음식이다. 물질적으로 풍요롭지만 근검절약하는 카탈루냐 사람들의 구두쇠 기질이 담겨 있기 때문이다.

다 구워진 칼솟은 온기가 빠져나가지 않도록 신문지에 싸서 제공된다. 제대로 된 칼솟구이를 맛보기 위해서는 도시 외곽으로 나가야 한다. 시내의 식당들은 장작불이 아닌 오븐에서 굽기 때문이다.

칼솟구이를 즐기려면 약간의 기술이 필요하다. 일단 한 손으로 칼솟의 이파리 안쪽 부분을 잡고 다른 한 손으로는 흰 줄기를 잡아 밑으로 쑤욱 내려준다. 그러면 뽀얗고 야들야들한 칼솟의 흰 몸통이 모락모락 김을 내면서 드러난다. 이를 소스에 듬뿍 찍어 먹는다.

　이때 머리는 완전히 뒤로 젖히고 입은 크게 벌린 채 칼솟이 입으로 정확히 들어가도록 겨냥해야 한다. 소스가 묻은 흰 부분만 쏙 빼서 먹으면 성공이다. 그리고 나머지 이파리는 버린다. 시간을 너무 끌면 소스가 이리저리 떨어져 옷을 버릴 수도 있다. 그래서 칼솟구이를 즐기는 사람들은 모두 아기처럼 턱받이를 한다. 함께 마시는 와인은 와인 잔이 아닌 주전자처럼 주둥이가 뾰족한 병에 담아 칼솟을 먹을 때처럼 고개를 들고 입에 조준해서 마신다.

　'칼솟타다(Calçotada)'라고 하는 칼솟 먹는 축제가 카탈루냐 지방의 타라고나 인근 발스(Valls)에서 열린다. 축제는 매년 1월에서 3월까지 열리는데, 지금은 카탈루냐 지방 전역에서 열린다.

 ## 스페인의 간식과 음료 ─────

추로스

우리나라 놀이공원이나 극장에서 '츄러스'라는 이름으로 판매하는 것이 바로 추로스(churros)다. 스페인에서는 따뜻한 초콜릿에 찍어 먹기 때문에 '추로스 콘 초콜라테(churros con chocolate)'라고 한다. 스페인 사람들은 이를 아침 식사로 먹거나 밤새 술을 마신 후 해장을 위해 먹기도 한다.

판 콘 토마테

카탈루냐 사람들에게 카탈루냐를 대표하는 음식을 물으면 '파 암 토마캇(Pa amb Tomà-quet)'이라고 할 것이다. 스페인어 '판 콘 토마테(Pan con tomate)'의 카탈루냐어 표현이다. 빵을 약간 태워서 생마늘과 토마토를 빵의 표면에 문지르고 올리브유와 약간의 소금을 뿌려 먹는다. 집집마다 김치 맛이 다르듯, 이것도 레스토랑마다 맛과 모양이 제각각이다. 구운 빵, 토마토, 마늘, 올리브유를 각각 따로 주고 취향대로 자신만의 판 콘 토마테를 만들게 하기도 한다.

마사판

마사판(mazapán)은 아몬드 가루, 달걀, 설탕 등을 반죽해 만든 톨레도의 전통 과자다. 스페인에서 크리스마스에 먹는 전통적인 후식이다. 이 과자는 8세기, 이슬람교도가 스페인을 침략하면서 소개되었다는 설과 1212년, 가톨릭교도가 이슬람교도에게 승리를 거둔 라스 나바스 데 톨로사(Las Navas de Tolosa) 전투가 끝난 후 톨레도의 산 클레멘테 수도원에서 처음으로 만들어졌다는 설이

있다. 반달 모양을 기본으로 해서 과일이나 동물 등 다양한 모양으로 만들어진다. 색깔이 화려하고 단맛이 강해서 보통 홍차나 커피와 함께 즐긴다. 톨레도에는 1856년에 문을 열어 6대째 이어오고 있는 산토 토메 과자점이 유명하다.

상그리아

레드 와인에 소다수를 붓고 각종 과일과 향신료를 넣어 하루 정도 숙성시킨 후 얼음과 함께 마시는 일종의 칵테일이다. 소다수와 과일을 빼면 와인 자체는 50% 정도만 넣기 때문에 저알코올 칵테일 음료라 할 수 있다. 스페인뿐만 아니라 포르투갈에서도 많이 마신다. '상그리아(sangría)'라는 이름은 '피'를 의미하는 스페인어 '상그레(sangre)'에서 왔다.
상그리아와 비슷한 틴토 데 베라노(tinto de verano)는 '여름의 레드와인'이란 뜻이다. 레드 와인에 레몬 즙을 짜서 넣은 후 탄산수를 넣어 만든다. 상그리아처럼 숙성시킬 필요는 없다.

35

세리주
스페인만의 와인

—

"인 비노 베리타스, 인 아쿠아 사니타스(In vino veritas, in aqua sanitas)."

"와인 속에는 진리가, 물 속에는 건강이"를 뜻하는 라틴어다. 스페인 산티아고 길에 이 문구와 잘 어울리는 곳이 있다. 수도꼭지와 와인꼭지(?)가 나란히 설치된 곳, 바로 스페인 북부 팜플로나와 로그로뇨 사이에 있는 이라체(Irache) 수도원이다.

이곳에서 순례자들은 물과 와인을 무료로 마실 수 있다. 물론 '무한 리필 가능'이다. 와인꼭지 옆에는 "순례자여! 산티아고까지 힘차게 가려면, 이곳에서 와인 한 잔으로 행운을 빌며 건배하세요!"라는 문구가 붙어 있다. '과도한 음주 금지'와 '18세 이하의 청소년 음주 금지'라는 친절한 경고와 함께. 기진맥진한 순례자들은 포도주 한 모금으로 힘을 얻어 다시 걷는다.

한 잔의 와인 속에는 한 나라의 역사와 문화가 담겨 있다. 와인은 단순히 마시고 취하는 술이 아니다. 그 나라의 역사를 알게 해주고 대

순례자들은 이라체 수도원에서 물과 와인을 마시며 순례길의 피로를 달랜다.

화의 장을 이끌어내는 매개체다.

"우정은 평생의 좋은 포도주와 같다."

"어제의 빵과 오늘의 고기, 그리고 오래 묵은 와인이 일 년의 건강을 보장한다."

"와인이 없는 것은 태양이 없는 것과 같다."

"와인을 만드는 것은 아이를 키우는 것과 같다."

스페인 사람들이 입버릇처럼 하는 말들이다. 와인이 스페인 사람들에게 얼마나 소중한 존재인지 알 수 있는 대목이다.

와인칼럼니스트 김혁은《스페인 와인 기행》에서 "와인을 만드는 데 있어 가장 중요한 요소는 역시 환경이다. 좋은 테루아르(terroir, 와인의 개성과 품질에 영향을 미치는 제반 환경을 뜻한다. 와인을 만들기 위한 기후, 토양, 지형, 채광, 인간의 노력 등을 모두 아우르는 말로 사용된다.)에서 자란 포도나무가 양질의 포도를 생산하고, 이 포도가 다시 훌륭한 양조가를 만나면 비로소 최상급의 와인이 탄생한다. 이렇듯 와인의 뿌리가 되는 포도밭의 그 향긋하고 부드러운 속살을 온몸으로 경험해 보기 위해서…."라고 스페인 와인 기행의 이유를 말한다.

그는 또 "스페인 와인은 오랜 역사에 비해 그 가치를 제대로 인정받지 못하고 있다. 스페인 와인은 신대륙 와인의 약진에 가려져 '싸구려' 취급을 받았다. 심지어 식품 가공용이나 음식 재료로 보급되어 왔다."라며 그동안 평가 절하된 스페인 와인에 대한 안타까운 심정을 토로한다. 그는 스페인 와인이 포도의 품종이나 독특한 토양 때문에 프랑스와 이탈리아 와인과는 또 다른 매력을 지니고 있다고 말한다.

스페인 와인의 역사

스페인이 자리한 이베리아반도는 수천 년 동안 이민족의 왕래와 침입이 반복되어 온 지역이다. 페니키아인, 그리스인, 카르타고인, 로마인, 서고트인, 이슬람교도가 동쪽의 지중해를 통해, 북쪽의 피레네 산맥을 지나, 또는 남쪽의 지브롤터 해협을 건너 스페인으로 들어왔다. 이들과 함께 들어온 포도는 이베리아반도 곳곳에서 재배되었다.

스페인에서 와인이 본격적으로 생산된 시기는 1870년경이다. 프랑스 보르도 지역을 강타한 병충해로 인해서 많은 피해를 입은 보르도 와인 생산업자들이 기후와 재배 조건이 비슷하고 병충해로부터 안전한 스페인으로 대거 이주했을 때다. 이들은 프랑스의 선진 와인 제조 기술을 들여와 스페인 와인의 품질 개선과 와인 산업 발전에 이바지했다. 와인 생산의 대표적인 지역은 라 리오하(La Rioja)와 리베라 델 두에로(Ribera del Duero) 지방인데, 지금도 이곳은 스페인 전체 와인 생산량의 대부분을 차지한다.

20세기 초부터 스페인 와인 산업은 내수와 수출, 모두 급성장했다. 1930년에는 원산지 표시 규정인 D.O.(Denominación de Origen)의 도입으로 품질 관리가 체계적으로 이루어지면서 스페인 와인의 품질은 좋아졌다. 그러나 1936~1939년의 스페인내전 때 10만 헥타르의 포도밭이 훼손되고, 이후 프랑코의 독재정치로 인해 스페인이 대외적으로 고립되면서 와인 수출량이 급감했다.

1950년대 이후 와인 제조업자들이 협동조합 형태로 대량생산체계를 갖추고 공동생산을 시작하면서 와인 산업은 다시 활기를 띠었다. 1986년에 유럽연합(EU)에 가입한 스페인은 해외 투자를 유치하고 현대적인 기술을 도입하여 와인의 품질을 더욱 향상시켰다.

스페인 와인 생산지

스페인은 포도 경작 면적으로만 보면 세계 1위(2010년 기준 약 120만 헥타르. 2위는 프랑스, 3위는 이탈리아)다. 그러나 와인 생산량으로는 세계 3위(2010년 기준 1위는 이탈리아, 2위는 프랑스)다. 이렇게 포도 경작 면적과 와인 생산량이 차이를 보이는 이유는 프랑스나 이탈리아에서는 사방 1.4미터 간격으로 포도나무를 심는 반면 스페인에서는 건조한 날씨와 부족한 수자원으로 인해서 사방 2미터 간격으로 심기 때문이다.

스페인에서 가장 대표적인 와인 생산지는 스페인 중북부에 위치한 라 리오하 지역과 리베라 델 두에로 지역이다. 리오하 와인은 에브로 강을 따라 약 120킬로미터에 걸쳐 있는 포도밭에서 생산된다. 이곳에서는 주로 템프라니요(tempranillo) 품종이 재배된다. '템프라니요'는 '일찍(temprano)'이라는 의미를 지닌 스페인어에서 온 말이다. '템프라니요'는 '스페인이 원산지인 검은색 포도' 또는 '이 포도로 만든 포도주'를 말한다. 리베라 델 두에로 와인은 두에로 강을 따라 형성된 포도밭에서 생산된다. 이 지역은 일교차가 크고 연 강수량이 400~600 밀리미터인 건조한 지역이어서 고급 와인 생산지로

라 리오하의 포도밭.

명성이 높다.

스페인 와인은 숙성 기간에 따라 네 가지 등급으로 분류된다. 즉 숙성시키지 않고 1년 안에 출시하는 갓 빚은 와인인 비노 호벤(Vino joven), 와인 저장창고인 보데가(bodega)에서 최소 2년간 숙성시킨 크리안사(Crianza), 보데가에서 최소 3년간 숙성시킨 레세르바(Reserva), 그리고 오크통에서 2년, 병에서 3년, 도합 5년 이상의 숙성 기간을 거쳐 출시되는 그란 레세르바(Gran Reserva) 등으로 나뉜다. 특히 리오하 와인에는 연도별로 햇빛의 상태를 나타내는 약자 E(Excelente, 최고의), MB(Muy buena, 매우 좋은), B(Buena, 좋은), R(Regular, 보통의), D(Deficiente, 부족한) 등이 표기되기도 한다.

스페인만의 와인 '셰리주'와 '카바'

스페인에는 우리가 보통 알고 있는 와인과는 다른 특성의 와인이 생산된다. 셰리주(酒)와 카바(Cava)다.

셰리주는 스페인 남부 안달루시아 지방의 헤레스 데 라 프론테라(Jerez de la Frontera)에서 생산되는 와인이다. '셰리(Sherry)'는 스페인어 지명인 헤레스 데 라 프론테라의 헤레스(Jerez)가 프랑스어 그제레스(Xérès)로 변하고, 이것이 다시 영어 셰리(Sherry)로 발음되면서 생긴 이름이다.

셰리주는 알코올 함량 11~12도 정도인 화이트와인에 브랜디 같은

알코올 도수에 따라 등급이 다양한 셰리주.

알코올을 첨가하여 도수를 15~18도 정도로 높인 주정 강화 와인이다. 주로 차게 해서 마시는데 숙성 과정에 따라 그 형태가 다양하다. 그중에 알코올 도수가 15~17도 정도인 피노(fino)와 알코올 도수가 17~22도 정도로 다소 높은 편인 올로로소(oloroso)가 대표적이다.

헤레스를 숙성시킬 때는 '솔레라(solera)'라는 독특한 시스템을 사용한다. 먼저 오크통을 세 줄 높이로 쌓는다. 가장 오래 숙성시킨 와인을 가장 밑바닥에 있는 통에, 가장 최근의 와인을 가장 위의 통에 넣는다. 가장 밑줄의 오크통에서 일정량을 뽑아 그해의 셰리주를 만든다.

그리고 뽑아낸 양만큼의 와인을 바로 윗줄 오크통에서 꺼내 바로 밑의 오크통에 채워 넣는다. 윗부분의 새로운 와인이 아랫부분의 오래된 와인과 섞이는 것이다. 이 때문에 셰리주에는 150년 전의 와인 몇 방울이 섞여 있다고 해도 틀린 말은 아니다. 그만큼 셰리주 한 잔에서 오랜 세월의 풍미를 느낄 수 있다.

셰리주가 담긴 오크통이 보관되어 있는 양조장.

셰리주는 콜럼버스와 마젤란이 신대륙으로 항해할 때 가지고 갔던 필수품이었다. 셰익스피어는 역사극《헨리 4세》에서 "내게 만일 천 명의 왕자가 있었다면, 그들을 그 어떤 술보다 셰리주에 중독시키고 싶다. 그들이 사람 구실을 할 수 있도록 가장 먼저 가르치고 싶은 것이기 때문이다."라고 셰리주를 극찬하기도 했다.

카바는 스페인의 스파클링 와인이다. 스파클링 와인은 생산지에 따라 프랑스에서는 샴페인, 이탈리아에서는 스푸만테, 독일에서는 젝트처럼 다르게 불린다. 카바는 특히 스페인 북동부 카탈루냐 페네데스(Penedés) 지방에서 주로 생산된다.

1872년, 한 와인 제조업자가 프랑스 샹파뉴 지역의 전통 양조 방식을 도입했다. 먼저 오크통에서 1차로 숙성시키고 이를 다시 병에서 2

카바의 대표적인 제조회사 프레시넷의 광고 아이콘.

차로 숙성시키면서 발포성 기포를 만드는 방식이다. 이때 만들어진 스파클링 와인은 스페인어로 '참판(Champán)', 카탈루냐어로 '샴파냐(Champaña)'로 불렸지만, 프랑스 샴페인 제조업자들의 거센 항의로 이 명칭을 더 이상 사용할 수 없었다.

  1986년, 스페인이 유럽연합에 가입하면서 '동굴'을 뜻하는 카탈루냐어 '카바(cava)'라는 명칭을 사용했다. 이는 카탈루냐 지방에서 와인을 숙성시키기 위해 동굴을 사용했기 때문이다. 프랑스의 수도사가 "나는 지금 별을 마신다."라고 표현했던 샴페인이 스페인에서 카바로 다시 태어났다.

카바는 숙성 기간에 따라 여러 등급으로 나뉜다. 호벤(Joven)은 9~15개월, 레세르바(Reserva)는 15~30개월, 그란 레세르바(Gran Reserva)는 30개월 이상 숙성된 것이다.

카바의 대표적인 제조회사로는 코도르뉴(Codorníu)와 프레시넷(Freixenet)이 있다. 코도르뉴는 140년 이상 카바를 생산해 왔다. 바르셀로나 근교 남쪽의 페네데스에 위치한 이 와이너리 건물에는 3억 병의 카바가 있는 지하 저장고가 있다. 지하 4층에 그 길이가 무려 30킬로미터에 이른다. 걸어서 다닐 수 없는 거리다. 전동 트램으로 와이너리를 구경할 수 있다. 세계에서 가장 큰 와인 생산 공장으로 연간 6,000만 병을 생산한다.

프레시넷은 1914년부터 카바를 생산했다. '물푸레나무 숲에 사는 사람'이라는 뜻의 '프레시넷'은 '물푸레나무(Freixa)가 자라는 장소'라는 의미를 가진 '프레세네다(Freixeneda)'에서 유래되었다. 고품질의 카바를 생산하기 위해 최초로 냉장 저장고 시설을 구축한 와이너리로 알려져 있다.

36
스페인 브랜드
로에베에서 추파 춥스까지

—

2016년, 스페인 마드리드 코트라 무역관 보고서는 "유럽에서 스페인은 독일에 이어 두 번째로 자동차를 가장 많이 생산하는 나라다. 2015년에 전년 대비 11.5% 늘어난 총 227만 대의 자동차를 수출했다. 스페인 현지에서 제조된 자동차 중 약 83%가 해외로 수출되었다."라고 말하고 있다. 스페인의 유일한 자국 브랜드였던 세아트(Seat)는 1986년에 폴크스바겐에 흡수되었다. 이후 스페인은 고유의 자동차 브랜드는 없지만 자동차 부문에서의 수출이 스페인 산업에서 큰 비중을 차지해 왔다.

스페인의 자동차 수출과 관련된 재미있는 에피소드가 있다. 2003년에 스페인 총리는 미국의 고위관계자로부터 "스페인의 첫 번째 수출품이 무엇이죠?"라는 질문을 받았다. "자동차입니다."라고 대답하자 그는 다시 "아니요, 외국에서 가장 많이 팔리는 제품 말입니다."라고 물었다. 이에 스페인 총리는 다시 대답했다. "네, 자동차, 자동차라구요."

당시 스페인의 자동차 생산량은 세계 6위였다.

레알 마드리드나 FC 바르셀로나가 스페인의 축구팀이라는 사실은 아프리카 오지나 네팔의 산악지역에서도 안다. 그러나 사람들은 스페인을 대표하는 기업이나 대표 수출품이 무엇인지는 잘 모른다.

스페인에는 누구나 알고 있는 전 세계적인 브랜드들이 있다. 자라(ZARA), 로에베(Loewe), 야드로(Lladro)가 바로 그것이다. 여기에 전 세계인의 입을 즐겁게 하는 히트 상품인 추파 춥스(Chupa Chups)도 빼놓을 수 없다.

자라

자라(정확한 발음은 '싸라'다)는 스페인 의류 체인이다. 2016년 1월 기준으로 유럽, 아메리카, 아프리카, 아시아, 오세아니아 등 전 세계 88개국 2,162개의 점포가 영업 중이다. 스페인에는 약 450여 개의 점포가 있다. 자라는 연간 4억 5천만 벌의 옷을 생산한다.

스페인 의류 브랜드 '자라'.

자라의 창업주인 아만시오 오르테가 가오나(Amancio Ortega Gaona)는 14세 때 아버지를 따라 스페인 북부의 라 코루냐(La Coruña)로 갔다. 그곳에서 학교를 그만두고 옷가게에서 점원으로 일하면서 손으로 옷을 만드는 방법을 배웠다.

처음에는 'Goa(자신의 이름 이니셜을 거꾸로 한 상호)'라는 옷가게를 열고 퀼트로 된 목욕가운을 만들어 팔았는데, 이 과정에서 마케팅 비용과 유통 과정에서 생기는 비용 때문에 옷이 비싸진다는 사실을 알았다. 이 비용을 없애면 더 낮은 가격의 옷을 만들 수 있을 거라고 생각한 그는 1975년에 라 코루냐에서 '자라'를 오픈했다.

초창기의 상호명은 자라가 아닌 조르바(Zorba)였다. 창업주 아만시오 오르테가 가오나가 영화 〈그리스인 조르바〉를 보고 붙인 이름이다. 그러나 같은 이름의 구두상점이 있어서 '자라'라는 이름으로 바꿨다.

이후 자라는 규모가 점점 커지면서 할리우드, 로스엔젤레스, 런던, 마드리드, 로마, 파리, 두바이, 상트페테르부르크, 동경, 서울, 홍콩 등 전 세계의 많은 대도시에 매장을 열었다. 매장은 '자라'라는 브랜드 가치를 극대화시킬 수 있게 가장 비싸고 좋은 장소에 위치한다.

자라는 인건비 절감보다 마케팅 비용과 재고 관리에 신경을 더 쓴다. 48시간 이내에 전 세계 매장으로 공급하는 시스템을 갖추어 소비자들이 어제의 패션쇼에서 선보인 옷을 오늘의 매장에서 만날 수 있게 했다. 생산부터 배송까지 전 과정을 책임지면서 중간 유통 과정을 생략하여 가격의 거품을 줄였다.

또한 자라는 2주마다 다른 시즌의 제품을 선보이며, 패션을 따라가는 소비자가 아닌 패션을 선도하는 소비자를 만들었다. 대부분의 브랜드는 제품이 인기가 좋으면 그 상품을 더 생산한다. 그러나 자라는 일정한 수량 외에 절대로 추가 생산을 하지 않는다. 끊임없이 신상품을 선보인다. 소비자들의 구매 경쟁 심리를 이용해서 소비를 촉진시키는 전략을 쓰고 있다.

자라는 빠르게 변화하는 패션 세계에서 살아남기 위해서 "우리는 없다."라는 모토를 내세운다. 자라 매장에는 'ZARA'라는 글자만 있고 로고가 없다. 이것이 바로 자라의 정신이다. 2016년 〈포브스〉지는 자라를 세계에서 가장 가치 있는 스페인 상표로 발표했다.

로에베

"단 한 번 만져보는 것으로 모든 걸 말한다."

스페인의 패션 명품 브랜드 로에베의 모토다. 제품에 대한 자신감이 묻어 있다. 꼼꼼하고 완벽함을 추구하는 독일의 장인정신과 관능적이고 풍부한 색감을 자랑하는 스페인의 디자인이 만나서 탄생한 제품이다.

로에베는 디자인, 염색, 가공 등 모든 공정이 스페인 공장에서만 이루어진다. '품질 유지는 명품 가방의 생명'이라는 경영 철학을 고수한다. 로에베는 공방 시작 초기부터 최고급 양가죽만을 고집했다. 최상의 가죽을 찾기 위해 전 세계를 돌아다니는 장인, 그 가죽을 관리하는 장인 등으로 전문화했다.

겉모양만 아름다운 가방은 로에베의 철학이 아니다. 뒤집어 사용해도 손색이 없을 만큼 가방의 겉과 안을 모두 완벽하게 만든다. 이것이 바로 로에베 최고의 자부심이자 기술력이다.

로에베의 역사는 1846년, 마드리드 중심가에 위치한 가죽 장인(匠人) 그룹의 공방으로 거슬러 올라간다. 1872년에 마드리드에 온 독일 출신의 장인 엔리케 뢰스베르그 로에베(Enrique Roessberg Loewe)는 이 가죽 공방과 협력해서 제품을 만들었다. 20년 후인 1892년에 로에베는 스페인에서 제품의 우수성을 인정받아 유명해지기 시작했다. 1905년, 스페인 국왕 알폰소 13세는 로에베를 스페인 왕실의 납품업자로 지정했다. 이후 사업은 날로 번창했다.

창립 150주년이 되던 1996년에 루이 뷔통 제품으로 유명한 LVMH 그룹은 로에베를 인수했다. 이후 여성복을 시작으로 넥타이, 스카프, 향수에 이르기까지 제품을 다양화해 가죽 전문 브랜드에서 토탈 패션브랜드로 탈바꿈하고 있다. 로에베는 2000년에 한국에도 진출하여 백화점과 면세점 등에 입점해 있다.

야드로

1953년에 후안 야드로, 호세 야드로, 비센테 야드로 등 야드로 삼형제는 발렌시아 지방의 알마세라(Almácera) 마을에 있는 자신의 집에서 첫 작품을 만들었다. 1956년까지는 주로 꽃병이나 주전자를 제작했고, 1958년에 작업장을 인근 마을로 옮겼다. 독창적인 작업을 하기에는 작업장이 너무 협소했기 때문이다.

이후 야드로 형제는 혁신적인 디자인의 인형 제품을 선보였다. 이 작품들은 곧 대중의 관심을 끌기 시작하면서 수요가 급증했다. 이들은 도기 굽는 방식을 세 단계에서 한 단계로 줄였고, 크리스털 같은 섬세한 마감 처리와 파스텔톤의 색조 처리로 인기를 끌었다.

1960년대 들어 사업은 비약적으로 성장했다. 이들은 자신의 지식과 경험을 공유하기 위해 공장 옆에 전문훈련학교를 세웠다. 판매 시장도 스페인 국내뿐만 아니라 캐나다, 미국 등 해외로 확장했다.

세계 최고의 작은 조각상(figurine) 생산 업체가 된 야드로는 〈양치기 소녀〉, 〈계절의 꽃〉 등 예술성 높은 작품을 잇달아 선보였으며, 세계 여러 도시를 순회하는 전시회를 통해서 작품들이 알려지면서 명성을 얻었다. 특히 1991년에는 러시아 상트페테르부르크에 있는 에르미타주 박물관에 야드로의 작품들이 전시되면서 세계적인 걸작으로 인정받았다. 작품 중에서 〈18세기 마차〉와 〈돈키호테〉는 영구 전시되는 영광까지 얻었다.

야드로의 정교함이 돋보이는 도자기 공예 작품.

2000년대부터 야드로는 아름다움과 기능성을 접목한 새로운 제품인 조명 기기, 목욕용품, 테이블 아트 등으로 사업 영역을 다

각화했다. 기술과 예술성이 접목된 대표적인 작품으로 〈나일강의 여왕〉, 〈일본의 왕과 왕비 히나〉, 〈인도 가네샤〉 등이 있는데 이들은 모두 160센티미터가 넘는다.

야드로는 스페인을 방문한 국빈에게 국왕이 직접 주는 선물일 정도로 스페인 도자기의 자존심이다. 지금도 야드로는 다양한 아티스트들과의 협업을 통해서 새로운 실험을 계속하고 있다.

추파 춥스

추파 춥스는 전 세계인이 입에 무는 순간 행복을 느끼게 되는 막대 사탕이다. 추파 춥스 사의 슬로건은 '덜 진지한 세계를 위하여!'다. 이 사탕과 함께 하는 순간 진지함, 딱딱함, 어색함 등을 날려버릴 수 있다는 자신감이다.

사과잼 공장에서 근무했던 엔릭 베르낫(Enric Bernat)은 입에 문 사탕을 손으로 꺼내는 어린이들에게서 아이디어를 얻었다. 손으로 사탕을 꺼낼 때 생길 수 있는 비위생적인 면과 사탕으로 인해서 손에 묻는 진득함을 한 번에 없앨 수 있는 그야말로 일거양득의 아이디어였다.

1958년, 처음 만든 둥근 막대사탕에 '춥스(Chups)'라는 이름을 붙였다. "추파 춥스(Chupa Chups, 춥스를 빨아라)"는 공식 슬로건이었다. 이를 제품 이름인 줄 알고 부르던 사람들이 많아 자연스럽게 지금의 '추파 춥스'로 굳어졌다. 여기서 '추파(chupa)'는 '빨다'라는 의미다.

'막대사탕'이라는 획기적인 아이디어는 매장에서의 절묘한 배치를 등에 업고 날개 돋친 듯 팔려나갔다. 일반 상품과 함께 배치하지 않고 아이들의 시선을 끌 수 있는 계산대 근처에 둔 것이다. 계산하는 부모 옆에 있는 아이들이 자연스럽게 추파 춥스를 집도록 했던 것은 의도된 마케팅이었다. 결과는 대박이었다. 제품이 나온 지 5년 만에 추파 춥스는 전 세계의 거의 모든 상점에서 판매되었다.

초기에 나무였던 막대는 시간이 지나면서 플라스틱으로 바뀌었다. 데이지 꽃 형태 속에 'Chupa Chups'가 새겨진 포장지 로고는 스페인 출신의 초현실주의 화가인 살바도르 달리의 1969년 작품이다.

추파 춥스는 1980년대 "추파 춥스를 피우자.", "담배를 끊고 (추파 춥스를) 빨기 시작하자(Stop smoking, Start sucking)." 등의 패러디 문구를 이용해서 금연 캠페인을 벌였다. 이를 통해서 성인 소비자들의 입에도 추파 춥스가 물리기 시작했다.

37

태양의 나라

스페인 관광 산업의 일등 공신

─

세계경제포럼(WEF)이 발표한 2015년 여행 및 관광경쟁력지수인 2015 TTCI(Travel & Tourism Competitiveness Index)에 따르면 스페인은 5.31점(7점 만점)으로 1위를 차지했다. 프랑스 5.24점, 독일 5.22점, 미국과 영국이 각각 5.12점으로 그 뒤를 잇고 있으며, 한국은 4.37점으로 29위를 차지했다.

이 지수는 관광 산업만이 아닌 경제, 사회, 교통 등 다양한 분야를 지표로 삼아 평가하기 때문에 순위를 통해서 각국의 관광 생산성과 관련된 총체적 능력을 가늠할 수 있다. 2007년 보고서가 발간된 이후 스위스가 줄곧 1위를 차지했으나 상위권에 못 미쳤던 스페인이 점차 경쟁력을 높이면서 1위가 되었다. 관광 수입이나 관광객 수 면에서도 3위에 올랐다.

그렇다면 관광대국 스페인의 경쟁력은 어디서 오는 걸까?

가장 먼저 천혜의 자연환경을 들 수 있다. 반도 북동쪽의 바르셀로나부터 남쪽의 지브롤터까지 햇빛 가득한 긴 해변이 많은 사람을 설

안달루시아에 있는 코스타 델 솔.

레게 한다. 특히 햇빛이 부족한 영국이나 독일과 같은 지역에 사는 사람들에게 스페인은 매력적인 곳이다.

두 번째로는 스페인 사람들의 개방적인 성향이다. 도심은 밤늦게까지 시끌벅적하다. 늦은 시간에도 큰 어려움 없이 시내를 활보할 수 있다. 사람 사는 분위기를 그대로 맛볼 수 있는 곳이 바로 스페인이다.

마지막으로 가톨릭과 이슬람의 문화가 공존했던 역사가 남긴 유적들이다. 800년 동안 이슬람 지배를 겪은 스페인에는 독특한 매력의 문화 유적이 전국에 산재해 있다. 다른 유럽 국가에서 좀처럼 보기 힘든 유적들이다. 유네스코 인류문화유산 보유국 순위에서 스페인은 46개로 이탈리아 53개, 중국 52개에 이어 3위에 랭크되어 있다.

스페인을 대표하는 관광 아이콘 하면 사람들은 태양과 긴 해안선을 먼저 떠올린다. 태양이 식지 않고 지중해의 바닷물이 마르지 않는 한, 스페인의 관광 산업은 계속 발전할 것이다. 여기에 스페인만의 독특한 숙박 시스템인 파라도르(Parador)가 이를 뒷받침하고 있다.

태양과 해변

마드리드에는 푸에르타 델 솔(Puerta del Sol, 태양의 문)이, 안달루시아엔 코스타 델 솔(Costa de Sol, 태양의 해변)이 있다. 1917년에 창간된 '엘 솔(El Sol, 태양)'이라는 신문도 있다. 투우장의 좌석은 솔(sol, 태양), 솔 이 솜브라(sol y sombra, 태양과 그늘), 솜브라(sombra, 그늘)로 구분되어 있다. 스페인 초기 관광 산업의 슬로건이 '태양과 해변(Sol y Costa)'일 정도로 스페인에는 태양이 들어가지 않는 곳이 없다. 스페인은 '태양을 팔아서 먹고 사는 나라'다. 태양은 스페인 관광 산업의 일등 공신임에 틀림없다.

스페인은 사면이 바다로 둘러싸인 반도 국가다. 그래서 휴양지로 손색없는 해변이 많다. 스페인의 대표적인 해변으로는 북동부 카탈루냐 헤로나 지방에 있는 약 120킬로미터의 코스타 브라바(Costa Brava), 바르셀로나 아래 타라고나 지방에 있는 약 92킬로미터의 코스타 도라다(Costa Dorada), 남부 안달루시아에 있는 약 185킬로미터의 코스타 델 솔(Costa del Sol)이 있다.

그중에서도 가장 유명한 해변은 코스타 델 솔(Costa del Sol)이다. 말 그대로 '태양의 해변'이다. 연평균 기온이 19도이며, 연간 300일 이상 태양을 즐길 수 있다. 스페인 남부 그라나다 인근부터 카디스까지의 해변을 가리키는 이곳은 20세기 초반까지 조그만 시골 어촌에 불과했다. 그러다 2차 세계대전이 끝나고 유럽의 경제 재건이 어느 정도 이루어진 1950년대부터 관광지로서 유명세를 탔다. 특히 그레이스 켈리, 브리지트 바르도, 에바 가드너 등 당대 최고의 할리우드 스타들이 여름을 보내기 위해서 이곳을 방문하면서 세계적으로 알려지게 되었다.

인근에는 하얀 마을의 전형으로 꼽히는 미하스(Mijas), 흰 담벼락과 파란 대문의 조화 때문에 '스페인의 산토리니'라 불리는 프리힐리아나(Frigiliana), '유럽의 발코니'인 네르하(Nerja) 등이 있어서 해변가를 찾는 사람들에게 색다른 느낌을 준다. 이탈리아의 동화작가이자 신문기자인 에드몬도 데 아미치스(Edmondo de Amicis)는 〈엄마 찾아 삼만 리〉가 들어 있는 단편집 《쿠오레(Cuore)》에서 이 마을에 있는 하얀 집을 '출항하는 배를 향해 유럽이 흔들고 있는 하얀 손수건'이라고 묘사했다. 이 마을들 역시 '태양'이 없으면 그 존재 의미를 찾기 힘든 곳들이다.

스페인만의 숙박 시스템, 파라도르

스페인에는 숙박시설의 종류가 다양하다. 유스호스텔에 해당하는 알베르게 후베닐(Albergue Juvenil), 최소한의 시설을 갖춘 카사 데 우에스페데스(Casa de Huéspedes), 보통 별 1~3개의 오스탈(Hostal), 주로 가족이 경영하는 펜시온(Pensión), 별 1~5개의 오텔(Hotel), 주방 설비가 갖추어진 호텔 아파르타멘토(Hotel Apartamento), 고성이나 수도원을 개조한 파라도르(Parador) 등이 있다.

그중에서 파라도르는 스페인만의 독자적인 숙박 시스템이다. 오래된 성이나 수도원 등의 외형은 그대로 보존하면서 내부를 현대적으로 리모델링한 국영 호텔이다. 보통 별 4개 정도다. 대개 경관이 좋은 곳에 위치해 있고 역사적인 가치가 큰 건물을 사용한다. 1928년, 스

관광객들에게 인기 만점인 알람브라 궁전 내 그라나다 파라도르.

페인은 뛰어난 자연환경이나 문화 환경을 지닌 역사적 건물들을 고급 숙박시설로 개조해 관광객들을 유치하고자 했다. 최초의 파라도르는 아빌라 인근의 그레도스(Gredos)에 생겼다. 2017년 기준으로 스페인 전역에 95개의 파라도르가 운영 중이다.

파라도르임을 알려주는 표지.

관광객에게 인기가 많은 파라도르로는 알람브라 궁전 안에 있는 그라나다 파라도르, 전망이 빼어난 론다 파라도르, 이슬람 왕의 여름 궁전을 개조하여 아랍의 정취가 물씬 풍기는 코르도바 파라도르, 객실에서 바라보는 수도교가 장관인 세고비아 파라도르 등이 있다.

파라도르 이용자의 20% 이상이 5번 이상, 30% 이상이 10번 이상 머물렀다는 통계가 있을 정도로 파라도르에 대한 관광객의 인기는 매우 높다. 파라도르에는 그 지방의 전통 요리도 즐길 수 있는 레스토랑이 있어서 관광객의 입맛을 즐겁게 해준다.

참고문헌_

김문정, 《스페인은 맛있다》, 위즈덤하우스, 2009.
김석철, 《세계건축기행》, 창비, 2000.
김창민 편, 《스페인 문화 순례》, 서울대학교출판문화원, 2013.
김혁, 《김혁의 스페인 와인 기행》, 알덴테북스, 2012.
김현창, 《스페인어 발달사》, 신아사, 1998.
김희곤, 《스페인은 가우디다》, 오브제, 2014.
레이몬드 카 외, 《스페인사》, 김원중, 황보영조 역, 까치, 2006.
마리-로르 베르나다크, 폴 뒤 부셰, 《피카소》, 시공사, 1999.
박홍규, 《야만의 시대를 그린 화가, 고야》, 소나무, 2002.
살바도르 달리, 《살바도르 달리》, 이은진 역, 이마고, 2002.
서울대학교 서어서문학과 편, 《차이를 넘어 공존으로: 스페인어권 세계의 문화 읽기》, 서울대학교출판부, 2007.
서희석, 호세 안토니오 팔마, 《유럽의 첫 번째 태양, 스페인》, 을유문화사, 2015.
세르반테스, 《돈키호테 1》, 안영옥 역, 열린책들, 2017.
송동훈, 《그랜드 투어 지중해편》, 김영사, 2012.
시오노 나나미, 《로마인 이야기 6 : 팍스 로마나》, 김석희 역, 한길사, 1997.
신정환, 전용갑, 《두 개의 스페인》, 한국외국어대학교출판부, 2011.
안영옥, 《스페인문화의 이해》, 고려대학교출판부, 2005.
안톤 폼보, 《산티아고 북쪽길》, 이강혁 역, RHK, 2013.
앤터니 비버, 《스페인 내전》, 김원중 역, 교양인, 2009.
윤인석, 《유럽 건축 600선》, 태림문화사, 1996.
윤준식, 권은희, 《돈키호테를 따라간 스페인》, 성하출판, 2001.
이강혁, 《스페인역사 다이제스트 100》, 가람기획, 2012.
이강혁, 《까미노 데 산띠아고》, 책보세, 2013.
임영상 외, 《Best of Spain 101》, TERRA, 2015.
자닌 바티클, 《고야 : 황금과 피의 화가》, 송은경 역, 시공사, 1997.
전기순, 《스페인 이미지와 기억》, 지식을 만드는 지식, 2010.
제등효 편, 《스페인 내전 연구》, 형성사, 1981.
조지 오웰, 《카탈로니아 찬가》, 정효석 역, 풀무질, 1995.
존 H. 엘리엇, 《히스패닉 세계》, 김원중 외 역, 새물결, 2003.
존 H. 엘리엇, 《스페인 제국사 1469-1716》, 김원중 역, 까치, 2000.

최경화,《스페인 미술관 산책》, 시공아트, 2013.
최도성,《일생에 한번은 스페인을 만나라》, 21세기북스, 2009.
카를로스 푸엔테스,《라틴 아메리카의 역사》, 서성철 역, 까치, 1997.
CCTV 다큐멘터리 대국굴기 제작진,《강대국의 조건 : 포르투갈, 스페인》, 안그라픽스, 2007.

Castro. Americo. The Spaniards: An Introduction to Their History, Willard F. King(Translator), Selma Margaretten(Translator), University of California Press, 1985.
García López, José. Historia de la Literatura Española, Barcelona: Vicens Vives, 1994.
García de Cortázar, Fernando. Breve historia de España, Madrid: Alianza, 2012.
Graham, Helen & Labanyi, Jo(edit). Spanish Cultural Studies. An Introduction: The Struggle for Modernity, Oxford University Press, 1996.
Pérez-Bustamante, Compendio de Historia de España, Madrid: Edición Atlas, 1967.
Quesada Marco, Sebastián, Imágenes de España, Madrid: Edelsa, 2001.
Quesada Marco, Historia Del Arte De España E Hispnoamérica, Madrid: Edelsa, 2005.

www.esp.mofa.go.kr
www.ine.es
www.fallas.com
www.sanfermin.com
www.wikipedia.com
www.museodelprado.es
www.guggenheim-bilbao.eus
www.realmadrid.com
www.fcbarcelona.com

. . . .

사진 출처_

26p MartinRed/Shutterstock.com **35p** Riderfoot/Shutterstock.com **45p** Sean Pavone/Shutterstock.com **47p** Iornet/Shutterstock.com **48p** Anamaria Mejia/Shutterstock.com **52p** peresanz/Shutterstock.com **155p** Anton_Ivanov/Shutterstock.com **168p** Shelly Wall/Shutterstock.com **183p** masakichi/Shutterstock.com **189p** Lasse Ansaharju/Shutterstock.com **199p** Takashi Images/Shutterstock.com **206p** EQRoy/Shutterstock.com **225p** Igor Bulgarin/Shutterstock.com **257p** Ivica Drusany/Shutterstock.com **268p** Darios/Shutterstock.com **271p** charnsitr/Shutterstock.com **274p** leonov.o/Shutterstock.com **280p** Natursports/Shutterstock.com **285p** Migel/Shutterstock.com **287p** Iakov Filimonov/Shutterstock.com **288p** klublu/Shutterstock.com **292p** KarSol/Shutterstock.com **303p** Enriscapes/Shutterstock.com **305p** Christian Bertrand/Shutterstock.com **307p** travelview/Shutterstock.com **337p** Sorbis/Shutterstock.com **343p** Roman Samokhin/Shutterstock.com

「이 도서의 국립중앙도서관 출판예정도서목록(CIP)은
서지정보유통지원시스템 홈페이지(http://seoji.nl.go.kr)와
국가자료공동목록시스템(http://www.nl.go.kr/kolisnet)에서 이용하실 수 있습니다.
(CIP제어번호: CIP2018020713)」

처음 만나는 스페인 이야기 37

1쇄 발행 2018년 7월 30일
5쇄 발행 2024년 4월 11일

지은이 이강혁
발행인 윤을식
펴낸곳 도서출판 지식프레임
출판등록 2008년 1월 4일 제2023-000024호
전화 (02)521-3172 ㅣ **팩스** (02)6007-1835

이메일 editor@jisikframe.com
홈페이지 http://www.jisikframe.com

ISBN 978-89-94655-65-9 03920